Schreiber-Kittl, Schröpfer
Abgeschrieben?

Übergänge in Arbeit

Band 2

Maria Schreiber-Kittl, Haike Schröpfer

Abgeschrieben?

Ergebnisse einer empirischen Untersuchung über Schulverweigerer

Verlag Deutsches Jugendinstitut 2002

Das Deutsche Jugendinstitut e.V. (DJI) ist ein zentrales sozialwissenschaftliches Forschungsinstitut auf Bundesebene mit den Abteilungen „Kinder und Kinderbetreuung", „Jugend und Jugendhilfe", „Familie und Familienpolitik", „Geschlechterforschung und Frauenpolitik" und „Social Monitoring" sowie dem Forschungsschwerpunkt „Übergänge in Arbeit". Es führt sowohl eigene Forschungsvorhaben als auch Auftragsforschung durch. Die Finanzierung erfolgt überwiegend aus Mitteln des Bundesministeriums für Familie, Senioren, Frauen und Jugend und im Rahmen von Projektförderung aus Mitteln des Bundesministeriums für Bildung und Forschung. Weitere Zuwendungen erhält das DJI von den Bundesländern und Institutionen der Wissenschaftsförderung.

Die wissenschaftliche Begleitung des Modellprogramms „Arbeitsweltbezogene Jugendsozialarbeit 1998–2002" sowie die im Rahmen dieser Arbeit entstandene vorliegende Publikation wurden durch das Bundesministerium für Familie, Senioren, Frauen und Jugend finanziert.

Die Deutsche Bibliothek – CIP-Einheitsaufnahme
Ein Titeldatensatz für diese Publikation ist bei
Der Deutschen Bibliothek erhältlich

Alleinauslieferung: Leske + Budrich, Opladen

Umschlagentwurf: Konzept 139, München
Umschlagfoto: Jörg Koopmann, Peter Neusser, München
Gesamtherstellung: grafik + druck GmbH, München
ISBN 3-87966-405-6

Inhalt

„Wenn ein Kind kritisiert wird, lernt es zu verurteilen.
Wenn ein Kind angefeindet wird, lernt es zu kämpfen.
Wenn ein Kind verspottet wird, lernt es, schüchtern zu sein.
Wenn ein Kind beschämt wird, lernt es, sich schuldig zu fühlen.
Wenn ein Kind verstanden und toleriert wird, lernt es,
geduldig zu sein.
Wenn ein Kind ermutigt wird, lernt es, sich selbst zu vertrauen.
Wenn ein Kind gelobt wird, lernt es, sich selbst zu schätzen.
Wenn ein Kind gerecht behandelt wird, lernt es, gerecht zu sein.
Wenn ein Kind geborgen lebt, lernt es zu vertrauen.
Wenn ein Kind anerkannt wird, lernt es, sich selbst zu mögen.
Wenn ein Kind in Freundschaft angenommen wird, lernt es,
in der Welt Liebe zu finden."

(Text über dem Eingang einer tibetischen Schule. Einem Leserbrief entnommen aus: Münchner Abendzeitung vom 5.4.2002)

Einleitung

Der vorliegende Forschungsbericht fasst die Ergebnisse der wissenschaftlichen Begleitung des Modellprogramms „Arbeitsweltbezogene Jugendsozialarbeit 1998–2001“ zusammen, das im Rahmen des Kinder- und Jugendplans des Bundes vom Bundesministerium für Familie, Senioren, Frauen und Jugend (BMFSFJ) vier Jahre lang finanziell gefördert wurde. Im Rahmen dieses Modellprogramms wurde im Handlungsfeld „Integration in Schule und Berufsschule“[1] in acht Projekten mit Schülerinnen und Schülern gearbeitet, die bereits über einen längeren Zeitraum nicht mehr zur Schule gegangen waren, obwohl sie noch der gesetzlichen Schulpflicht unterlagen[2].

Ausgehend von der Erkenntnis, dass die Schule nach wie vor das entscheidende Zuweisungssystem für berufliche Ausbildung ist, wurden in diesen Projekten Ansätze und Methoden entwickelt und erprobt, mit denen Kinder und Jugendliche, die sich – aktiv oder passiv – der Schule entziehen, schulisch und sozial wieder integriert werden können. Mithilfe von schul-, sozial-, berufs- und arbeitspädagogischen Methoden sollten Schulverweigerer motiviert werden, sich notwendige allgemein bildende und vorberufliche Fähigkeiten, Fertigkeiten und Kenntnisse anzueignen. Ziel war es, die Jugendlichen schulisch und sozial (wieder) zu integrieren. Schulische Integration bedeutet in diesem Zusammenhang, die Jugendlichen mithilfe spezifischer Angebote und Lernformen wieder an das schulische Lernen heranzuführen. Soziale Integration als zweites, aber durchaus gleichrangiges Ziel beinhaltet die psychische Stabilisierung des Schülers und die Vermittlung sozialer Kompetenzen. Wesentlicher Bestandteil der Projektarbeit war deshalb die Entwicklung von sozialen Lernprozessen, mit deren Hilfe die Jugendlichen in die Lage versetzt werden sollen, ihr soziales und berufliches Leben selbstständig und eigenverantwortlich zu meistern.

---

[1] Das Handlungsfeld „Integration in Schule und Berufsschule“ ist eines von drei Handlungsfeldern, die Gegenstand der Begleitforschung des Modellprogramms „Arbeitsweltbezogene Jugendsozialarbeit“ 1998–2001 waren. Die beiden anderen Handlungsfelder sind „Jugendhilfebetrieb“ (acht Projekte) und „Lernort Betrieb“ (sieben Projekte).

[2] Die allgemeine Schulpflicht beträgt in Deutschland neun Vollzeitschuljahre (in vier Ländern zehn Vollzeitschuljahre) und die Berufsschulpflicht drei Teilzeitschuljahre. Die Berufsschulpflicht gilt für Schüler, die nach Erfüllung der allgemeinen Schulpflicht die Ausbildung nicht an einer allgemein bildenden oder beruflichen Vollzeitschule fortsetzen.

Bei den Projekten ist grundsätzlich zu unterscheiden zwischen Angeboten, die durch präventive Arbeit in der Schule gemeinsam mit der Schule versuchen, Ansätze von Schulverweigerung zu erkennen und ihnen entgegenzuwirken, was vor allem bei jüngeren Schülerinnen und Schülern erfolgreich sein kann, und solchen Angeboten, die mit einem eigenen Konzept der alternativen Beschulung eher die älteren und „aktiven“ Schulverweigerer ansprechen. Die meisten dieser letzteren Projekte hatten u. a. das ganz konkrete Ziel, schulmüde Jugendliche bzw. Jugendliche, die die Regelschule über längere Zeit (mehrere Monate oder gar ein ganzes Schuljahr) geschwänzt oder verweigert hatten, so zu fördern und zu motivieren, dass sie entweder in das System Regelschule zurückkehren oder außerhalb der Regelschule einen Schulabschluss erwerben konnten. Mit dem Aufenthalt in diesen Einrichtungen der Jugendhilfe konnten Jugendliche ihre Schulpflicht also außerhalb der Regelschule ableisten. Als Bildungsziel galt in allen Projekten der interne oder externe Erwerb eines Schulabschlusses, wobei es für die meisten um den Erwerb des Hauptschulabschlusses ging.

Der Übergang von der Schule in eine Berufsausbildung ist für viele Jugendliche heute nicht mehr nahtlos möglich; der „Normalfall“ für Jugendliche mit schlechten Bildungsvoraussetzungen sind Übergangsverläufe, die durch viele Brüche gekennzeichnet sind. Selbst ein gutes schulisches Abschlusszeugnis garantiert keine Lehrstelle – schon gar nicht im Traumberuf. Dennoch regeln sich über die Art und Güte des Schulabschlusses die Chancen, einen Ausbildungsplatz (im dualen System) zu bekommen. Hierbei ist der qualifizierende Hauptschulabschluss das erwartete Minimum seitens der ausbildenden Betriebe und Einrichtungen. Doch sogar dieser Hauptschulabschluss ist für viele Schulverweigerer aufgrund ihrer Erfahrungen in der Regelschule unerreichbar. Insofern richten sich sowohl die präventiven Aktivitäten in der Schule als auch die außerschulischen Bemühungen, bereits massiv schulverweigernde Jugendliche wieder in die Schule zu integrieren, auf das Ziel eines erfolgreichen Hauptschulabschlusses (in manchen Fällen auch Realschulabschlusses). Für die meisten Projekte und Angebote, die mit schulmüden bzw. schulverweigernden Jugendlichen arbeiten, steht dieses Ziel jedoch erst am Ende einer Kette von Bemühungen, die die Mädchen und Jungen wieder an die Anforderungen des Lernens und an die der außerschulischen Lebenswelt heranführen sollen.

Die Zielgruppe Schulverweigerer ist sehr heterogen; für die verschiedenen Typen von Schulverweigerern ist deshalb ein differenziertes Spektrum von Ansätzen und Methoden notwendig. Ausgehend von dieser Erkenntnis und der Annahme, dass die Gründe für Schulverweigerung nicht allein in der Schule selbst liegen, sondern meist ein komplexer Ursachenzusammenhang gegeben ist, musste auch das Herangehen an die betroffenen Schülerinnen und Schüler differenziert gestaltet werden. Die Projekte (innerhalb und außerhalb von Schule) versuchten deshalb, die jugendlichen Lebenslagen in ihrer Komplexität zu berücksichtigen. Die im Modellprogramm „Arbeitsweltbezogene Jugendsozialarbeit 1998–2001" entwickelten und erprobten Ansätze und Methoden zum Umgang mit Schulmüdigkeit und Schulverweigerung werden nachfolgend für die verschiedenen Typen von Schulverweigerung konkretisiert:

Präventive Arbeit in der Schule

Idealerweise sollte der Zugang zu (potenziellen) Schulverweigerern zu einem Zeitpunkt erfolgen, an dem noch im schulischen Umfeld reagiert werden kann. Das Angebot sollte also möglichst frühzeitig ansetzen, damit sich bestimmte Probleme und Verhaltensweisen gar nicht erst manifestieren. Ziel dabei ist es, durch (sekundär-)präventive Arbeit in der Schule in Kooperation mit den Lehrkräften und – falls vorhanden – Schulsozialarbeiterinnen und Schulsozialarbeitern ein (späteres) Herausfallen von schulmüden Kindern und Jugendlichen aus dem Lerngeschehen bereits im Ansatz zu verhindern. In einem Projekt dieser Art führten die Projektmitarbeiterinnen und Projektmitarbeiter in einer ausgewählten Schulklasse einer Gesamtschule regelmäßige Unterrichtsbeobachtungen durch, die sich vorrangig auf die Kommunikations- und Interaktionsstrukturen in der Klasse konzentrierten. Dabei ging es insbesondere um Konfliktsituationen (Schüler – Schüler; Schüler – Lehrer) sowie um Interaktionserfahrungen wie Leistungsschwächen oder Schulversagen. Anschließend diskutierten sie die Ergebnisse der Unterrichtsbeobachtungen mit den Lehrkräften und Schulsozialarbeitern. Diese gemeinsame Reflexion sollte dem Ziel dienen, Schülerinnen und Schüler, die eher langsam und unauffällig beginnen, den Unterricht zu schwänzen oder sich mental auszuklinken, zu identifizieren und, bevor sie wegdriften, wieder an Schule und Unterricht heranzuführen. Durch frühzeitiges Erkennen sollten schnelle Hilfe und kompetente Förderung für betroffene Schüler ermöglicht werden, um so einen möglichen „Bildungsausstieg" im schulpflichtigen Alter zu vermeiden.

Projekte dieser Art arbeiten mit ergänzenden Angeboten in der Schule selbst, wobei ihre Konzepte auf die Öffnung der Schule nach innen und außen zielen. Gemeinsam ist diesen Projekten oder Angeboten innerhalb der Schulen, dass in der Regel mit jüngeren Schülerinnen und Schülern gearbeitet wird, deren Verweigerungshaltung noch nicht oder noch nicht sehr stark ausgeprägt ist. Wichtig für diesen integrierten Arbeitsansatz von schulischer Pädagogik und Arbeitsformen der Jugendsozialarbeit in der Schule ist, dass es dabei nicht zu einer Verwischung von Fachlichkeiten und Zuständigkeiten der Kooperationspartner kommt.

Alternative Beschulung im Projekt

Die betroffenen Modellprojekte hatten ein Konzept zur Beschulung parallel zum regulären Schulunterricht entwickelt. Die Beschulung fand in projekteigenen Räumen statt. Der Zugang der Schülerinnen und Schüler zum Projekt erfolgte in Absprache mit den Schulen und zuständigen Schul- und Jugendämtern und – soweit möglich – mit den Eltern der Schüler. Der Unterricht wurde durch eine Kombination von schul-, sozial-, arbeits-, berufs-, freizeit- und erlebnispädagogischen Elementen gestaltet. Die Zusammenarbeit von Lehrkräften, Sozialpädagogen und fachlichen Anleitern ermöglichte neben der Aufarbeitung schulischer Defizite vor allem die Bearbeitung persönlicher Problemlagen der betroffenen Schüler. Zur Vermittlung des Schulstoffes wurden meist kleinere Lerngruppen gebildet, die den unterschiedlichen Leistungsstand der Schüler berücksichtigten. Der/die Lernende wurde dabei als aktives Subjekt gesehen und erarbeitete sich im Zusammenwirken mit den Projektmitarbeiterinnen und -mitarbeitern einzelne Schritte selbst, setzte sich eigene Ziele und fand über Selbsterfahrung (z. B. Erfolg/Misserfolg) auch eigene Grenzen und Möglichkeiten heraus. Darüber hinaus wurde im Rahmen von Praktika versucht, die Praxis- und Arbeitsmarktferne des Schulalltags zu überwinden und die Anwendung des Gelernten in Situationen mit Ernstcharakter zu ermöglichen. Die pädagogische Strategie des „Förderns und Forderns“ hat im Umgang mit Schulverweigerung bei der großen Mehrheit der Schülerinnen und Schüler zu einer positiven Persönlichkeitsentwicklung und einem gestärkten Selbstwertgefühl beigetragen und damit auch zu einer Erhöhung der Chancen auf soziale und schulische bzw. berufliche Integration geführt. Die Philosophie dieser Projekte war, die Schülerinnen und Schüler ohne die schulüblichen Sanktionen an den systematischen Lernprozess heranzuführen und ihnen zugleich die Bereitschaft abzufordern, sich auch „harten“ Forderungen (z. B. Erreichen eines Schulabschlusses) zu stellen.

Alternative Betreuungsangebote sollen und können kein Ersatz für die Regelschule sein. Sie sind jedoch notwendig für hartnäckige Schulverweigerer, die von den Lehrkräften der Schule nicht mehr erreicht werden. Die Stärke dieser Angebote besteht darin, dass sie bei den betroffenen Jugendlichen eher auf Akzeptanz stoßen als der herkömmliche Schulunterricht.

Fernschulunterricht

Ein Projekt benutzte für die schulische Förderung Methoden des Fernunterrichts. Die Zielgruppe des Projekts war in sich sehr heterogen und bestand sowohl aus Schülerinnen und Schülern, die noch der Schulpflicht unterlagen, als auch aus solchen Jugendlichen, für die keine Schulpflicht mehr bestand bzw. die ausgeschult waren, aber dennoch einen Schulabschluss machen wollten. Das Modellprojekt zielte deshalb mit seinem aufsuchenden Schulangebot auf die Integration der Schule in die Lebenswelt von Jugendlichen, die sich nach langer schulischer Abstinenz zwar dazu entschlossen hatten, einen Schulabschluss nachzuholen, die aber gleichzeitig nicht mehr bereit und/oder in der Lage waren, sich in einen geregelten Schulbetrieb zu begeben. Der Leitgedanke bei der Entwicklung dieses Angebots war, dass die betroffenen Jugendlichen nicht mehr von der Regelschule mit ihren starren Strukturen erreicht werden können. Entsprechende Angebote müssen also flexibel gehalten werden. Fernunterricht bietet einen solchen flexiblen Weg und ermöglicht einen individuellen Lernprozess: Die Lernorte, die Lernzeiten und die Sozialformen des Lernens können flexibel von den Jugendlichen selbst bestimmt werden. Das Schulmaterial wird von Projektmitarbeiterinnen und -mitarbeitern individuell aufbereitet und in so genannten „Aufgabenpaketen" den Schülerinnen und Schülern zur Bearbeitung zugesandt. Fernschulunterricht stellt hohe Anforderungen an den Lernenden, gerade was die Disziplin und das Durchhaltevermögen anbelangt, denn der Schüler ist in dieser Hinsicht auf sich allein gestellt und nur sich selbst gegenüber verantwortlich. In diesem Ansatz steht das selbst organisierte Lernen im Vordergrund und die Strategie „Fördern und Fordern" kommt hier besonders stark zum Tragen: Die Lernenden sind aktive Gestalter des eigenen Lernprozesses, können ihn selbst organisieren und steuern. Der/die Lernende übernimmt Verantwortung für sich selbst, orientiert sich an den eigenen Ressourcen und kann mithilfe der Rückmeldung der Projektmitarbeiterinnen und -mitarbeiter seinen Leistungsstand einschätzen. Trotz der räumlichen Distanz zum Projektteam kann jederzeit bei Bedarf Unterstützung von dieser Seite eingefordert werden. Der Umfang an pädagogischer Förderung im Lernprozess wird also ebenfalls von den Einzelnen selbst bestimmt.

Die Strategien von Fernschulangeboten zeitigen bei solchen Jugendlichen Erfolg, die an den selbst gesetzten Zielen festhalten (können). Das Vorgehen unterstützt den Lernprozess, der einen Schulabschluss zum Ziel hat, ohne dass der Schüler in ein wie immer geartetes schulisches „Korsett“ gezwängt wird. Das hier vorgestellte Projekt erreichte mit beachtlichem Erfolg die Gruppe der „harten“ Schulverweigerer, die der Schule zu einem frühen Zeitpunkt den Rücken gekehrt hatten und deren Biografien zum Teil durch Heim- und Straßenkarrieren sowie durch Kontakte zur Jugendgerichtshilfe gekennzeichnet waren. Den jungen Menschen wurde die Vorbereitung auf einen Schulabschluss ermöglicht, ohne dass dabei mit Vorgaben in deren Lebensbedingungen eingegriffen wurde.

Im Rahmen aller Angebote für schulmüde und schulverweigernde Jugendliche wird Schulverweigerung bzw. der Abbruch der Regelschule grundsätzlich nicht als individuelles Versagen des oder der jeweiligen Jugendlichen verstanden, sondern als ein gesellschaftliches Problem, das nur im Zusammenwirken der Systeme von Jugendhilfe und Schule gelöst werden kann. Die Philosophie der Projekte ist eine aktivierende Jugendsozialarbeit, d. h. methodisch hat hier eine Pädagogik an Gewicht gewonnen, die an den Stärken ansetzt, die Jugendlichen aktiviert und motiviert, das eigene Leben selbst zu gestalten. Voraussetzung dafür ist eine realistische Potenzialanalyse jedes und jeder Jugendlichen und die Entwicklung eines konkreten, individuellen Hilfe- und Unterstützungsplanes, der in vertraglichen Festschreibungen und Regelungen die Pflichten und Rechte aller Beteiligten fixiert. Das Prinzip „Fördern und Fordern“ ist dabei eine unabdingbare Strategie bei der sozialen und schulischen/beruflichen Integration, es ist allerdings nicht immer einfach zu realisieren. Das Verhältnis der beiden Komponenten „Fördern“ und „Fordern“ zueinander wird einerseits von der Art des jeweiligen Projektansatzes und andererseits von der Individualität der einzelnen Jugendlichen geprägt. Während beim präventiven Ansatz die fördernde Pädagogik stärker in den Vordergrund tritt, liegt bei der alternativen Beschulung und noch mehr beim Fernschulunterricht das Gewicht stärker auf der Komponente „Fordern“. Auch die Aufenthaltsdauer des Schülers oder der Schülerin im Projekt nimmt Einfluss auf die Gewichtung der Komponenten: Mit zunehmender Dauer nimmt der Anteil an fördernder Pädagogik ab und der Anteil an fordernder Pädagogik zu.

Das Verhältnis von Jugendhilfe und Schule ist durch eine Reihe von strukturellen Gegensätzen charakterisiert, die nicht beliebig auflösbar sind und die dazu geführt haben, dass Jugendhilfe und Schule in der Vergangenheit überwiegend nicht miteinander, sondern nebeneinander gewirkt haben. Obwohl beide Institutionen unmittelbar mit derselben Zielgruppe arbeiten (Kinder und Jugendliche im schulpflichtigen Alter), besteht bei den meisten Schulverweigererprojekten keine räumliche und/oder organisatorische Anbindung an die Schule, was einerseits die relative sozialpädagogische Unabhängigkeit von der Schule fördert und einen eigenständigen Jugendhilfebeitrag sicherstellt. Die notwendige Abstimmung mit der Schule erfolgt lediglich über Arbeitskreise, Gespräche und Kooperation mit Lehrerinnen und Lehrern, Schulsozialarbeiterinnen und Schulsozialarbeitern (soweit institutionalisiert) sowie Schulleitungen.

Andererseits birgt die Trennung zwischen den Institutionen die Gefahr in sich, dass Schule und Jugendhilfe aufgrund unterschiedlicher gesellschaftlicher Aufträge und Entwicklungsgeschichten die Notwendigkeit zur Kooperation zwar erkennen, aber aufgrund von Berührungsängsten vor einer Zusammenarbeit zurückschrecken und mehr oder weniger erfolgreiche „Abschottungsstrategien" entwickeln. Erfahrungen innerhalb und außerhalb des Modellprogramms zeigen jedoch, dass das Problem Schulverweigerung auf Dauer nur gelöst werden kann, wenn frühzeitig Kooperationsmöglichkeiten zwischen Jugendhilfe und Schule angestrebt und geschaffen werden, die einen hohen Grad an Verbindlichkeit aufweisen und wenn außerdem Konsens darüber besteht, dass die Schule sich verändern muss, damit die (weitere) Ausgrenzung benachteiligter Jugendlicher aus dem System Schule verhindert wird.

In den folgenden Kapiteln werden die DJI-Untersuchungen zum Thema Schulverweigerung vorgestellt. *Kapitel 1* enthält eine ausführliche Darstellung des Problems Schulverweigerung und seiner empirischen Dimensionen sowie eine Zusammenfassung der wichtigsten Untersuchungen auf diesem Gebiet. *Kapitel 2* beschreibt das Design und die Methoden der diesbezüglichen Untersuchungen des Deutschen Jugendinstituts, die im Rahmen der wissenschaftlichen Begleitung des Modellprogramms „Arbeitsweltbezogene Jugendsozialarbeit 1998–2001" durchgeführt wurden. *Kapitel 3* enthält die Ergebnisse aus den verschiedenen DJI-Unterschungen. In *Kapitel 4* werden Strategien gegen Schulverweigerung beschrieben, die überwiegend von der Jugendhilfe entwickelt wurden. In *Kapitel 5* schließlich haben wir versucht, auf der Basis der vorangegangenen Kapitel ein Fazit für den künftigen Umgang mit Schulverweigerung bzw. zu deren Verhinderung zu ziehen.

1 Problemaufriss

Die Weigerung, zur Schule zu gehen – phasenweise oder dauerhaft –, ist in der Bundesrepublik Deutschland längst keine Ausnahmeerscheinung mehr, sondern hat in den letzten Jahren nach Meinung von Experten stark zugenommen. Alarmierende Meldungen über steigende Zahlen von Schülerinnen und Schülern, die unmittelbar nach Erfüllung der Schulpflicht die Schulen ohne einen Hauptschulabschluss verlassen[3], verunsichern unsere Gesellschaft. Die Folgen beharrlicher Abwesenheit von der Schule und insbesondere fehlender schulischer Qualifizierung sind für die betroffenen Jugendlichen gravierend. Brüche und Instabilitäten im schulbiografischen Ablauf wirken sich negativ auf die künftige ökonomische und gesellschaftliche Stellung eines Individuums aus. In einer Gesellschaft, in der Arbeit noch immer ein entscheidendes Merkmal für den ökonomischen und sozialen Status ist, haben Schulabbrecher unsichere bzw. schlechte Ausbildungs- und Beschäftigungsperspektiven; eine (einigermaßen regelmäßige) Teilnahme am Erwerbsleben ist aber wiederum Voraussetzung für gesellschaftliche Teilhabe.

Aufgrund der nunmehr hohen Zahlen von Schülerinnen und Schülern, die sich von Schule abwenden, sich ihr verweigern und deshalb häufig ohne Schulabschluss ihre Schulpflicht beenden, wird der Ruf nach Erklärungen und Abhilfen immer lauter. Das Thema Schulverweigerung beschäftigt dabei nicht nur (Bildungs-)Politiker, sondern insbesondere auch Fachorganisationen von Schule und Jugendhilfe und nicht zuletzt die Schule selbst. Dabei sind Schülerinnen und Schüler, die die Schule schwänzen oder verweigern, durchaus kein exklusives Phänomen heutiger Zeit, es existiert mehr oder weniger schon, seit es eine Schulpflicht gibt. Aber Schulverweigerung als eine riskante, selbstschädigende Strategie hat gerade in unserer Gesellschaft nachhaltige Konsequenzen für die Jugendlichen. (Man denke nur an die geringen Chancen, ohne Schulabschluss einen Ausbildungs- oder Arbeitsplatz zu finden und damit für den eigenen Lebensunterhalt aufkommen zu können.) Deshalb ist angesichts der Bedeutung, die Schulmüdigkeit und Schulverweigerung für den Bildungsverlauf der Schülerinnen und Schüler, für ihre soziale und

---

[3] Im Jahr 2000 verließen in der Bundesrepublik Deutschland 86.601 Jugendliche nach Beendigung der Vollzeitschulpflicht die Schule ohne Hauptschulabschluss; von ihnen kamen 66.361 aus Haupt- (30.004) bzw. Sonderschulen (36.357). Statistisches Bundesamt, Fachserie 11, Reihe 1, 2000/01.

berufliche Integration bzw. im Hinblick auf Risiken der sozialen Exklusion heutzutage haben, Schulverweigerung zu einer gesellschaftlichen Herausforderung geworden.

Die im Dezember 2001 veröffentlichten Ergebnisse der PISA-Studie 2000[4] (vgl. Kap. 1.4.1.2) belegen, dass deutsche Schülerinnen und Schüler im internationalen Schulleistungsvergleich sehr schlecht abschneiden und sich in nahezu allen einbezogenen Leistungsbereichen im unteren Drittel wiederfinden[5]. Gleichzeitig gelingt es an deutschen Schulen nicht, soziale Nachteile oder Sprachprobleme von Ausländerkindern auszugleichen. Die Befunde der PISA-Studie sind ein Schock – nicht nur für die Bildungspolitik, zahlreiche Schuldzuweisungen und neue Patentrezepte sind in den Schlagzeilen zu lesen. Für Experten kamen diese Ergebnisse jedoch nicht so überraschend, gab es in letzter Zeit doch einige Indikatoren für Defizite in den Schulleistungen deutscher Schüler. Verfolgt man beispielsweise die Schulabgängerzahlen der letzten Jahre stellt man fest, dass die Zahl derjenigen Schülerinnen und Schüler wieder kontinuierlich gestiegen ist, die nach Erfüllung der Vollzeitschulpflicht die Schule ohne einen Hauptschulabschluss verlassen haben. Aber nicht nur die absoluten Zahlen der Schulabgänger ohne Hauptschulabschluss sind gestiegen, auch ihre Anteile an allen Absolventen bzw. Abgängern der Schuljahre 1997–2000[6] (vgl. Abb. 1).

[4] PISA ist eine international standardisierte Kompetenzmessung, die von den Teilnehmerstaaten gemeinsam entwickelt und mit 15-jährigen Schülerinnen und Schülern in ihren Schulen durchgeführt wird. In jedem der 32 Teilnehmerstaaten werden zwischen 4.500 und 10.000 Schülerinnen und Schüler getestet.

[5] Ähnlich erschreckende Ergebnisse, die auf eklatante Mängel im deutschen Schulsystem hinweisen, hatten in den Jahren zuvor, zuletzt 1995, die TIMSS-Studien ergeben. Mithilfe großer internationaler Schulleistungstests wurden Schülerinnen und Schüler aus drei Altersgruppen untersucht, die sich in jeweils unterschiedlichen Phasen ihrer Schul- und Bildungslaufbahn befanden.

[6] zum Vergleich: In den Jahren 1996–1998 betraf dies 78.700, 80.500 und 83.000 Schülerinnen und Schüler. Bundesministerium für Bildung und Forschung, Grund- und Strukturdaten 1997/1998, 1998/1999, 1999/2000. Im Jahr 1999 waren es 83.761 und im Jahr 2000 waren es bereits 86.601, die nach Beendigung der Vollzeitschulpflicht die Schule ohne Hauptschulabschluss verließen. Statistisches Bundesamt, Fachserie 11, Reihe 1, 1999/2000 und 2000/01.

Abb. 1 Anteil der Absolventen/Abgänger, die nach Erfüllung der Schulpflicht die Schule ohne Hauptschulabschluss verlassen haben, an allen Absolventen/Abgängern der Schuljahre 1997–2000.

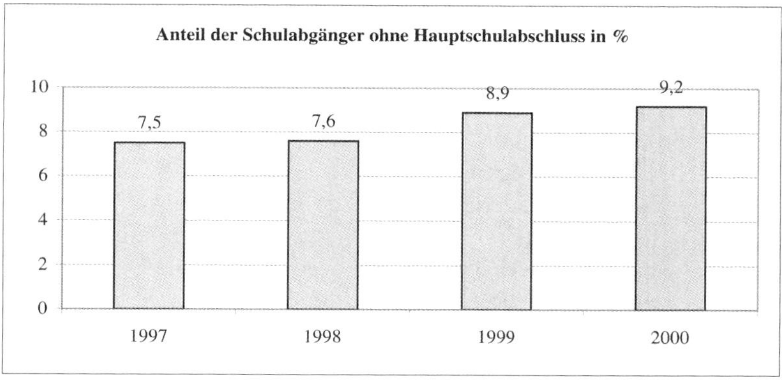

Die Anteile der Schulabgänger ohne Hauptschulabschluss sind in den einzelnen Bundesländern verschieden groß: In Thüringen beispielsweise ist die Abbrecherquote mit 12,6 % mehr als doppelt so hoch wie in Nordrhein-Westfalen (6,1 %)[7]. Insbesondere Schulabgänger aus Haupt- und Sonderschulen ohne Hauptschulabschluss laufen dabei Gefahr, dauerhaft vom Ausbildungs- und Arbeitsmarkt ausgeschlossen zu werden, denn für sie gibt es kaum noch Möglichkeiten, auf eine andere Schulform zu wechseln (abgesehen von den berufsbildenden Schulen), um dort den Hauptschulabschluss zu erwerben. Gerade unter den ausländischen Schülerinnen und Schülern ist der Anteil besonders hoch: Jeder Fünfte verlässt die Schule ohne einen Hauptschulabschluss[8]. Dies verdeutlicht die Notwendigkeit, den Risiken der Ausbildungs- und Arbeitslosigkeit u. a. auch präventiv zu begegnen, indem ein frühzeitiger „Bildungsausstieg" noch im schulpflichtigen Alter vermieden wird. Deshalb werden in den letzten Jahren zunehmend häufiger während der Vollzeitschulpflicht Hilfen und Maßnahmen angeboten, die Schulabbrüche verhindern sollen (vgl. Kap. 4).

Wenn sich ein Teil unserer Jugend aktiv (von Störverhalten im Unterricht, wie aggressives/destruktives Verhalten gegenüber Mit-

---

[7] Statistisches Bundesamt, zitiert in SPIEGEL-Online vom 16.4.2002. Bei den Unterschieden zwischen den einzelnen Bundesländern muss jedoch berücksichtigt werden, dass die Kriterien für Schulabschlüsse durch die länderspezifischen Schulgesetze geregelt sind.

[8] Statistisches Bundesamt, a. a. O. Danach kommt in Berlin beispielsweise etwa die Hälfte der nichtdeutschen Schulabbrecher aus türkischen Familien.

schülern/Lehrkräften, über gelegentliches Schulschwänzen bis hin zu dauerhafter Schulverweigerung) oder passiv (Nichtbeteiligen im Unterricht, „verdecktes" Schulschwänzen mithilfe von Ausreden oder Entschuldigungen) der Schule entzieht, dann stellt sich die Frage, ob die Gründe für dieses Verhalten (auch) innerhalb der Institution Schule zu suchen sind. Tatsächlich scheint ein nicht unerheblicher Teil der Ursachen für Schulverweigerung in der Schule selbst begründet zu sein bzw. die Schule scheint auf den ersten Blick als Problemverursacher bzw. Problemverstärker zu agieren[9]. Aber auch andere Bereiche wie Familie, deren Ressourcen und Bildungshintergründe sowie das soziale Umfeld eines Schülers können die Entstehung von schulverweigernden Verhaltensweisen begünstigen. Die Ursachen für Schulverweigerung sind also meist vielfältig; selten lassen sie sich auf einen einzelnen Aspekt biografischer, familiärer, schulischer oder gesellschaftlicher Art reduzieren. Allerdings trägt die Schule als zentraler kindlich-jugendlicher Lebensort bedeutend dazu bei, Probleme zu erzeugen, die in der Folge zu Ablehnung von Schule führen können. Der Anteil, den das System Schule und die Lehrkräfte an der Erzeugung dieser Probleme haben, darf keinesfalls unterschlagen werden.

Viele Ursachen werden im Zeitablauf zu Folgen und umgekehrt. So führt beispielsweise das Fernbleiben von der Schule wegen schlechter Leistungen gerade wegen des Fehlens wiederum zu weiterem Schulversagen. Ein Teufelskreis entsteht, der nur noch schwer zu durchbrechen ist. Insbesondere Schulverweigerer mit langen schulischen Fehlzeiten schaffen es meist nicht aus eigener Kraft, die Phase der Verweigerung zu beenden und in die Schule zurückzukehren. Gelingt es ihnen dennoch, lösen sich häufig aufgrund von Überalterung (in Fällen von Klassenwiederholungen) die noch spärlich vorhandenen Kontakte zu Gleichaltrigen in der Schule auf. Hindernisse können ferner unangemessene Reaktionen von Lehrkräften sein, die der besonderen Situation von Schulverweigerern nicht gerecht werden. Die betroffenen Schülerinnen und Schüler sehen oft keinen anderen Ausweg, als sich endgültig aus der Schule zu verabschieden. Außerhalb der Schule finden sie nicht selten Zuflucht in Gruppen von Gleichgesinnten, die unter Umständen ein Abgleiten in Kriminalität und/oder Drogenge- und -missbrauch begünstigen.

---

[9] Vgl. dazu u.a. Maria Schreiber-Kittl/Haike Schröpfer: Bibliographie Schulverweigerung. München/Leipzig: Deutsches Jugendinstitut. Werkstattbericht. Arbeitspapier 2/2000, sowie Maria Schreiber-Kittl: Alles Versager? Schulverweigerung im Urteil von Experten. München/Leipzig: Deutsches Jugendinstitut. Forschungsbericht. Arbeitspapier 1/2001.

1.1 Die politisch-pädagogische Debatte

Es ist die Aufgabe der Schule, unsere Kinder auf eine Welt vorzubereiten, die sich zum Teil drastisch von der Welt unterscheidet, in der wir – die Erwachsenen – selbst groß geworden sind. Neue Konzepte sind deshalb erforderlich, die eine Öffnung der Schule in zweierlei Hinsicht bewirken: zum einen im Hinblick auf die Lebenswelten von Kindern und Jugendlichen und ihren gegenwärtigen Alltag (wozu die Lebenslage von Kindern und Jugendlichen als Schülerinnen und Schülern ebenso gehört wie ihr Leben außerhalb von Schule, das soziale und kulturelle Umfeld, ihre Familien); zum anderen im Hinblick auf das spätere Arbeits- und Berufsleben, das die Jugendlichen unter den Bedingungen der heutigen Zeit meistern müssen, und das die Zukunft dieser jungen Menschen wesentlich prägen wird. Die Bildungspolitik und damit die Schule hat neben dieser zweifachen Öffnung allerdings noch eine weitere wichtige Aufgabe, nämlich zu verhindern, dass „das Tempo der Veränderungen zu wachsender sozialer Ausgrenzung führt und damit zu einer neuen Form der Klassengesellschaft“[10]. Schulverweigerung ist deshalb ein Signal für institutionelle und soziale Desintegrationsprozesse (Warzecha 2000).

Die Schule ist nach wie vor eine stabile kulturelle Institution unseres Kulturkreises. Trotz andauernder Kritik am System Schule wird die Institution Schule an sich kaum ernsthaft infrage gestellt[11]. Die Auseinandersetzung um Schulpflicht und „Entschulung“ (Ivan Illich), die vor allem in den 1970er-Jahren in den USA und in westlichen Industrieländern stattfand, ist in der Bundesrepublik Deutschland politisch und pädagogisch nahezu wirkungslos geblieben.

Auch heute wird bei uns die allgemeine Schulpflicht nicht ernsthaft infrage gestellt. Zwar werden immer wieder Stimmen laut, die Schulzwang als ein Herrschaftsinstrument definieren, das „Ungleichheit produziert, Abhängigkeit fördert und ideologisch indoktriniert“[12], aber die heutige Kritik richtet sich eher gegen die mit dem Schulzwang verbundenen Lerninhalte und Lerntechniken. Die Abschaffung der allgemeinen Schulpflicht wird mangels geeigneter Alternativen nicht wirklich gefordert. Dies wäre „ein ideologisches Massen-

---

[10] Rede von Bundespräsident Johannes Rau auf dem Ersten Kongress des Forums Bildung „Wissen schafft Zukunft“ am 14. Juli 2000 in Berlin, zitiert in: Materialien des Forum Bildung 2, Bonn 2000.

[11] Im Gegensatz beispielsweise zu den zum Teil äußerst kontrovers geführten Diskussionen um die Institutionen Ehe, Kirche und Militärdienst, die heute in unserer Gesellschaft nicht mehr in dem Maße wie früher konsensfähig sind.

[12] Klemm, Ulrich, in: eigentümlich frei, www.eifrei.de.

experiment an unseren Kindern, dessen Ausgang im vornhinein nicht abzusehen wäre"[13].

Statt der Forderung nach Abschaffung der allgemeinen Schulpflicht werden heute verstärkt potenzielle Aufgaben von Schule diskutiert, die über die reine Wissensvermittlung hinaus Sozialkompetenzen sowie Kenntnisse und Fähigkeiten vermitteln sollen, die man im Erwachsenenleben benötigt (fachübergreifende Kompetenzen).

Spätestens seit PISA 2000 wissen wir, dass die Bundesrepublik Deutschland im internationalen Vergleich des Leistungsstandes von Schülerinnen und Schülern in den Bereichen Lesen, Mathematik und Naturwissenschaften unter dem OECD-Durchschnitt liegt[14]. Getestet wird, wie gut Schülerinnen und Schüler im Alter von 15 Jahren ihr Wissen anwenden können. Besonders schwach sind deutsche Schülerinnen und Schüler bei anspruchsvollen Aufgaben im Reflektieren und Bewerten. In diesem Zusammenhang versteht PISA muttersprachliche, mathematische und naturwissenschaftliche Kompetenzen als „basale Kulturwerkzeuge", „... die nicht die einzigen, aber wichtige Voraussetzungen für die Generalisierung universeller Prämissen für die Teilhabe an Kommunikation und damit auch für Lernfähigkeit darstellen" (ebenda, S. 20 f.). Die Kommunikations- und Lernfähigkeit werden verstanden als „zentrale Merkmale universalisierter Grundbildung" (ebenda).

Das wichtigste Ergebnis der PISA-Studie ist zweifellos, dass die soziale Herkunft in keinem anderen Industrieland so entscheidend für den Schulerfolg ist wie in Deutschland. Im Gegensatz zu anderen Ländern (z.B. Kanada, Finnland, Japan, Korea und Schweden) werden hier herkunftsbedingte Lernnachteile durch die Schule nicht ausgeglichen. Schülerinnen und Schüler aus der Oberschicht haben eine viermal größere Chance, das Abitur zu machen, als solche aus unteren Schichten. An deutschen Schulen gelingt es darüber hinaus nicht, soziale Nachteile oder Sprachprobleme von Ausländerkindern auszugleichen. Trotz vieler Bemühungen ist das deutsche Schulsystem strukturell überfordert, Kindern und Jugendlichen aus bildungsfernen Gruppen Chancengleichheit zu gewähren. Wie unsere Unter-

---

[13] Kritisches Forum für Kinder, Pool – Sinn und Unsinn der Schulpflicht, in: www.kinderprojekte.de.

[14] Im Bereich der „Lesekompetenz" liegt die Bundesrepublik Deutschland an 22. Stelle, im Bereich der „mathematischen Grundbildung" und im Bereich der „naturwissenschaftlichen Grundbildung" jeweils an 21. Stelle von insgesamt 32 teilnehmenden Staaten. Deutsches PISA-Konsortium (Hrsg.): PISA 2000. Basiskompetenzen von Schülerinnen und Schülern im internationalen Vergleich. Leske + Budrich, Oplanden 2001, S. 107, 174, 229.

suchungsergebnisse zeigen werden (vgl. Kap. 3), haben benachteiligte Jugendliche ein höheres Risiko, sozial ausgegrenzt und zu Schulverweigerern zu werden als andere Schülerinnen und Schüler. Dies wirkt sich besonders im Arbeitsleben aus: Rund 15 % der Lehrstellenbewerber sind in Deutschland nicht vermittelbar, weil ihre Grundkompetenzen im Lesen und Schreiben unzureichend sind.[15]

Für die Diskussion um Schulverweigerung und ihre Ursachen spielen solche Befunde eine große Rolle: Die Schule hat entscheidenden Anteil am Erfolg oder Misserfolg eines Schülers.

Die Schule nimmt – dies ist unbestritten – eine Schlüsselfunktion in den öffentlichen Sozialisationsfeldern ein, denn hier ist der allergrößte Teil der Kinder und Jugendlichen über einen längeren Zeitraum vereint. Ihr Aufwachsen wird vom Alltag als Schülerinnen und Schüler stark geprägt. Zugleich ist in dieser Lebensphase die Orientierung an Gruppen von Gleichaltrigen zentral.

Das relative Unvermögen der Schulen, ihren Schülerinnen und Schülern die Fähigkeiten zu vermitteln, die sie brauchen, um ihr Leben beruflich und sozial zu meistern, geht einher mit grundlegenden Veränderungen der Bedürfnisse und Anforderungen einer Wissensgesellschaft. Die Entwicklungen in der Wirtschaft und in der Arbeitswelt (u. a. neue Technologien, neue Formen der Arbeitsorganisation, Globalisierung) haben die Lebensbedingungen der Menschen nachhaltig verändert. Folgeerscheinungen wie eine Zunahme der Kleinfamilien und Einpersonhaushalte, erhöhter Druck zur Mobilität, erhöhtes Risiko der Arbeitslosigkeit etc. wirken sich auch auf die Rahmenbedingungen aus, unter denen Kinder und Jugendliche heutzutage aufwachsen. Junge Menschen leben heute in einer Zeit, die insgesamt durch tief greifende Veränderungen in Wirtschaft, Politik und Gesellschaft gekennzeichnet ist.

Aufgrund dieser Veränderungen sind die Folgen von Schulverweigerung – und dies kann nicht oft genug betont werden – heutzutage schlimmer als früher, und zwar unabhängig davon, ob Schulverweigerung in den letzten Jahren insgesamt zugenommen hat oder nicht[16]: Die Abkoppelung vom Bildungsprozess verringert die ohnehin schlechten Aussichten auf berufliche Integration dramatisch, wobei die gestiegenen Anforderungen in der Wirtschaft und in der Arbeits-

---

15 Süddeutsche Zeitung vom 6./7. April 2002.

16 Wegen fehlender bundesweiter Erhebungen (vgl. Kap. 1.3.1) ist die Frage, ob Schulverweigerung zugenommen hat, anhand von validen Daten nicht zu beantworten. Was aber festgestellt werden kann, ist eine höhere Aufmerksamkeit und Sensibilität für das Phänomen Schulverweigerung insbesondere im Zusammenhang mit Schulabgängern ohne Schulabschluss und ohne anerkannte Berufsausbildung.

welt die Situation verschärfen und das Risiko, gesellschaftlich ausgegrenzt zu werden, erhöhen.

Angesichts dieser Entwicklung ergeben sich neue Herausforderungen an die Sozialisationsleistungen von Schule, insbesondere im Hinblick auf ihre Funktion, die Jugendlichen auf dem Weg ins Erwachsenenleben beruflich und sozial zu integrieren. Der Beitrag von Schule kann heute nicht mehr nur in der Vermittlung von (Basis-)Qualifikationen bestehen; gerade im Hinblick auf neue Formen der Arbeitsorganisation und höhere Anforderungen an die Beschäftigten sowie im Hinblick auf das spätere Engagement in der Gesellschaft ist die Vermittlung von berufsübergreifenden sozialen und kommunikativen Kompetenzen erforderlich („neue Schlüsselqualifikationen" wie zum Beispiel Konfliktbewältigung, Teamfähigkeit oder soziales Handeln). So kann (und muss) Schule die arbeitsweltbezogene Sozialisation im Kindes- und Jugendalter fördern und sozialer Ausgrenzung entgegenwirken. Die Anerkennung einer solchen erweiterten Zuständigkeit beinhaltet aufseiten der Schule die Bereitschaft, sich gegenüber der künftigen Arbeits- und Berufswelt der Kinder und Jugendlichen zu öffnen, denn die Entscheidung darüber, was nach der Schule kommen soll, ist wegweisend für das weitere Leben. Dabei geht es allerdings nicht darum, dass die Schule ihr Bildungsprogramm aus dem aktuellen Qualifikationsbedarf der Wirtschaft und des Arbeitsmarktes ableitet – dies ist nicht ihre Aufgabe und angesichts der Geschwindigkeit, mit der sich der Qualifikationsbedarf beispielsweise in der Informations- und Kommunikationstechnologie verändert, wäre dies auch gar nicht leistbar. Im Zusammenhang mit dem gesetzlichen Auftrag der Schule, nämlich die Vermittlung von Bildung und die Erziehung junger Menschen, ist es aber notwendig, dass die allgemein bildende Schule Qualifikationen hervorbringt, die sowohl auf dem Arbeitsmarkt als auch für die Lebensführung schlechthin verwertbar sind.

1.2 Der Umgang mit Schulverweigerung

1.2.1 Die allgemeine Schulpflicht

In den Ländern der Bundesrepublik Deutschland ist die Schulpflicht gesetzlich geregelt: Kinder und Jugendliche im Alter zwischen 6 und 18 Jahren sind schulpflichtig. Wer dieser Pflicht nicht nachkommt, kann der Schule zwangsweise zugeführt werden („Schulzwang"). Damit die Schulpflicht eingehalten wird, sind die Eltern bzw. Erziehungsberechtigten angehalten, dafür zu sorgen, dass die Schülerinnen und Schüler in der Schule körperlich anwesend sind, d. h. nicht fehlen oder schwänzen und die Schule nicht eigenmächtig verlassen. Falls dem nicht nachgekommen wird, werden gestaffelt administrative Zwangsmaßnahmen eingesetzt, die bis zur Vorführung der betroffenen Schülerinnen und Schüler in der Schule durch die Polizei gehen können. Die Nichteinhaltung der Schulpflicht ist also im Wesentlichen schulrechtlich definiert.

Eine flächendeckende allgemeine Schulpflicht gibt es in Deutschland erst seit 1919 (Artikel 145 der Weimarer Reichsverfassung: „Es besteht allgemeine Schulpflicht“); davor gab es lediglich vereinzelt Schulpflichtgesetze, die die Pflicht zum Unterricht regelten. (Der Schulbesuch war nur insoweit verpflichtend, als bestimmte für notwendig erachtete Mindestkenntnisse nicht auf anderem Wege – z. B. durch häuslichen Privatunterricht – vermittelt wurden. Ein Zwang zum Besuch öffentlicher Schulen bestand jedoch nicht.) Das im Sinne von Unterrichtspflicht ausgelegte Werk wurde durch die allgemeine Schulpflicht in der Weimarer Verfassung im Jahre 1919 abgelöst. Säumige Schüler wurden durch schulinterne Strafen zum Schulbesuch angehalten.

Die Schule im Dritten Reich basierte auf der Grundlage der Schulpflicht der Weimarer Verfassung, wurde allerdings durch verschiedene Führerverordnungen ergänzt, die eine Erziehung im Sinne des Militarismus und Totalitarismus zum Ziel hatten (z. B. Pflichtmitgliedschaft in der Hitlerjugend (HJ) – 14 bis 18 Jahre, ab 1939 ab dem 10. Lebensjahr – und Bund Deutscher Mädel (BdM); Bildung von Unterabteilungen Jungvolk und Jungmädel (10 bis 14 Jahre)). Das Reichsschulpflichtgesetz vom 6. Juli 1938 regelte die Schulpflicht erstmals reichseinheitlich und sah für säumige Schüler strafrechtliche Konsequenzen vor: In § 14 wurde bei Zuwiderhandlung gegen die Schulpflicht Geldstrafe oder Haft (bis zu sechs Wochen) angedroht. Ferner schrieb das Reichsschulpflichtgesetz für alle Jugendlichen unter 18 Jahren eine dreijährige Berufsschulpflicht vor, für Lehrlinge bis zum Ende der Lehrzeit.

In den neu entstandenen Schulgesetzen nach dem Ende des Dritten Reiches wurde die Sanktionsandrohung gegenüber Schulpflichtigen beibehalten. Nachdem die Strafrechtsreform von Januar 1975 die Übertretungen abgeschafft hatte, haben die Länder der alten Bundesrepublik die Schulpflichtverletzung als Ordnungswidrigkeit eingestuft. Schüler, ihre Erziehungsberechtigten oder die Ausbilder begehen eine Ordnungswidrigkeit, wenn sie nicht dafür Sorge tragen, dass die Schülerinnen und Schüler oder die schulpflichtigen Auszubildenden regelmäßig die zuständigen Schulen besuchen. Bei Zuwiderhandlungen drohen Geldbußen. In besonderen Fällen werden Schulpflichtverletzungen als Straftatbestand qualifiziert, die mit Freiheitsstrafen bis zu sechs Monaten und Geldstrafen bis zu 180 Tagessätzen geahndet werden[17].

In der DDR folgte auf die antifaschistisch-demokratische Schulreform nach 1949 der Aufbau eines einheitlichen sozialistischen Bildungssystems (Schule im Sinne der Umgestaltung der Gesellschaft). Ziel war die Verwirklichung des sozialistischen Menschenbildes. Ab 1959 galt in der DDR:

- Besuch der zehnklassigen Allgemeinbildenden Polytechnischen Oberschule (verpflichtend)
- 11./12. Klasse – Besuch der Erweiterten Oberschule
- Einführung von Spezialschulen (für Russisch, Musik, Mathematik, Sport)
- Betriebsberufsschule (zweijährige Ausbildungszeit).

Historisch gesehen dient die gesetzliche Schulpflicht in Deutschland der Förderung und dem Schutz der Jugendlichen. Förderung insofern, als ein Schulabschluss die Grundausstattung für gesellschaftliche Teilhabe bedeutet; und gleichzeitig ist Schulpflicht auch Schutz vor zu früher Belastung durch Erwerbsarbeit. Damit hatte die allgemeine Schulpflicht eine emanzipatorische Funktion: Begrenzung der Kinderarbeit vor allem in der Landwirtschaft, der Industrie und im Bergbau. Die Schulpflicht war damit auch eine Verpflichtung der Erwachsenen, Kindern und Jugendlichen den Schulbesuch zu ermöglichen. Die Einführung der allgemeinen Schulpflicht (1919) und der gemeinsamen vierjährigen Grundschule im Weimarer Reichsgrundschulgesetz von 1920 (statt des bis dahin geltenden „Säulenprinzips“[18]) waren ein wesentlicher Erfolg der Arbeiterbewegung beim Kampf um die Brechung des Bildungsprivilegs und die Demokratisierung der Schule.

Die Vollzeitschulpflicht in Deutschland schreibt vor, dass jeder Jugendliche mindestens neun bzw. zehn Jahre zur Schule gehen muss. In Baden-Württemberg, Bayern, Hamburg, Hessen, Mecklenburg-Vorpommern, Niedersachsen, Rheinland-Pfalz, Saarland, Sachsen,

[17] Beispielsweise formuliert das Saarland eine Strafandrohung, die sich auch gegen den Schulpflichtigen selbst richtet: „Wer sich oder einen anderen der Schulpflicht dauernd oder vorsätzlich wiederholt entzieht, wird mit Freiheitsstrafe bis zu sechs Monaten oder mit Geldstrafe bis zu 180 Tagessätzen bestraft“ (§ 17 IV SchPflG).

[18] Mit der gemeinsamen Grundschule wurde das bis dahin geltende „Säulenprinzip“, wonach Kinder aus unterschiedlichen sozialen Schichten von der Vorschule an verschiedenen Schulformen zugewiesen wurden, durch das „Gabelungsprinzip“ ersetzt, wonach diese Verzweigung erst nach einer vierjährigen gemeinsamen Grundschule vorgesehen war.

Sachsen-Anhalt, Schleswig-Holstein und Thüringen beträgt die Vollzeitschulpflicht neun Jahre, in Berlin, Brandenburg, Bremen und Nordrhein-Westfalen zehn Jahre. Verlässt ein Jugendlicher die Schule, bevor er die Vollzeitschulpflicht erfüllt hat, muss er, auch wenn er einen Arbeitsplatz hat, nebenher weiter eine (Berufs-)Schule besuchen, und zwar so lange, bis er die Vollzeitschulpflicht erfüllt hat. Grundsätzlich besteht für Jugendliche bis zum 18. Lebensjahr eine Berufsschulpflicht, wenn sie ihre Vollzeitschulpflicht erfüllt haben und keine weiterführende allgemein bildende oder berufsbildende Schule besuchen. Hierdurch sollen Bildungschancen für alle jungen Menschen bis zur Volljährigkeit gewährleistet werden.

Bei einer Berufsausbildung im dualen System gilt die Berufsschulpflicht für die gesamte Zeit der Ausbildung (auch über das 18. Lebensjahr hinaus).

1.2.2 Maßnahmen zur Durchsetzung der allgemeinen Schulpflicht

Schulverweigerung ist eine Symptomatik, die einerseits über soziale Konflikte hinwegtäuscht und andererseits soziale Kontrollen auslöst und deshalb auffällt. Schulverweigerung ist also eine Form der Problemverarbeitung. Sie ist gesellschaftlich unkonventionell und unerwünscht und wird üblicherweise negativ sanktioniert, weil sie gegen geschriebene oder ungeschriebene herrschende Normen und Werte verstößt. Die Institution Schule normiert das Verhalten ihrer Schülerinnen und Schüler in hohem Maße. Dies bedeutet, dass man sich als Schüler schon extrem konform verhalten muss, um keine Regeln zu verletzen. Weil dies kaum jemandem gelingen kann, sind kleinere Abweichungen von der Norm (z. B. „vorsagen“ oder Hausaufgaben „vergessen“) im Schulalltag weit verbreitet und können deshalb auch nicht als abweichendes Verhalten im Sinne einer schulischen Devianz bezeichnet werden. Schulschwänzen dagegen ist ein sozial abweichendes Verhalten, das von der sozialen Umwelt als eine normverletzende Handlungsweise wahrgenommen, kategorisiert und in der Regel negativ sanktioniert wird. Mit den Sanktionen wird eine effektive (positive) Verhaltensänderung des Schulverweigerers bezweckt.

Bevor Schulpflichtverletzungen von den Verwaltungsbehörden mithilfe von Bußgeldbescheiden oder der zwangsweisen Vorführung der Jugendlichen geahndet werden, sollte sichergestellt sein, dass alle pädagogischen Möglichkeiten (von Gesprächen mit dem Schüler und seinen Erziehungsberechtigten bis hin zu Erziehungs- und Ordnungsmaßnahmen), den Schulschwänzer zur Änderung seines Verhaltens zu bewegen, ausgeschöpft wurden und diese ohne Erfolg geblieben sind. In der Regel kann die Schule erst danach durch ihre Mitteilungen und Anträge an die Schulverwaltung, Bußgeldverfahren gegen den Schulschwänzer und/oder seine Erziehungsberechtigten einleiten und/oder die Schülerin oder den Schüler von der Polizei zwangsweise der Schule zuführen lassen. Das größte Problem haben in diesem Zusammenhang die Hauptschule und die Berufsschule: Die meisten Schulverweigerer kommen aus diesen Schulformen (vgl. auch Kap. 3), und es ist Aufgabe speziell der Hauptschule – weil sie im Gegensatz zu Realschulen und Gymnasien den Unterricht dieser Schüler nicht an andere Schulformen abgeben kann –, Schülerinnen und Schüler zu integrieren, die sich von der (Haupt-)Schule und ihren Angeboten entfernt haben und nur noch aufgrund der allgemeinen Schulpflicht formal mit ihr verbunden sind. Als einzige Schulform der Sekundarstufe I ist sie verpflichtet, die Beschulung durch die allgemein bildende Schule zu garantieren. Dies bedeutet, dass sie auch die Kinder und Jugendlichen übernehmen muss, die an weiterführenden Schulformen (Realschule, Gymnasium, Gesamtschule) gescheitert sind.

Die Frage, ob Schulverweigerung tatsächlich mit disziplinarischen oder auch polizeilichen Mitteln verhindert werden kann, wird seit Jahren kontrovers diskutiert. Die Instrumente „Bußgelder“ für die Erziehungsberechtigten oder „zwangsweise Vorführung“ des Jugendlichen sind nur mit großem Aufwand anwendbar und laufen wegen niedriger Einkommen der Erziehungsberechtigten oder Nichtauffindbarkeit des Jugendlichen häufig ins Leere; sie gelten als wenig wirksam und als Ausdruck von Ratlosigkeit. In der Praxis wird deshalb auf eine konsequente Anwendung vielerorts verzichtet.

Ein Projekt, das eine Art von „Doppelstrategie“ fährt, ist das Nürnberger Modell. Hier wird seit einigen Jahren versucht, sowohl mit pädagogischen Mitteln als auch mit Zwangsmaßnahmen Schulverweigerung einzudämmen. Weil dieses Projekt ein Beispiel dafür ist, wie man das gesamte Instrumentarium an Hilfen und Maßnahmen nutzen kann, soll es hier kurz vorgestellt werden.

Hintergrund für das „Nürnberger Modell“ war Mitte der 1990er-Jahre die gestiegene Zahl von Kindern und Jugendlichen, die Straftaten begingen. Polizei und Stadt Nürnberg gingen davon aus, dass es einen Zusammenhang zwischen Kriminalität (und hier insbesondere Ladendiebstähle) und Schulschwänzen gibt. So entstand im Rahmen eines neuen so genannten „Sicherheitspaktes“ ein Schulschwänzerprogramm. Es startete als Modellprojekt im September 1998 in Nürnberg.

In dem Nürnberger Projekt kooperieren eine Vielzahl von Institutionen miteinander: Schule, Allgemeiner Sozialer Dienst (ASD), Jugendamt, Justizbehörden, das Staatliche Schulamt, Freie Träger, das Städtische Schulamt und die Polizei. Gemeinsam schlossen sie einen „Sicherheitspakt" zur Bekämpfung von kommunaler Kriminalität. Das Schulschwänzerprojekt ist Teil dieses Sicherheitspaktes.

Das Pilotprojekt „Schulschwänzer" wird von der Stadt Nürnberg und dem Freistaat Bayern finanziert und basiert auf der gesetzlichen Schulpflicht. Auf Anordnung des Direktors kann die Polizei demnach Schülerinnen und Schüler zurück zur Schule bringen, die tagelang ohne Entschuldigung fehlen, bei denen mehrfache schulische Verweise nicht fruchten und die auch dann nicht erscheinen, wenn ihre Eltern eine Aufforderung des Direktorats bekommen haben, die Fehlzeiten schriftlich zu entschuldigen. Fehlen Schüler zehn Tage ohne Begründung, schaltet die Schule die Polizei ein, „um den Schulzwang durchzuführen". So können im Prinzip alle Bundesländer verfahren, die zwangsweise Zuführung zur Schule ist in allen Schulgesetzen enthalten. Neu an dem Nürnberger Projekt ist, dass die Polizei von sich aus aktiv wird und nach Möglichkeit jeden Tag gezielt zwei besonders geschulte Beamte losschickt, um eventuelle Schulschwänzer zu finden. Soweit sie Zeit haben, fahren sie mit Präventionsstreifenwagen bestimmte Orte ab, an denen sich Schulschwänzer vermutlich häufig aufhalten (Spielsalons, Kaufhäuser, Einkaufszentren, Bahnhöfe, Gaststätten). Werden die Polizisten fündig, rufen sie per Mobiltelefon in der Schule an und bringen den Schulschwänzer zurück. Bestenfalls sind die Polizisten in Zivil, damit die Schüler also nicht für alle sichtbar von Polizisten zur Schule gebracht werden. Der Schulschwänzer wird im Direktorat der Schule abgeliefert, wo er vom Klassenleiter abgeholt und in den Unterricht gebracht wird. Die Polizei informiert auch das Schulamt, das Jugendamt und die Erziehungsberechtigten und bittet alle Beteiligten zu einem Erziehungsgespräch, denn mit dem erzwungenen Schulbesuch des Schülers sind die Ursachen für das schulverweigernde Verhalten nicht beseitigt. Das Nürnberger Schulschwänzerprogramm erprobt in diesem Modellprojekt das Zusammenwirken von Polizei, Schulen, Eltern, Jugendhilfe und sozialen Diensten. Das Ergebnis ist in der Regel ein Hilfeplan nach dem Kinder- und Jugendhilfegesetz.

Die Stadt Nürnberg wertet das Schulschwänzermodell als Erfolg. Während die Polizeibeamten bei ihren Kontrollen im Schuljahr 1998/99 noch 103 Schulschwänzer aufgriffen, waren es im Schuljahr 2000/2001 nur noch 71. Auch die Zahl der Ladendiebstähle von Kindern und Jugendlichen ging im selben Zeitraum zurück.

Auch andernorts werden Schülerinnen und Schüler, die tagelang unentschuldigt fehlen, von der Schule der Polizei gemeldet, die sie zu Hause abholt und in die Schule bringt (Schulvorführung). Im Gegensatz zum Nürnberger Modell aber geht es in diesen Fällen meist nicht darum, Erklärungen für das abweichende Verhalten des Schülers zu finden, sondern darum, die Einhaltung der Schulpflicht (kurzfristig) zu erzwingen. Ob die zwangsweise Zuführung ein wirksames Mittel ist, mag mit Recht bezweifelt werden. Ein System, das mit Polizeigewalt seine Schulpflicht durchsetzt, greift zu kurz, denn es verkennt, dass die Schule selbst Schulschwänzen und Schulverweigerung zumindest begünstigt (vgl. Kap. 3).

Kritisch muss zum Nürnberger Modell angemerkt werden, dass es (noch) keinen gesicherten Zusammenhang zwischen dem Projekt und dem Rückgang an Schulschwänzern und Ladendiebstählen gibt. Auch die strengen Kontrollen durch die Polizei und die Schulvorführungen sind unter Pädagogen umstritten. Es ist zumindest fraglich, ob man dadurch notorische Schulschwänzer dauerhaft zurück in die Schule bekommt. Ferner werden mit diesem Ansatz längst nicht alle Schulverweigerer erreicht: Ein Großteil von ihnen (vgl. Kap. 3) hält sich nämlich nicht an den Treffpunkten auf, die die Polizei kontrolliert (Einkaufszentren, Parks, Internetcafés), sondern bleibt schlicht zu Hause bzw. kehrt nach Hause zurück, sobald die Eltern die Wohnung verlassen haben.

Von den Möglichkeiten zur Durchsetzung der allgemeinen Schulpflicht wird in der Bundesrepublik Deutschland in unterschiedlichem Maße Gebrauch gemacht[19]. „Dabei kommt es sowohl zwischen den Ländern als auch im Zuständigkeitsbereich einzelner oberster Schulbehörden, Ministerien oder Senatsschulverwaltungen zu erheblichen Unterschieden."[20]

Ein positives Beispiel für die Umsetzung der Erkenntnis, dass Ordnungsmaßnahmen kein wirksames Mittel gegen Schulverweigerung sind, gibt u.a. das Niedersächsische Kultusministerium, das bereits 1986 auf das Primat von pädagogischen Interventionen vor Ordnungsmaßnahmen hingewiesen hat:

„Schulpflichtverletzungen haben sehr unterschiedliche Ursachen. Sie können sowohl in einer Fehleinstellung der Erziehungsberechtigten oder der Schüler zur Schule als auch in der schulischen Situation selbst begründet sein. In vielen Fällen sind unentschuldigte

---

[19] Vgl. dazu ausführlich: Ehmann Christoph, Rademacker Hermann: Schulschwänzen und sozialer Ausschluss. Unveröffentlichter Zwischenbericht vom 13. Juni 2001.

[20] Ebenda, S. 18.

Schulversäumnisse jedoch ein Hinweis auf potentielle oder bereits manifeste Schulschwierigkeiten oder psychische Störungen der betreffenden Schüler. Bevor irgendwelche Maßnahmen ergriffen werden, muss deshalb versucht werden, die Hintergründe für den Nichtbesuch der Schule zu ermitteln. Pädagogische Maßnahmen haben grundsätzlich Vorrang vor Ordnungsmaßnahmen."[21]

1.3 Größenordnungen und Begriffsbestimmungen

1.3.1 Der Umfang von Schulverweigerung

In Deutschland gibt es bundesweit keine repräsentativen Untersuchungen zum Umfang von Schulverweigerung. Zahlen zur An- und Abwesenheit von Schülerinnen und Schülern werden nicht systematisch erfasst und ausgewertet; Auswertungen gibt es allenfalls auf der Ebene einzelner Schulen, nicht jedoch auf Schulamtsebene oder gar Länderebene. Hinzu kommt, dass in der Schule meist nur unterschieden wird zwischen entschuldigtem und unentschuldigtem Fehlen. Entschuldigt ist das Fehlen dann, wenn eine mündliche oder schriftliche Mitteilung der Eltern bzw. der Erziehungsberechtigten und/oder ein ärztliches Attest vorliegt. Die Einteilung in „entschuldigt" und „nicht entschuldigt" ist jedoch nicht sehr befriedigend, zumal sie auch abhängt von der einzelnen Lehrkraft. (Nimmt sie überhaupt/regelmäßig Eintragungen vor und nach welcher Klassifizierung?) Statistiken sind aufgrund des unterschiedlichen bzw. nicht definierten Verständnisses von Schulverweigerung meist nicht vergleichbar. Untersuchungsergebnisse zum Umfang von Schulverweigerung, die sich auf solche Klassenbucheintragungen stützen, sind deshalb nicht valide (Kaiser, H. 1983, S. 9). Ferner gibt es zumeist auch keine mehrjährige Erfassung von entsprechenden Daten der einzelnen Schülerinnen und Schüler. Auch die Anzahl der Bußgeldbescheide bildet nicht den tatsächlichen Umfang von Schulverweigerung ab. Ein eventueller Anstieg der Bußgeldbescheide sagt allenfalls etwas über eine erhöhte Aufmerksamkeit der Schule gegenüber dem Problem des Schulschwänzens aus.

Vereinzelt (vgl. Kap. 1.4) liegen kommunal, regional oder auf Länderebene (repräsentative) Studien vor, deren Befunde sich jedoch

[21] Niedersächsischer Kultusminister: Maßnahmen zur Begegnung von Schulpflichtverletzungen. Schulverwaltungsblatt 9/1986, Amtlicher Teil. Hannover 1986, S. 236 f.

nicht für das gesamte Bundesgebiet verallgemeinern lassen. Einige dieser Studien sind zudem bereits über 20 Jahre alt (z.B. Hildeschmidt 1979 sowie Krüger u.a. 1972). Deswegen und wegen der unterschiedlichen methodischen Vorgehensweisen sind ihre Ergebnisse auch nicht auf die heutige Bundesrepublik Deutschland übertragbar.

Aus all diesen Gründen ist der quantitative Umfang von Schulverweigerung für die Bundesrepublik Deutschland nicht oder nur schwer zu bestimmen. Hinzu kommt, dass es bisher auch keine eindeutige Definition von Schulverweigerung gibt. Ab wann jemand als Schulverweigerer gilt, wird in den bisher durchgeführten Untersuchungen zur Problematik von Schulverweigerung unterschiedlich gehandhabt. Eine genaue Bestimmung des Phänomens Schulverweigerung[22] ist nicht zuletzt auch deshalb schwierig, weil der Ermessensspielraum, wann und von wem ein Fernbleiben des Schülers vom Unterricht als Schwänzen oder Verweigerung definiert wird, in der Praxis von Lehrern und Schulleitern unterschiedlich ausgefüllt wird. Diese Unsicherheit gilt auch für die Klagen von Lehrkräften, Schulverweigerung habe in den letzten Jahren zugenommen. Insbesondere in unseren Expertengesprächen (vgl. Kap. 3), aber auch in Arbeitskreisen und Gremien im schulischen Bereich berichteten Lehrkräfte immer wieder von einem Anstieg von Schulpflichtverletzungen. Nachdem die Statistiken in den Schulen über Schulversäumnisse zum Teil gar nicht bzw. nicht einheitlich geführt werden, können sie jedoch nicht als Beleg für diese Aussagen herangezogen werden.

Obwohl fundierte Zahlen über Unterrichtsversäumnisse in Deutschland bislang fehlen, gibt es eine Reihe von Schätzungen, die jedoch allesamt eher spekulativ sind. Für Nordrhein-Westfalen beispielsweise wird von 20.000 bis 60.000 schulmüden Schülerinnen und Schülern pro Schuljahr ausgegangen[23]. Das Christliche Jugenddorfwerk Deutschland, ein bedeutender privater Schulträger, spricht von bundesweit 70.000 Schulverweigerern. Allein in Berlin seien es jährlich mehr als 4.000 – „Tendenz steigend“[24]. In Nürnberg betrage die

---

[22] Wenn wir im Ergebnisteil nur den Begriff „Schulverweigerung“ benutzen und von „Schulverweigerern“ sprechen, dann tun wir dies in dem Bewusstsein, dass es viele Erscheinungsformen von Schulverweigerung mit jeweils unterschiedlichen Intensitätsgraden gibt.

[23] Vgl. Schattmann, Jürgen in einem Diskussionsbeitrag zur Fachtagung des Niedersächsischen Landesjugendamtes und der Fachhochschule Ostfriesland: „Schulverweigerung und Schulabsentismus – eine Hausforderung für die Jugendhilfe?“, 8.12.2000 in Emden.

[24] Berliner Morgenpost vom 2. 4.2001.

Fehlerquote seit Beginn des „Nürnberger Modells“ an einem Stichtag nur noch 2 %, in München liegt der Anteil der Schulschwänzer bei 5,9 %[25] und in Stuttgart bei 7,8 %, wohingegen in Hannover Fehlquoten von 13,5 % und in Kiel und Hamburg von 15 % festgestellt wurden. In anderen Städten wie beispielsweise in Wuppertal gebe es noch nicht einmal Erhebungen über Fehlquoten[26]. Das Kultusministerium in Hessen hat für das Jahr 1999 die Zahl der Verletzungen der Schulpflicht mit insgesamt 4.417 Fällen angegeben. Diese Zahl bezieht sich allerdings nur auf Schulpflichtverletzungen, bei denen die Schulbehörden mit einem Ordnungswidrigkeitsverfahren reagiert haben. Sie erfasst nicht die Schulpflichtversäumnisse, die von der Schule selbst bewältigt und die beim zuständigen Staatlichen Schulamt nicht aktenkundig wurden[27]. Allein schon deswegen müsse man von einer Dunkelziffer nicht gemeldeter oder nicht erfasster Fälle ausgehen. Das Kriminologische Forschungsinstitut Niedersachsen schätzt den Umfang an „massiven“ Schulschwänzern (= mehr als fünf Tage unentschuldigtes Fehlen im Schulhalbjahr) für die Bundesrepublik Deutschland auf etwa 5 %[28]. Das Brandenburgische Bildungsministerium schließlich ist aufgrund von Studien zu dem Ergebnis gekommen, „dass bundesweit mehrere hunderttausend Schülerinnen und Schüler regelmäßig den Unterricht schwänzen, unter denen sich gut 10.000 ‚Totalverweigerer‘ befinden“[29].

All diesen Angaben gemeinsam ist, dass sie wenig gemeinsam haben und deshalb auch nicht oder nur bedingt vergleichbar sind. In einigen Fällen wurde die Abwesenheit an einem bestimmten Stichtag geprüft, ohne dass zwischen „entschuldigt“ oder „unentschuldigt“ differenziert wurde. In manchen Schulen werden keine Versäumnislisten geführt; dort, wo es sie gab, wurden sie für die Kommune oder das Land hochgerechnet. Dabei muss es sich bei den an einem bestimmten Tag fehlenden Schülerinnen und Schülern nicht zwangsläufig um Schulverweigerer handeln. In anderen Fällen wiederum wurden Schulverwaltungen befragt. Dort, wo man Antworten

[25] In Bayern selbst wird die Zahl der Schulschwänzer nicht zentral oder regional erfasst. Es werden lediglich Statistiken darüber geführt, gegen wie viele Schülerinnen und Schüler bzw. deren Erziehungsberechtigte Ordnungsmaßnahmen wegen des unentschuldigten Fernbleibens von der Schule eingeleitet wurden.

[26] Niedersächsischer Landtag, Drucksache 14/1987.

[27] Drucksache 15/2937 der hessischen Landesregierung auf die Große Anfrage der Fraktion der SPD betreffend Schulverweigerung.

[28] Z.B. Nicola Wilmers, Mitarbeiterin des Kriminologischen Forschungsinstituts Niedersachsen, auf einer Tagung des Niedersächsischen Kultusministeriums am 23.9.1999.

[29] Zit. in Drucksache 14/1997 des Niedersächsischen Landtags.

bekam, wurden sie auf die Schülerzahl bezogen, für die die jeweilige Verwaltung zuständig ist und dann auf die Bundesrepublik Deutschland hochgerechnet. In nahezu allen Studien wird davon ausgegangen, dass die Zahl der Schulschwänzer in den letzten Jahren zugenommen habe, obwohl es keine Zeitreihen gibt, aus denen man auf eine quantitative Veränderung schließen kann.

Diese wenigen Beispiele zeigen bereits, dass die statistische Erfassung von Schulversäumnissen in der Bundesrepublik Deutschland nicht ausreichend ist, um eindeutige Aussagen machen zu können. Wie groß der tatsächliche Umfang von Schulverweigerung ist, lässt sich also fundiert nicht sagen. Was man aber sagen kann, ist, dass – wie oben dargelegt – Schulverweigerung heute weit größere Risiken für den Einzelnen birgt als früher, weil die drohende Abkopplung vom Bildungsprozess weit reichende Folgen für die berufliche und soziale Zukunft hat. Insofern ist jeder Schulverweigerer ein Schulverweigerer zu viel und insofern verdient das Thema nicht nur in der Schule allergrößte Aufmerksamkeit. Die Schule könnte allerdings durch einen verantwortungsvollen Umgang mit der Erfassung von Schulversäumnissen einen deutlichen Einfluss auf die Diskussion über das Ausmaß von Schulverweigerung nehmen. Gerade weil sich Schulverweigerung schleichend entwickelt, sollten die Schulen dazu angehalten werden, Daten über (unentschuldigte) Fehlzeiten, Mahnungen usw. systematisch zu erfassen und auszuwerten.

1.3.2 Heterogene Begriffsbestimmungen

Zum Problem der bundesweiten statistischen Erfassung von Schulversäumnissen kommt die Vielfalt der Bezeichnungen, die für unerlaubtes Fernbleiben von der Schule benutzt werden, und die jeweils einen anderen Bedeutungsinhalt haben.

Schulversäumnis ist ein Oberbegriff für verschiedene Formen des (unerlaubten) Fernbleibens von der Schule (Kaiser 1983). Unter diesem Ober- oder Sammelbegriff werden in der Fachliteratur zahlreiche Begriffsdefinitionen diskutiert. Sie reichen von Schulmüdigkeit, Schulverdrossenheit, Schulvermeidung, Schuldistanzierung, Schulflucht, Schulabsentismus, Schulschwänzen, Schulverweigerung bis zu Schulangst, Schulaversion und Schulphobie. Jeder dieser Begriffe hat einen anderen Bedeutungsinhalt und verweist auf mögliche Erklärungen für das Fernbleiben vom Unterricht bzw. von der Schule. Gemeinsam ist allen Begriffen, dass sie Kinder und Jugendliche bezeichnen, die sich (in unterschiedlichem Ausmaß und auf unterschiedliche Weise) dem Unterricht bzw. der Schule entziehen.

Entscheidend ist in diesem Zusammenhang die Intensität dieses Fernbleibens. Schülerinnen und Schüler, die gelegentlich den Unterricht schwänzen (engl.: „occasional absenteeism"), werden in der Fachliteratur nicht als Schulschwänzer oder Schulverweigerer im Sinne eines Abweichens von der Norm bezeichnet. Irgendwann einmal schwänzt wohl fast jeder Schüler in seiner Schulzeit den Unterricht[30], dies gilt nicht als Schulverweigerung, sondern eher als Kavaliersdelikt. Neben diesen gelegentlichen Schwänzern gibt es aber diejenigen, die wiederholt und über längere Zeit dem Unterricht fernbleiben („excessive absenteeism"), sowie solche Schülerinnen und Schüler, die nach einiger Zeit den Unterricht nahezu überhaupt nicht mehr besuchen („persistent absenteeism"). Um diese Fälle geht es, wenn von Schulverweigerung als einem sozialen und gesellschaftlichen Problem gesprochen wird (Ricking/Neukäter 1997). Die Mehrheit der Autoren differenziert zwischen Schulverweigerern (einschließlich schulphobischen Kindern und Jugendlichen) und Schulschwänzern: Ganter-Bührer (1991) beispielsweise bezeichnet schulphobische Kinder als „psychisch krank", während Schulschwänzer als „verhaltensgestört" oder „verwahrlost" gelten[31]. Beiden Gruppen ist gemeinsam, dass sie der Schule bzw. dem Unterricht fernbleiben. Damit zeigen sie ein sozial abweichendes Verhalten, das von der Umwelt in bestimmter Weise etikettiert (gelabelt) und sanktioniert wird. Die verschiedenen Formen der Verweigerung sind nicht strikt voneinander zu trennen, weil ihre Übergänge fließend sind.

Heinrich Ricking (1999), einer der bedeutendsten Autoren zum Thema Fernbleiben von der Schule, geht von „Schulabsentismus" als Oberbegriff aus, der „... das dauerhafte und wiederkehrende Versäumen des Unterrichts von Schülern ohne ausreichende Begründung" bezeichnet[32]. Er sieht Schulabsentismus nicht als „homogenes Verhaltensmuster", sondern als Ausdruck und Folge „ganz unterschiedlicher Problemkonstellationen zwischen Umfeld und innerem System des Schülers" (ebenda, S. 2). Deshalb teilt er das Fernbleiben von der Schule in „drei klassifikatorische Einheiten, (...) die neben den

[30] Für Großbritannien stellte Farrington (1980) fest, dass von den befragten Schülerinnen und Schülern nur 19% bis zu ihrem 16. Lebensjahr noch nie dem Unterricht unentschuldigt ferngeblieben waren.

[31] Die Unterscheidung dient wohl eher analytischen Zwecken. Nicht diskutiert wird, ob möglicherweise ‚verhaltensgestörte' oder ‚verwahrloste' Kinder nicht ebenfalls „psychisch krank" sein können.

[32] Heinrich Ricking: Schulische Handlungsstrategien bei Schulabsentismus, in: Schulleistung und Schulentwicklung September 1999, S. 2.

gesetzlich erlaubten Fehlzeiten Schulabsentismus konstituieren: das Schulschwänzen, die Schulverweigerung und das Zurückhalten" (ebenda, S. 2). Während das Schulschwänzen nach seiner Definition eine Initiative des Schülers selbst ist, der dann in seiner „schulfreien" Zeit einer anderen, angenehmeren Beschäftigung nachgehen kann (allerdings mit der Folge, dass sich seine Schulleistungen verschlechtern), versteht Ricking unter Schulverweigerung eine „internalisierende, emotionale Störungsform", deren Ursachen massive schulische Ängste sind (Furcht vor Lehrkräften, vor Mitschülern oder vor Schulversagen). Der betroffene Schüler sieht keinen anderen Ausweg, als sich aus schulischen Zusammenhängen zu verabschieden. Der dritte Begriff „Zurückhalten" bezeichnet Verhaltensweisen der Erziehungsberechtigten oder Ausbilder, die den Schüler – häufig mit dessen stillschweigendem Einverständnis – vom Schulbesuch zurückhalten. Der Aufenthaltsort dieser Schüler während der Unterrichtszeit ist in der Regel zu Hause, oder die Schüler sind mit den Erziehungsberechtigten gemeinsam unterwegs (z. B. Einkaufen, Besuche, Reisen). Bei diesen Erwachsenen sei ein Desinteresse oder gar eine Aversion gegen Schule zu beobachten. Diese Absentismusform werde in der einschlägigen Literatur marginalisiert, sei aber in der Praxis gar nicht so selten: „… die Zahl der Schüler, die auf diese Weise um Bildungschancen gebracht werden, (ist) nicht unerheblich" (ebenda, S. 2).

Müller, S. (1991) teilt den Untersuchungsgegenstand Fernbleiben von der Schule etwas anders ein, nämlich in Schulschwänzen, Schulverweigerung und Schulphobie. Während die Schulphobie als klinische Sonderform der Schulverweigerung eingestuft wird, die im Grunde einer psychiatrischen Behandlung bedarf, erfolgt die Unterscheidung zwischen Schulschwänzen und Schulverweigerung anhand folgender Merkmale: Schulschwänzen findet in der Regel ohne Wissen der Eltern statt und ist meist mit Lügen gegenüber Lehrern und Eltern verknüpft; die Schülerinnen und Schüler halten sich in der Regel außerhäuslich auf. Schulschwänzer sind nach Ansicht der Autorin psychopathologisch eher unauffällig. Ihr vordergründiges Ziel ist es, durch ihr Fernbleiben unangenehmen Situationen und Erlebnissen auszuweichen. Spricht man hingegen von Schulverweigerung, ist eher die „offene Verweigerung" von Kindern und Jugendlichen gemeint, die nach außen sichtbar ist. Die Eltern dieser Schüler wissen – so ist die Annahme – meist über das schulische Fernbleiben Bescheid. Sie missbilligen dies, sehen jedoch für sich keine Möglichkeit, diesen Zustand zu verändern.

Die Begriffe Schulabsentismus, Schulschwänzen, Schulverweigerung, Zurückhalten, Schulangst und Schulphobie werden von den einzelnen Autoren inhaltlich zwar unterschiedlich gefüllt, es besteht jedoch Einigkeit darüber, dass sie unterschiedliche Inhalte bezeichnen, die einen Überschneidungsbereich aufweisen (vgl. u. a. Ricking/Neukäter 1997).

Schulze und Wittrock (2001) gehen von schulaversivem Verhalten als Oberbegriff aus und entwickeln drei Kategorien, die jeweils ein bestimmtes Verhalten an einem bestimmten Ort bezeichnen: Die erste Kategorie ist „Schulabsentismus" mit den Absentismusformen Schulschwänzen, Schulverweigerung und Zurückgehaltenwerden und bezeichnet den Sachverhalt „nicht in der Schule anwesend". Die zweite Kategorie ist „Unterrichtsabsentismus", womit das Phänomen gemeint ist, dass ein Schüler sich zwar in der Schule aufhält, sich aber partiell während der Unterrichtszeit nicht im Klassenzimmer befindet. Die dritte Kategorie ist „Unterrichtsverweigerung" und bezeichnet Verhaltensweisen von Schülerinnen und Schülern, die im Unterricht zwar physisch anwesend sind, aber die Teilnahme am Unterricht verweigern.

Für die vorliegende Arbeit werden wir in erster Linie die Begriffe „Schulverweigerer" und „Schulverweigerung" benutzen[33], weil sie nach unserer Meinung am ehesten die Haltung des betroffenen Schülers und den Tatbestand selbst beschreiben. Auch der Begriff „Schulschwänzer" wird von uns gebraucht, weil er zum einen in der Umgangssprache gängig ist und zum anderen eher kürzere Fehlzeiten beschreibt (rotwelsch: schwentzen = herumschlendern). Im Unterschied zu anderen Autoren[34] scheint uns die Bezeichnung „Schulschwänzen" für längere schulische Fehlzeiten nicht geeignet zu sein, weil sie den Sachverhalt längerer schulischer Fehlzeiten verharmlost. Mit Schulschwänzen sind nach unserem Verständnis also kürzere Abwesenheiten gemeint wie eine Stunde oder gelegentlich ein ganzer Tag oder das absichtliche Versäumen einer Klassenarbeit, wobei die Eltern in der Regel nicht wissen, dass ihre Kinder die Schule schwänzen. Diese Form, sich ab und zu schulischen Verpflichtungen zu entziehen, hat nichts zu tun mit der Verweigerung junger Menschen,

---

[33] Aus Gründen der Lesbarkeit wird im weiteren Verlauf auf die begriffliche Differenzierung nach Geschlecht weitgehend verzichtet. Selbstverständlich sind jedoch mit „Schulverweigerern" oder „Schülern" Jungen und Mädchen gemeint. Geschlechtsspezifische Ergebnisse werden an den entsprechenden Stellen als solche gekennzeichnet.

[34] Beispielsweise Christoph Ehmann und Hermann Rademacker, die den Begriff des Schulschwänzens „frei von schulkritischen Konnotationen" sehen. Ehmann Ch., Rademacker, H.: Schulschwänzen und Sozialer Ausschluss. Unveröffentlichter Bericht vom 13.7.2001.

sich auf das vorzubereiten, was vor ihnen liegt, nämlich ihre berufliche und soziale Zukunft. Die – bewusste oder unbewusste – Verweigerung ist eine Form des Widerstandes gegen für den Schüler nicht angemessene Normen und Verhaltensweisen und ist abzugrenzen vom kurzfristigen Schulschwänzen. Allerdings erfolgt Schulverweigerung nach unseren Ergebnissen ebenfalls häufig ohne Wissen der Eltern, sodass es hier einen Überschneidungsbereich mit Schulschwänzen gibt.

Charakteristiken von Schulverweigerern sind also in der Literatur zwar sehr heterogen, sie weisen aber alle auf ein bestehendes Kontinuum der „Nichtbeschulbarkeit" von Kindern und Jugendlichen hin, das von der Nichtteilnahme am Unterrichtsgeschehen trotz physischer Präsenz bis zur totalen Verweigerung in Form von langfristigem Fernbleiben vom Unterricht reicht. Bei den verschiedenen Formen der Verweigerung differenzieren die meisten Autoren dementsprechend nach „aktiver" und „passiver" Schulverweigerung.

Zu den passiven Schulverweigerern werden in der Literatur jene Schülerinnen und Schüler gezählt, die zwar im Unterricht (körperlich) anwesend sind, sich aber geistig den schulischen Anforderungen entziehen. Diese Schüler verhalten sich äußerst unauffällig im Unterricht, „träumen" vor sich hin und „klinken sich aus". Oft ist dies für sie mit der Konsequenz verbunden, dass sie den Anschluss an das jeweils geforderte schulische Leistungsniveau verlieren, denn die Versäumnisse können später nicht einfach mit ‚gutem Willen' kompensiert werden. Weil diese Schüler aber insgesamt kaum verhaltensauffällig sind, wird diese Verweigerungsform von den Lehrkräften häufig nicht oder zu spät als solche erkannt[35].

Daneben gibt es noch eine andere Form der passiven Verweigerung: Viele Autoren gehen davon aus, dass es eine nicht unerhebliche Zahl von Schülerinnen und Schülern gibt, die „verdeckt" den Unterricht schwänzt und nicht in der Schulstatistik als Schwänzer registriert ist. Das Verweigern von Schule wird von diesem Teil der Schüler durch Entschuldigungen wie ärztliche Atteste, entsprechende Schreiben der Eltern und mündliche Ausreden kaschiert. Dem Lehrpersonal obliegt es dann zu entscheiden, ob der angegebene Grund

[35] Es sei bereits an dieser Stelle darauf hingewiesen, dass Unaufmerksamkeit und „Vor-sich-hin-Träumen" nicht notwendigerweise bereits Formen der passiven Schulverweigerung sind. Viel zu wenig wird nämlich berücksichtigt, dass Schülerinnen und Schüler genau diese Verhaltensformen des Zurückziehens auch brauchen, um sich mental zu „erholen" und für sich Klarheit in den Gedanken zu gewinnen, was wiederum Voraussetzung dafür ist, dass man anschließend wieder aufnahmefähig ist.

das Fernbleiben tatsächlich hinreichend entschuldigt oder eine Überprüfung erfolgen sollte. Galloway (1985) fand beispielsweise in britischen Untersuchungen Einschätzungen über unrechtmäßiges Fehlen in einer Größenordnung von 3,3 % bis zu 75 % aller Fehlzeiten. Die Dunkelziffer der latenten Verweigerer wird dementsprechend von Bildungsexperten recht hoch eingeschätzt.

Eine weitere Form von Schulverweigerung, die zunehmend öfter beobachtet, aber als spezifische Ausprägung von Schulverweigerung von den Lehrkräften nicht immer erkannt wird, ist das Zuspätkommen. Der Schüler kommt zwar im Großen und Ganzen regelmäßig in die Schule, aber häufig z. B. zehn Minuten zu spät. Weil es sich „dann irgendwie nicht mehr lohnt", noch in den Unterricht zu gehen, „hängen sie gleich eine ganze Stunde ab", bleiben aber meist im Schulgebäude oder zumindest in der Nähe der Schule, um dann zur nächsten Stunde rechtzeitig in die Klasse zu gehen. Diese Form der Verweigerung richtet sich meist gegen ein bestimmtes Unterrichtsfach bzw. gegen eine bestimmte Lehrkraft.

Da beide Formen der passiven Verweigerung eher schulkonform verlaufen und kaum Verhaltensauffälligkeiten nach außen erkennen lassen, erregen sie nur selten die Aufmerksamkeit der Lehrkräfte. Zwar wird in der beschreibenden Literatur die passive Verweigerungsform in der Regel erwähnt, die meisten empirischen Untersuchungen zum Phänomen Schulverweigerung erfassen die Gruppe der passiven Verweigerer jedoch nicht.

Die aktiven Schulverweigerer hingegen stehen im Mittelpunkt zahlreicher Untersuchungen. Diese Schülerinnen und Schüler bringen mit ihrem Verhalten offen zum Ausdruck, dass sie nicht gewillt oder nicht in der Lage sind, schulischen Anforderungen nachzukommen. Ihr Verhalten ist eher nach außen gerichtet und soll für Lehrkräfte, Eltern und andere Bezugspersonen geradezu sichtbar sein. Viele Autoren unterscheiden bei den aktiven Verweigerern zwei Gruppen: Die erste Gruppe sind solche Schülerinnen und Schüler, die als Verhaltensmuster für die Lösung ihrer Probleme das Fernbleiben vom Unterricht gewählt haben und zum Teil auf diesem Weg versuchen, Signale an die Außenwelt zu senden. Die Intensität des Schwänzens ist dabei sehr unterschiedlich und reicht von gelegentlicher (stundenweises bis tageweises Schwänzen) bis zu dauerhafter Abwesenheit. Die zweite Schülergruppe geht zwar weiterhin zur Schule, sie bringt aber ihre Ablehnung und Verweigerung im Unterricht aktiv zum Ausdruck und macht durch aggressives und/oder destruktives Verhalten gegenüber Mitschülern und/oder Lehrkräften auf sich aufmerksam. Thimm (1998) bezeichnet diese Form als „aktionsorientierte Schulverweigerung in der Schule".

Schulverweigerer agieren – die einen aktiv, die anderen passiv. Das Verlaufsmuster scheint in der Praxis von der passiven zur aktiven Verweigerungsform zu gehen. Die Grenzen zwischen beiden sind zwar in beide Richtungen fließend, aber der Übergang von passiver zu aktiver Schulverweigerung wurde nach unseren Untersuchungen öfter beobachtet als umgekehrt. Dabei fängt der Prozess der Verweigerung häufig mit Entschuldigungen in Form von Krankschreibungen an. Die Krankheiten selbst sind meist nicht einmal vorgeschoben, sondern sind als psychosomatische Reaktionen auf Anforderungen und Schwierigkeiten, denen man sich nicht gewachsen fühlt, tatsächlich existent. Bei diesen psychosomatischen Beschwerden handelt es sich überwiegend um Beeinträchtigungen wie Kopfschmerzen, Schwindelgefühle, Bauchschmerzen, Übelkeit und andere Magenprobleme.

Schulverweigerung hat viele Facetten. Auch deshalb ist es für Lehrkräfte oft nicht einfach, Verweigerungstendenzen als solche zu identifizieren. Die frühzeitige Erkennung aber ist notwendig, um angemessen reagieren zu können (beispielsweise durch die frühzeitige Information der Erziehungsberechtigten). Schulinterne Fortbildungsmaßnahmen für Lehrkräfte zum Thema Schulverweigerung können helfen, das gesamte Spektrum an Verweigerungsstrategien zu erkennen. Darüber hinaus ist es unabdingbar, die Fehlzeiten von Schülerinnen und Schülern zu erfassen und zu dokumentieren. Dazu sind die Schulen heute schon verpflichtet.

1.4 Studien zu Schulverweigerung

Nachfolgend werden wir einige Studien, die im Laufe der letzten zehn Jahre zum Thema Schulverweigerung durchgeführt wurden, kurz beschreiben. Auf die Darstellung älterer Studien wird aufgrund mangelnder Vergleichbarkeit und veränderter Situationen verzichtet. Die Übersicht erhebt keinen Anspruch auf Vollständigkeit. Es gibt neben den von uns hier aufgenommenen Studien sicherlich noch weitere, die Berücksichtigung verdienten.

Bei der Vorstellung der Untersuchungen konzentrieren wir uns auf Ergebnisse, die sich direkt oder indirekt auf Schulverweigerung beziehen. Die Studien selbst gehen meist über das engere Phänomen Schulverweigerung hinaus (z. B. die KFN-Studien, in denen die Delinquenz unter Jugendlichen im Vordergrund steht) oder behandeln Schulverweigerung im Zusammenhang mit Schulversagen (z. B. EURYDICE). Aus Gründen der Aktualität werden zunächst zwei internationale Studien vorgestellt; im Anschluss daran folgen Studien aus verschiedenen Ländern der Bundesrepublik Deutschland.

1.4.1 Internationale Studien

1.4.1.1 Die Bekämpfung des Schulversagens: eine Herausforderung an ein vereintes Europa

Die Studie ist eine Veröffentlichung des EURYDICE-Netzes. EURYDICE ist ein europaweites Informationsnetz, das verlässliche und vergleichbare Informationen über die nationalen Bildungssysteme und die jeweilige Bildungspolitik in den Ländern Europas erstellt. Das Informationsnetz besteht seit 1980 und ist seit 1995 Bestandteil des SOKRATES-Programms der EU[36].

In der Studie „Die Bekämpfung des Schulversagens: eine Herausforderung für ein vereintes Europa" werden allgemeiner Kontext und geschichtlicher Hintergrund des Schulversagens in den Bildungssystemen der zwölf Mitgliedstaaten, die zum Zeitpunkt der Untersuchung (1994) der Europäischen Gemeinschaft angehörten, beschrieben. Die Arbeit enthält die wichtigsten theoretischen Erklärungsansätze und wissenschaftlichen Einzelstudien zu den Ursachen des Schulversagens sowie die spezifischen Maßnahmen, die die einzelnen Mitgliedstaaten zur Bekämpfung des Schulversagens unternommen haben.

Die Ergebnisse dieser Studie sind vor dem Hintergrund der hohen Arbeitslosenquoten Anfang der 1990er-Jahre zu sehen[37], die als die wichtigste Ursache für gesellschaftliche Ausgrenzung genannt werden. Mit der Verdrängung vom Arbeitsmarkt verringern sich für das Individuum auch die Beteiligungsmöglichkeiten am gesellschaftli-

---

[36] SOKRATES, das Aktionsprogramm der Europäischen Union für die grenzüberschreitende Zusammenarbeit im Bereich der allgemeinen Bildung, wurde am 14.3.1995 für einen Zeitraum bis Ende 1999 mit einem Budget von 850 Mio. ECU angenommen und galt zunächst für die 15 Mitgliedstaaten der Europäischen Union sowie für Island, Liechtenstein und Norwegen. Im Verlauf der ersten Programmphase (1995–1999) wurde das Gesamtbudget auf 920 Mio ECU erhöht und Bulgarien, Estland, Lettland, Litauen, Polen, Rumänien, die Slowakische Republik, Slowenien, die Tschechische Republik, Ungarn sowie Malta und Zypern in das Programm einbezogen.

[37] Zwischen September 1992 und September 1993 stieg die Arbeitslosigkeit in den Mitgliedstaaten der EG um 11 % und erhöhte sich von 9,5 % auf 10,6 %. Insbesondere die Langzeitarbeitslosigkeit nahm zu: Mehr als die Hälfte der 13 Millionen Arbeitslosen in der damaligen EG waren länger als ein Jahr arbeitslos; ein Drittel sogar länger als zwei Jahre.

chen Leben, denn Arbeit sichert nicht nur das Einkommen, sondern ist auch das wichtigste Instrument zur sozialen Integration. Ausgehend von der Annahme, dass von den strukturellen Störungen auf dem Arbeitsmarkt vor allem diejenigen betroffen sind, die keine hinreichende Vorbereitung auf das Berufsleben erhalten haben (insbesondere Jugendliche mit niedriger schulischer Bildung), beschlossen die Bildungsminister der Europäischen Gemeinschaft eine Entschließung zur Bekämpfung des Schulversagens. Im Juni 1992 fand unter portugiesischer Präsidentschaft ein Treffen von Vertretern der Bildungsministerien zum Thema „Bekämpfung des Schulversagens" statt. Zur Vorbereitung dieses Treffens erstellte EURYDICE ein Arbeitspapier über die Ursachen und Lösungsansätze der Mitgliedstaaten bei der Bekämpfung von Schulversagen.

Der Umfang von Schulversagen

Die Autoren zitieren eine EG-Studie aus dem Jahr 1990, wonach „zwischen 1986 und 1987 ungefähr 550.000 von fünf Millionen Jugendlichen zwischen 15 und 16 Jahren zum Ende der Schulpflicht keinen Abschluss erhielten oder diese nicht unter den vorgesehenen Bedingungen zu Ende brachten"[38]. Dies bedeutet, dass zwischen 10 und 12 % der Schülerinnen und Schüler am Ende der Schulpflicht aus dem Bildungssystem ausgeschlossen waren. Die EG-Studie schließt damit, dass jedes Jahr also „... in Ländern wie der Bundesrepublik Deutschland, Frankreich, dem Vereinigten Königreich, Spanien und Italien mit ihren sehr unterschiedlichen Bildungssystemen 70.000 bis 100.000 Jugendliche das Bildungssystem ohne jeglichen berufsqualifizierenden Abschluß" verlassen[39].

Ausgehend von diesen Zahlen versucht EURYDICE die Folgekosten des Schulversagens zu analysieren, die in einigen Mitgliedstaaten Gegenstand von Untersuchungen waren. In Frankreich beispielsweise werden die Folgekosten auf 30 % der gesamten Bildungsausgaben geschätzt; in Belgien gehen Schätzungen von einem Anteil von 10 % an den Bildungsausgaben aus (S. 22).

In den Mitgliedstaaten wird der Begriff „Schulversagen" unterschiedlich definiert bzw. die Definitionen überschneiden sich. In den meisten Ländern wird Schulversagen vor allem an der Zahl der

---

[38] Die Bekämpfung des Schulversagens: Eine Herausforderung an ein vereintes Europa, a. a. O., S. 20.

[39] Andrieu, J., Bericht des Conseil Economique et Social, L'Espace éducatif européen. Juni 1992, S. 92, zitiert in: Die Bekämpfung des Schulversagens: Eine Herausforderung an ein vereintes Europa, a. a. O., S. 20.

Schulabgänger ohne Abschluss gemessen. Ein anderer Indikator ist der Anteil der Wiederholer, wobei dieses Kriterium nur in den Ländern gilt, in denen es ein System von Prüfungen und Ausleseverfahren gibt. Der Ausstieg aus dem Schulsystem (vor Beendigung der allgemeinen Schulpflicht) ist ebenfalls ein Kriterium für Schulversagen. Weitere Indikatoren betreffen die persönliche Entwicklung des Schülers, d.h. dass mangelnder Schulerfolg oder Schulversagen als Mangel an kognitiven Fähigkeiten definiert wird. In Deutschland ist Schulversagen kein eindeutig definierter Begriff. Üblicherweise werden die Kriterien „Quote der Schulabgänger ohne Abschluss" und die „Quote der Wiederholer" herangezogen.

Die Studie kommt in diesem Teil zu dem Schluss, dass allen Definitionsversuchen gemeinsam ist, Schulversagen sei „... in jedem Fall ein Zeichen für die Unfähigkeit eines Bildungssystems, ungeachtet aller Anstrengungen echte Chancengleichheit herzustellen" (S. 43).

Ursachen von Schulversagen

Im zweiten Teil der Studie werden mögliche auslösende Faktoren für das Phänomen des Schulversagens analysiert und mögliche Ursachen anhand von verschiedenen wissenschaftlichen Ansätzen bestimmt. Diese theoretischen Ansätze gehen zum Teil in die Anfänge des 20. Jahrhunderts zurück. Es wird grob unterschieden zwischen Ursachen des Schulversagens, die „im Individuum begründet" (S. 47) sind, und solchen, die in Abhängigkeit von der Gesellschaft entstehen:

- Der genetische Ansatz geht davon aus, dass Schulerfolg oder Schulversagen abhängt von der Intelligenz einer Person, die wiederum im Erbgut verankert ist. Vertreter dieser Richtung (insbesondere die französischen Forscher Binet und Simon) führen Schulversagen also auf Störungen und Schwächen des Individuums selbst zurück. Diese Störungen lassen sich – so die Forscher – durch Messung der Intelligenz und Tests feststellen. Der Intelligenzquotient einer Person sei ausschlaggebend für den Erfolg oder Misserfolg in der Schule. Schülerinnen und Schüler mit Intelligenzquotienten unter 120 (Gauß'sche Verteilung[40]) haben nach diesem Ansatz keine Chance, die höhere Sekundarbildung zu absolvieren. Die Vertreter dieser Theorie gehen davon aus, dass die Ungleichheit der Menschen naturgegeben sei. Dementsprechend lehnen sie jede Politik der Chancengleichheit sowie Strate-

[40] Die Verteilung der Intelligenz in der Bevölkerung wurde mithilfe der 1832 erstellten Normalverteilung (Gauß'sche Glockenkurve) erfasst.

gien zur Bekämpfung von Schulversagen ab. Mit ihrer Ideologie der Begabung wird Schulversagen als „natürliche Auslese" interpretiert: Das Kind ist entweder begabt oder nicht.

- Der psychologische Ansatz sucht im emotionalen Bereich nach Erklärungen für Schulversagen und macht die Persönlichkeitsentwicklung des Schülers abhängig vom Verlauf der Schulzeit, die in vier Schultypen gegliedert wird, die jeweils einen Bruch markieren: Die Vorschule, die zum ersten Mal für das Kind eine Trennung von der Familie bedeutet; die Grundschule, in der das Kind zum ersten Mal die Rolle eines Schülers annimmt; die Sekundarschule, die die Pubertät einleitet und mit Unsicherheitsgefühlen behaftet ist, und die Hochschule, die den Übergang zum Erwachsenenstatus markiert. Jeder Typus erfordere eine Anpassung an eine neue Situation, und wenn diese nicht gelingt, kann das zu einer ablehnenden Haltung der Schule gegenüber führen. Nach Meinung einiger Autoren „stellt die Schulverweigerung in der Adoleszenz eine Reaktion gegen die Mutter dar, und bedeutet gleichzeitig, dass es dem Jugendlichen nicht gelingt, über den Vater hinauszuwachsen" (S. 49). Die Anhänger des psychologischen Ansatzes verknüpfen also schulischen Erfolg oder Misserfolg eng mit der Beziehung zur Mutter bzw. zum Vater.
- Der soziokulturelle Ansatz betrachtet die Zugehörigkeit zu einer gesellschaftlichen Schicht als bedeutend für den Schulerfolg. Insbesondere sozial benachteiligte Gruppen verfügen nach dieser Theorie, die vor allem in den 1960er- und 1970er-Jahren große Beachtung fand, nicht über die für einen erfolgreichen Schulbesuch erforderlichen „kulturellen Voraussetzungen". Schulversagen wird zurückgeführt auf soziokulturelle Handicaps (cultural deprivation), die „... eine Verzögerung in der intellektuellen Entwicklung des Kindes zur Folge (haben), vor allem im sprachlichen und kognitiven Bereich" (S. 50). Die Theorie von soziokulturellen Handicaps geht von Defiziten des Kindes aus, deren Ursachen die sozialen (und ökonomischen) Verhältnisse der Familie sind. Insofern widerspricht sie zwar der genetischen Erklärung des Schulversagens, macht aber weiterhin das Kind bzw. dessen Familie für den Erfolg oder Misserfolg verantwortlich.
- Die Reproduktionstheorien (an denen sich der soziokulturelle Ansatz weitgehend orientiert) gehen ebenfalls von einem Zusammenhang zwischen Schulversagen und Schichtzugehörigkeit aus, wobei das Bildungssystem zur Aufrechterhaltung der gesellschaftlichen Unterschiede beitrage (Stichworte: Repression, Selektion und Reproduktion). Die Institution Schule reproduziere die gesellschaftlichen Unterschiede, sodass „... das Schulversagen ...

nichts anderes als die Übertragung der in der Gesellschaft herrschenden Ungleichheit und Ausgrenzung auf die Schule (ist)" (S. 53). Die Reproduktionstheorien erteilen damit dem genetischen Ansatz eine klare Absage. Sie sehen die Ursachen für Schulversagen im herrschenden System und nicht in der Person des Schülers oder in seiner Familie.

- Die mikrosoziologische Theorie der „Beziehung zum Wissen" sucht nach Erklärungen von Schulversagen bei Personen, die derselben gesellschaftlichen Schicht angehören. Sie geht davon aus, dass der Zusammenhang zwischen Schichtzugehörigkeit und Schullaufbahn nicht allein verantwortlich ist für den schulischen Erfolg oder Misserfolg, sondern dass jeder Mensch seine eigenen „Sinngebungen" hat. „Die Beziehung, die der Jugendliche zur Institution Schule, zur Arbeit in der Schule und zur Welt der Arbeit aufbaut, ist durch eine bestimmte Sinngebung geprägt" (S. 54). Neben dem Einfluss, den das soziale und kulturelle Umfeld auf das Individuum und seine Schullaufbahn ausübt, beruht der Schulerfolg also letztendlich auf den persönlichen Bewertungen, die der Schule und dem Lernen beigemessen werden.
- Die interaktionistische Theorie baut auf dem Prozess der Sinngebung auf und geht aus von der Frage, wie es in der Schule zum Versagen kommt. Dabei interessieren in erster Linie die Interaktionsprozesse in der Schule und wie diese Prozesse von den Beteiligten (Lehrkräfte, Schüler) interpretiert werden. Ziel dieses Ansatzes ist es, „... anhand der Interaktionen zwischen den verschiedenen Protagonisten des Schullebens die konkreten und alltäglichen Mechanismen zu analysieren, die zum Schulversagen führen" (S. 55). Das Schulversagen wird ganz konkret auf die ungleichen Rollen zurückgeführt, die in der Schule eingenommen werden und dazu führen, dass die einen es schaffen und die anderen nicht. In diesem Zusammenhang kommt den Erwartungen der Lehrkräfte und den Interaktionen in der Klasse sowie den Modalitäten der Leistungsbeurteilung und den Lernbedingungen in der Schule eine große Bedeutung zu.

Die Studie erhebt bei der Darstellung dieser theoretischen Ansätze keinen Anspruch auf Vollständigkeit. Es geht ihr vielmehr darum, das Spektrum der Ansätze zur Erklärung von Schulversagen aufzuzeigen. Diese reichen von genetischen Theorien, die im Grunde das gegliederte Schulwesen mit ihren Prüfungen bejahen, weil sie eine „natürliche Auslese" fördern, über psychologische Ansätze, die einen Zusammenhang zwischen häuslichen Konflikten und Schulversagen diagnostizieren und deshalb eine Pädagogik der individuellen Förderung vorschlagen, bis hin zu solchen Theorien, die von gesellschaftlichen Ursachen für Ungleichheit ausgehen und deshalb eine Pädagogik befürworten, die sich speziell an Risikogruppen (z.B. sozial benachteiligte Kinder und Jugendliche) wendet.

Ansätze zur Bekämpfung von Schulversagen

Im dritten Teil der Studie wird zunächst ein Überblick gegeben über die wichtigsten Forschungsrichtungen, die sich mit Strategien und Maßnahmen zur Bekämpfung von Schulversagen befassen. Gemeinsam ist diesen Aktivitäten, dass sie die Schule als Ausgangspunkt für Veränderungen betrachten. In diesem Zusammenhang geht es jedoch nicht darum, die Schule als Ganzes infrage zu stellen, sondern Schule durch Umgestaltung der Unterrichts- und Lernprozesse so zu verbessern, dass Schulversagen erfolgreich bekämpft werden kann.

- Die Input-Output-These: Mithilfe dieses Forschungsansatzes soll festgestellt werden, welche schulischen Faktoren (Lehrpläne, Unterrichtsmethoden, Merkmale der Schule, Lehrkräfte usw.) mit den Leistungen der Schülerinnen und Schüler korrelieren. Die Interaktionsprozesse in der Schule und den einzelnen Klassen sind explizit nicht Gegenstand von entsprechenden Forschungsarbeiten. Mehrheitlich kommen sie zu dem Schluss, dass die Ausstattung der Schulen nur geringen Einfluss auf die Schulleistungen hat. Viel wichtiger seien Aspekte wie familiärer Hintergrund und die Zusammensetzung der Schülerschaft.
- Die ökologische Richtung: Diesbezügliche Forschungsarbeiten untersuchen verschiedene Gruppen von Schulen im Hinblick auf ihre Leistungsfähigkeit. Der Vergleich zwischen den Gruppen soll Kriterien für die Effizienz bzw. Ineffizienz liefern. Dabei geht es sowohl um Variablen der Organisationsstruktur als auch um solche der täglichen Schulpraxis. Diese werden in Beziehung gesetzt zu den Schulleistungen der Schülerinnen und Schüler.

Beide Forschungsansätze gehen von der Effizienz der Schule aus, für deren Beurteilung jeweils eine Kriterienliste erstellt wird. Effizienz wird gemessen an den schulischen Leistungen der Schüler. Kritisiert wird von den Autoren der Studie, dass kaum eine dieser Untersuchungen „... der Frage nachgegangen (ist), in welcher Wechselwirkung die Fähigkeiten der Schüler und die zur Erhöhung der Effizienz angewendeten Maßnahmen stehen“ (S. 66).

Am Ende des dritten Teils wird ein ausführlicher, länderspezifischer Überblick über die Maßnahmen zur Bekämpfung von Schulversagen gegeben. Dabei werden Maßnahmen unterschieden, die sich auf außerschulische Bereiche beziehen (Kinderarbeit, soziale Fürsorge, sozioökonomische Lebensumstände, berufliche Eingliederung usw.), und solchen, die in einem unmittelbaren Bezug zum System Schule und den einzelnen Faktoren des Schullebens stehen. Ein wichtiger Hinweis in diesem Zusammenhang ist, dass die verschiedenen Strategien in den einzelnen Mitgliedstaaten „vorrangig der Vorbeugung des Schulversagens, weniger der Abhilfe nach Eintreten des Problems (dienen) …“ (S. 67).

Die Studie schließt mit dem Resümee: „Der politische Wille, die Leistungsfähigkeit des Bildungswesens und die Chancengleichheit zu erhöhen, ist in allen Mitgliedstaaten der Europäischen Gemeinschaft vorhanden. Die dafür eingesetzten Instrumente unterscheiden sich jedoch. Zweifellos liegt ein Grund dafür in den spezifischen Verhältnissen jedes Landes, vielleicht spiegelt sich darin aber auch eine Unsicherheit in der Frage, welche Lösungen am wirkungsvollsten sind.

Gesicherte Erkenntnisse sind heute jedoch verfügbar:

- Die Wiederholung einer Klasse nützt Schülern mit Lernschwierigkeiten nur in Ausnahmefällen.
- Eine frühe Aufteilung der Schüler auf unterschiedliche Schulformen oder -zweige ist der Chancengleichheit im Bildungswesen abträglich.

Diese Kenntnisse lösen nicht alle Probleme, helfen aber, Scheinlösungen zu vermeiden. Politik und Wissenschaft sind aufgefordert, ihre Anstrengungen zu bündeln und auf dem Erreichten aufzubauen. Anders gesagt, es gilt, zunächst auf bewährte Lösungen zurückzugreifen. Gleichzeitig muss in die Entwicklung neuer Formen des Unterrichts, der Lehrerbildung und der Elternbeteiligung investiert werden, um den heutigen Kenntnisstand im Bereich der Bildung zu erweitern, wobei das eigentliche Ziel ist, das intellektuelle und menschliche Kapital der Europäischen Gemeinschaft zu vergrößern“ (S. 99).

1.4.1.2 PISA 2000

PISA wird von der OECD, der „Organisation für wirtschaftliche Zusammenarbeit und Entwicklung“ in Paris durchgeführt. Ziel von PISA ist es, vergleichbare Daten über die Leistungsfähigkeit der Bildungssysteme der beteiligten Staaten zu liefern. Die erste Untersuchung im Rahmen des „Programme for International Student Assessment“ (PISA) fand im Jahr 2000 in insgesamt 32 Staaten statt. Die

Erhebungen zu Lesekompetenz, mathematischer und naturwissenschaftlicher Grundbildung sowie zu fachübergreifenden Kompetenzen von 15-jährigen Schülerinnen und Schülern werden alle drei Jahre wiederholt. Es soll die Stärken und Schwächen von 15-Jährigen erfassen und klären, wie gut die Jugendlichen auf die Anforderungen einer modernen Wissensgesellschaft vorbereitet sind. Die Ergebnisse werden unter Berücksichtigung der sozialen Lern- und Lebensbedingungen der Jugendlichen ausgewertet.

Die internationale PISA-Studie wird in allen teilnehmenden Staaten durch nationale Ergänzungsstudien erweitert, die sich an den jeweiligen Lehrplänen orientieren. An der bundesdeutschen PISA-Studie nehmen in den verschiedenen Erhebungen etwa 57.000 Schülerinnen und Schüler in insgesamt etwa 1.500 Testschulen teil. Damit ist PISA sowohl international als auch national die bislang größte Schulleistungsstudie.

Ausgewählte Ergebnisse aus PISA 2000

Die im Dezember 2001 vorgelegten Ergebnisse sind die ersten Befunde einer Langzeituntersuchung in mehreren Schritten. An der internationalen Erhebung im Jahr 2000 nahmen in Deutschland rund 5.000 Schülerinnen und Schüler der Jahrgangsstufe 9 in 219 deutschen Schulen teil, die nach dem Zufallsprinzip ausgewählt worden waren; in den 31 anderen Staaten waren es zusammen 180.000 Jugendliche, die sich testen ließen. Die Teilnahme war freiwillig. In dieser ersten Studie wurden Fähigkeiten und Fertigkeiten von 15-jährigen Schülerinnen und Schülern in drei Kompetenzbereichen, nämlich Leseverständnis, Mathematik und Naturwissenschaften getestet. In die Untersuchung wurden die biografischen Hintergründe der Jugendlichen ebenso einbezogen wie ihre Familien- und Lebensverhältnisse.

In allen drei Messbereichen des internationalen PISA-Tests, also in den Bildungszielen Lesen, Mathematik und Naturwissenschaften liegen die Mittelwerte der deutschen Schülerinnen und Schüler unter dem OECD-Durchschnitt aus den 32 Teilnehmerstaaten (vgl. auch Kap. 1.1). Weitere Ergebnisse sind:

- Der prozentuale Anteil schwacher (Kompetenzstufe I) und schwächster (unter Kompetenzstufe I) Schülerinnen und Schüler im Bereich Lesen ist in Deutschland ungewöhnlich hoch, nämlich 22,6 %[41].

---

[41] Deutsches PISA-Konsortium (Hrsg.): PISA 2000, a. a. O., S. 103 ff.

- Dies gilt auch für den Anteil der Schülerinnen und Schüler, deren mathematische Fähigkeiten über das Rechnen auf Grundschulniveau nicht hinausreichen und die daher der Risikogruppe zuzuordnen sind: Ihr Anteil liegt bei 25 % (S. 169 ff.).
- Die Leistungen deutscher Schülerinnen und Schüler im Bereich Naturwissenschaften liegen unterhalb des Durchschnitts der OECD-Staaten und haben einen Anteil von 26,3 % (S. 229 ff.).

In allen drei Kompetenzbereichen zeigen sich insgesamt große Schwächen, und zwar insbesondere bei Aufgaben, die ein qualitatives Verständnis der Sachverhalte verlangen und die nicht oder nicht nur durch Routinewissen zu lösen sind. Dabei fällt auf, dass in Deutschland die lernschwachen Schüler besonders schlecht abschneiden, wohingegen die leistungsstärksten Schüler ihrerseits aber nur knapp den Durchschnitt der internationalen Spitzengruppe erreichen.

Die Bildungslaufbahn und die Schulleistungen werden in Deutschland immer noch sehr stark von der sozialen Herkunft bestimmt. Entscheidend dafür ist nach den PISA-Ergebnissen das gegliederte Schulsystem mit dem Übergang von der Grundschule zu den Bildungsgängen der Sekundarstufe I. Besonders schlecht schnitten die Schülerinnen und Schüler aus sozial benachteiligten Schichten ab. Die soziale Auslese hat ihre Folgen: Es gibt zu viele Jugendliche, die an Schule scheitern, und es gibt zu wenige Jugendliche, die die Schule mit hoch qualifizierten Abschlüssen verlassen.

Zusätzlich wurde festgestellt, dass Kinder und Jugendliche aus Familien mit Migrationshintergrund einen deutlich geringeren Anteil an höheren Bildungsgängen haben als ihre deutschen Kolleginnen und Kollegen. Deutschland sei im Vergleich zu anderen Staaten, die eine ähnliche Migrantenkultur aufweisen, weniger erfolgreich hinsichtlich der schulischen Integration und Förderung von Zuwanderern. Zudem ergaben die PISA-Ergebnisse, dass Schülerinnen und Schüler aus Familien mit Migrationshintergrund in allen drei Testbereichen im Durchschnitt deutlich unter den Kompetenzniveaus blieben, die 15-Jährige aufweisen, deren Eltern beide in Deutschland geboren wurden.

PISA hat keine expliziten Untersuchungen zu Schulverweigerung durchgeführt. PISA hat aber die ökonomischen, sozialen und pädagogischen Bedingungen untersucht, die für Leistungsunterschiede zwischen und in den einzelnen Ländern verantwortlich sind und die das Risiko, ein Schulverweigerer zu werden, erhöhen. Die in der PISA-Studie ermittelten Indikatoren für Lernleistungen wurden deshalb um sozioökonomische und soziokulturelle Bedingungsfaktoren ergänzt, die für den Lernerfolg von großer Bedeutung sind.

Mithilfe eines Modells der Kontextbedingungen von Lernleistungen werden insbesondere im Schülerfragebogen Daten zu den folgenden Variablen erhoben:

- Schulische Bedingungen für Unterricht und Lernen (z. B. personelle und materielle Ressourcen, Schulorganisation, Lernangebote und ihre Nutzung)
- Unterrichtsqualität und Schulklima (z. B. Leistungsdruck, Disziplin, Unterstützung, Schulzufriedenheit, Schüler-Lehrer-Beziehung, Schüler-Schüler-Beziehung, Gewalt)
- Familiärer und sozialer Hintergrund (z. B. sozioökonomische Lage, Familienstruktur, Sprache/Migration, Erziehungsklima und häusliche Unterstützung)
- Persönliche und biografische Merkmale
- Peer-group-Einbindung
- Freizeitaktivitäten.

Aus den Ergebnissen lassen sich Gruppen ableiten, die vermehrt sozial bedingte Leistungsschwächen haben und insofern möglicherweise auch ein erhöhtes Risiko für Schulverweigerung und Schulabbruch tragen:

- Jugendliche aus sozial schwachen Familien

  Deutschland gehört zu den Ländern mit den größten Unterschieden in der Lesekompetenz aus niedrigeren und höheren sozialen Schichten. Die großen sozialen Disparitäten in den Bildungschancen hängen, so die PISA-Studie, maßgeblich von der Lesekompetenz ab. Die Benachteiligungen von Kindern aus sozial schwachen Familien liegen in der Bundesrepublik Deutschland drei- bis viermal höher als in anderen OECD-Staaten.

- Jugendliche aus Zuwandererfamilien

  Kinder aus Zuwandererfamilien sind deutlich schwächer an höheren Bildungsgängen beteiligt und zeigen schlechtere Schulleistungen. Für sie ist die Sprachkompetenz die entscheidende Hürde in ihrer Bildungskarriere. Wenn ausländische Schülerinnen und Schüler keine gezielte Förderung erhalten, insbesondere Sprachförderung, werden sie auch bei der Berufsausbildung schlechtere Chancen haben als ihre deutschen Kollegen: Ausbildende Betriebe klagen schon seit geraumer Zeit über die schlechten Sprachkenntnisse ausländischer Jugendlicher.

- Vom Schulbesuch zurückgestellte Kinder

  In Deutschland wird relativ häufiger als in den anderen Teilnehmerstaaten von der Möglichkeit Gebrauch gemacht, Kinder vom Schulbesuch zurückzustellen[42]. Die in der Bundesrepublik zusätzlich erhobenen PISA-Daten zeigen, dass 12 % der 15-Jährigen zunächst vom Schulbesuch zurückgestellt worden waren. Daraus ergibt sich, dass ein relativ großer Anteil der Jugendlichen mit 15 Jahren allenfalls die Klassenstufe 8 erreicht hat.

- Klassenwiederholer

  24 % der erfassten Schülerinnen und Schüler mussten im Verlauf ihrer Schulzeit eine Klasse wiederholen. Nachdem unter aktiven Schulschwänzern überdurchschnittlich viele Klassenwiederholer zu finden sind (vgl. Kap. 3), müssen sie als Risikogruppe für Schulverweigerung und Schulabbruch betrachtet werden.

- Schüler, die von einer höheren Schulform in eine niedrigere abgestiegen sind

  Diese Gruppe ist quantitativ nicht unbedeutend: Die PISA-Ergebnisse weisen in den Hauptschulen rund 16 % der erfassten 15-jährigen Schüler als „Rückläufer“ aus, in Realschulen ca. 9 % und mindestens 10 % in Integrierten Gesamtschulen.
  „Fasst man Rückläufer und Wiederholer zusammen, muss man zu dem Ergebnis kommen, dass mindestens ein Drittel der in Deutschland erfassten Schülerinnen und Schüler eine Schullaufbahn hinter sich hat, die durch Misserfolgserlebnisse gekennzeichnet ist; Zurückgestellte bleiben bei dieser Berechnung unberücksichtigt“ (S. 46).

- Schülerinnen und Schüler in bestimmten Schulformen

  In den Sonderschulen und einem Teil der Hauptschulen konzentrieren sich Jugendliche aus sozial schwachen Familien; umgekehrt weisen über 40 % der Gymnasien eine Schülerschaft auf, die mehrheitlich der oberen Mittelschicht angehört.

---

[42] Ein schulpflichtiges Kind kann von der Schulleitung vor der Einschulung für ein Jahr vom Schulbesuch zurückgestellt werden, wenn im schulärztlichen Gutachten erhebliche Bedenken gegen die Einschulung geltend gemacht werden. Vor der Entscheidung sind die Erziehungsberechtigten zu hören.

Soweit einige ausgewählte Ergebnisse aus der PISA-Studie. Die Zugehörigkeit zu den obigen „Risikogruppen" bedeutet natürlich nicht, dass der betreffende Schüler zwangsläufig ein Schulverweigerer werden wird. Aber ungünstige Konstellationen und insbesondere geringe Bildungschancen können eine Schulverweigererkarriere begünstigen. Die Gewerkschaft Erziehung und Wissenschaft (GEW) zieht deshalb folgendes Fazit aus den deutschen Ergebnissen der PISA-Studie: „Weil Bildungschancen Lebenschancen sind, gehören Bemühungen um deutlich weniger Schulverweigerer und Jugendliche ohne Schulabschluß sowie um mehr Jugendliche mit höherwertigen Schulabschlüssen ins Zentrum schulorganisatorischer, materieller und pädagogischer Anstrengungen. Der Benachteiligung von jungen Menschen mit Behinderungen, aus Migrantenfamilien und aus schwierigen sozialen Verhältnissen, aufgrund von Geschlechtszugehörigkeit, kultureller, religiöser und regionaler Herkunft ist mit gezielten, der Benachteiligung adäquaten Ausgleichsmaßnahmen zu begegnen"[43].

1.4.2 Deutsche Studien

Im Folgenden werden einige ausgewählte Studien zu Schulverweigerung in Deutschland vorgestellt. Dabei handelt es sich ausschließlich um lokale, regionale oder Landesstudien[44]; bundesweite repräsentative Forschungsarbeiten zu Schulverweigerung liegen leider nicht vor.

1.4.2.1 Schulverweigerung am Beispiel von Köln

Das Forschungsinstitut für Soziologie der Universität Köln hat eine Schülerbefragung aus dem Jahr 1999 ausgewertet, an der Schülerinnen und Schüler aus Sonderschulen, Hauptschulen, Realschulen und Gymnasien der Stadt Köln teilgenommen haben. Die Daten sind Teil einer Studie, die vom Max-Planck-Institut für ausländisches und internationales Strafrecht in Freiburg durchgeführt worden war. Die Auswertung der Kölner Soziologen basiert auf einer Teilstich-

---

43 GEW-Presseerklärung vom 4. Dezember 2001.

44 Mit Ausnahme des Freiwilligen Sozialen Trainingsjahrs (FSTJ); hier handelt es sich um eine bundesweite nicht repräsentative Befragung von Programmteilnehmern.

probe von 1.824 Schülern im Alter von 12 bis 17 Jahren aus achten bis zehnten Klassen[45].

Die Autoren nennen fünf Gründe, weshalb es wichtig ist, sich intensiv mit Schulverweigerung zu befassen:

1. Die Abkoppelung vom Bildungssystem durch Schulabbrüche oder niedrige Schulabschlüsse benachteiligt den Schulschwänzer sein Leben lang sozial und ökonomisch.
2. Schulschwänzen kann den Beginn einer kriminellen Karriere bedeuten. Insofern ist Schulschwänzen ein Risikofaktor für Delinquenz.
3. Schulschwänzen kann die Folge von psychischen Belastungen oder Erkrankungen sein, die therapiert werden sollten.
4. Die Ursachen von Schulschwänzen können schwierige Familienverhältnisse und soziale Benachteiligung sein.
5. Intensives Schulschwänzen verweist auf strukturelle Probleme der Schule.

Unter „Schulschwänzen“ verstehen die Autoren „das unerlaubte Fernbleiben vom Unterricht“, häufiges Schulschwänzen wird als „Schulverweigerung“ bezeichnet.

Ausgewählte Ergebnisse:

Umfang von Schulverweigerung in Köln

Gut ein Drittel der befragten Schülerinnen und Schüler (35 %) gibt an, bereits ganz- oder mehrtägig die Schule geschwänzt zu haben. Acht Prozent haben im vergangenen Jahr der Schule regelmäßig den Rücken gekehrt. Der Anteil der Hauptschüler an den „häufigen Schulschwänzern oder Schulverweigerern“[46] ist mit 15 % am höchsten, gefolgt von den Sonderschülern (13 %). Realschüler und Gymnasiasten weisen demgegenüber weit niedrigere Werte auf (6 % bzw. 5 %). Die Autoren vermuten, dass die Anteile der Haupt- und Sonderschüler tatsächlich noch höher liegen als die hier ausgewiesenen

---

[45] Grundlage der nachfolgend referierten Ergebnisse ist die schriftliche Fassung eines Vortrags von Prof. Dr. Michael Wagner, Forschungsinstitut für Soziologie in Köln, zu „Schulverweigerung am Beispiel von Köln“, den er auf der Fachtagung „Förderung von benachteiligten, lernschwächeren und schulmüden Kindern und Jugendlichen“ im Landesinstitut für Schule und Weiterbildung, Soest, im November 2001 gehalten hat.

[46] Leider enthält das vorliegende Material keine Definitionen von „häufigen Schulschwänzern“ oder „Schulverweigerern“.

Werte, weil es in diesen beiden Schulformen zu Befragungsausfällen gekommen war.

Schulverweigerung in Abhängigkeit vom Alter

Schulverweigerung ist altersabhängig. Je jünger die Schüler, desto geringer ist die Verweigerungsquote. Unter den 13-Jährigen gehören lediglich 2 % zu den häufigen Schulschwänzern, während es unter den 17-Jährigen bereits 15 % sind. Zwischen dem 13. und dem 17. Lebensjahr nimmt das Schwänzen also zu, wobei Unterschiede zwischen den einzelnen Schulformen festgestellt wurden. Ein kontinuierlicher Altersanstieg konnte allerdings nur für Hauptschüler beobachtet werden.

Schulverweigerung in Abhängigkeit vom Geschlecht

Die Ergebnisse ergeben keinen Hinweis auf gravierende Unterschiede zwischen Mädchen und Jungen beim Schulbesuchsverhalten. Leider wurden hierzu keine Zahlen referiert. Bei Jungen trete das Schulschwänzen „etwas häufiger" auf als bei Mädchen.

Risikofaktoren für Schulverweigerung

Die Autoren der Studie schließen aus der Befragung von Schülern sowie aus Gesprächen mit Lehrkräften und Schulsozialarbeitern aus unterschiedlichen Schulen auf folgende Bedingungsfaktoren, die Schulverweigerung begünstigen können:

- Kinder und Jugendliche sind besonders dann gefährdet, wenn die Beziehungen zu den Eltern distanziert sind. „Distanziert" wird operationalisiert mit den Aussagen, dass die Eltern sich zu wenig darum kümmern, was ihre Kinder tun, und die Eltern meist nicht für die Kinder da seien, wenn diese sie brauchen. In solchen Fällen sei es überproportional häufig zu Schulverweigerung gekommen.
- Ein weiterer Risikofaktor ist die ökonomische Lage des Elternhauses (besonders dann, wenn die Eltern Sozialhilfe beziehen).
- Die familiäre Situation ist ebenfalls ein wichtiger Einflussfaktor. Die Autoren haben festgestellt, dass Schulschwänzen besonders häufig bei den Schülern auftritt, die nicht mit beiden leiblichen Elternteilen zusammenleben, wobei es unerheblich sei, ob die Mutter fehlen würde oder der Vater. Die Autoren haben ferner herausgefunden, dass ein eventuelles Zusammenleben mit dem neuen Lebensgefährten des verbleibenden Elternteils die familiäre Situation nicht positiv beeinflusst, sondern oft im Gegenteil für die Kinder größere Probleme schafft.

- Schlechte Schulleistungen begünstigen Schulverweigerung.
- Die Zugehörigkeit zu bestimmten Cliquen beeinflusst das Schulbesuchsverhalten, wobei die Autoren darauf hinweisen, dass sie nicht klären konnten, ob die Cliquenzugehörigkeit die Schulverweigerung begünstigt oder umgekehrt Schulverweigerer erst durch ihr Schwänzen allmählich in solche Cliquen geraten.
- Schüler, die neben der Schule regelmäßig einer Beschäftigung nachgehen, tendieren verstärkt zum Schulschwänzen. (Jeder fünfte befragte Schüler geht regelmäßig einem Nebenjob nach.)

Im theoretischen Rahmen der Studie wird dargelegt, dass Schulschwänzen aus soziologischer Sicht eine Form der Delinquenz oder des abweichenden Verhaltens von der Norm ist. Dabei werden mehrere Theorien unterschieden:

- Anomietheorie

  Nach dieser Theorie entsteht Schulschwänzen aufgrund von sozialer und ökonomischer Ungleichheit. Weil die so benachteiligten Jugendlichen nicht über die Voraussetzungen verfügen, ihre Ziele (z. B. Ansehen, Erfolg) mit legitimen Mitteln zu erreichen, greifen sie zu regelverletzenden Verhaltensweisen[47].

- Kontrolltheorie

  Nach dieser Theorie wird das schulverweigernde und damit abweichende Verhalten von Schulschwänzern als eine Folge von zu schwachen Bindungen zu sozialen Gruppen und Organisationen gesehen, die einen normierenden und Orientierung bietenden Einfluss auf sie ausüben. Die soziale Kontrolle dient letztlich der sozialen Integration. Fehlt diese Kontrolle oder ist sie zu schwach ausgeprägt, kann es zu abweichenden Verhaltensweisen kommen, die dann in der Regel von der Gesellschaft negativ sanktioniert werden.

- Theorien der Subkultur

  Subkulturtheorien gehen davon aus, dass es in einer Gesellschaft nicht ein einziges homogenes System sozialer Normen gibt, sondern mehrere Systeme, deren Normen und Werte jeweils von einer

---

[47] Diese Theorie geht auf den französischen Soziologen Emile Durkheim zurück und wurde von R. K. Merton (1938) verfeinert, der als sozialen Zustand der Anomie eine Ungleichheit von Zielen und Mitteln bezeichnet.

gesellschaftlichen Gruppe mit bestimmten Eigenschaften (z. B. soziale Schicht, Berufsgruppe, ethnische Gruppe) geteilt werden. Diese Systeme führen innerhalb des Systems der Gesamtkultur ein relatives Eigenleben. Insbesondere unter den Jugendlichen gibt es Subkulturen, deren Normen, Werte, Symbole und Verhaltensweisen von denen der herrschenden Kultur der Erwachsenen abweichen. Innerhalb ihrer Subkultur ist das entsprechende Verhalten der Jugendlichen jedoch keineswegs abweichend, sondern wird von den Mitgliedern dieser Subkultur (z. B. Clique) geteilt. Die Zugehörigkeit zu einer Subkultur verstärkt zwar die Solidarität untereinander, impliziert jedoch die Gefahr von Konflikten mit anderen Subkulturen oder der herrschenden Kultur.

- Etikettierungsansatz

  Dieser Ansatz geht von den Reaktionen der herrschenden Kultur auf das abweichende Verhalten aus. Werden Schülerinnen und Schüler als Abweichler stigmatisiert, wenn sie beispielsweise eine Unterrichtsstunde schwänzen, kann eine solche Etikettierung (Labeling) dazu führen, dass sie ihr abweichendes Verhalten, nämlich den Unterricht zu schwänzen, verstärken.

Aus den Befragungsergebnissen und ihrer Einbettung in mögliche Erklärungsansätze diskutieren die Autoren verschiedene Maßnahmen zur Verhinderung von Schulverweigerung:

- Kontrolle des Schulbesuchsverhaltens durch Lehrkräfte und rechtzeitige Intervention durch die Schule.
- Frühzeitige Information über das Schulschwänzen an die Eltern und Einbeziehung der Familie des Schulschwänzers und seiner wichtigsten sozialen Netzwerke. Gezielte Maßnahmen und ein engerer Kontakt der Schulen zum Elternhaus, um die Kooperation zwischen Schülern, Schule und Eltern zu verbessern.
- Schulschwänzer nicht stigmatisieren, sondern die Sozialkompetenzen des Schülers stärken, damit er lernt, sich mit seinen Problem adäquat auseinander zu setzen.

Darüber hinaus fordern die Autoren der Studie, dass die allgemeine Schulpflicht erneut diskutiert werden sollte, da sie nicht immer durchgesetzt werden kann. Auch die zwangsweise Rückführung der Schulverweigerer in den Unterricht sei keine Garantie für einen dauerhaften Schulbesuch.

1.4.2.2 Schulschwänzen und delinquentes Verhalten Jugendlicher in Rostock

Die für Rostock repräsentative Schülerbefragung fand im Jahr 1999 statt[48]. Befragt wurden Schülerinnen und Schüler der 9. Jahrgangsstufe in Förderschulen, Hauptschulen, verbundenen Hauptschulen/Realschulen, Realschulen, Gesamtschulen und Gymnasien in Rostock. Jugendliche aus dem Berufsvorbereitungsjahr (BVJ) wurden nicht in die Befragung einbezogen[49]. Beteiligt haben sich 81 Klassen aus 33 Schulen, die von insgesamt 1.900 Jugendlichen besucht wurden. Nach Ausfällen (am Erhebungstag nicht anwesend bzw. explizite Verweigerungen) nahmen 1.667 Jugendliche an der Befragung teil, von denen schließlich 1.662 verwertbare Fragebogen vorlagen. Diese wurden in die Auswertung einbezogen. Die Erhebung erfolgte in Form von Klassenzimmerbefragungen, was bedeutet, dass die Jugendlichen, die am Tag der Erhebung aus welchen Gründen auch immer nicht in der Schule waren, nicht einbezogen werden konnten, wodurch der tatsächliche Umfang von Schulverweigerung höher sein dürfte als der hier ermittelte.

Das Thema Schulschwänzen (im Zusammenhang mit Jugenddelinquenz) war eines von mehreren Themen in der Schülerbefragung. Zeitlich wurden die Fragen zum Schulschwänzen beschränkt auf das letzte Schulhalbjahr (ca. 90 Unterrichtstage). Von den befragten Rostocker Schülern gaben 34,4 % an, im letzten Schulhalbjahr schon einmal geschwänzt zu haben. Am wenigsten geschwänzt wurde in den Förderschulen (lediglich 17 % der Befragten aus Förderschulen), am meisten in den Hauptschulen (73 % der Befragten aus Hauptschulen). Anhand bundesdeutscher und internationaler Studien belegen die Autoren der Rostocker Untersuchung, dass gelegentliche Schulversäumnisse in dieser Größenordnung ein „ubiquitäres Phänomen“ sind. Die Befunde anderer Studien seien nach diesen Vergleichen sogar tendenziell höher.

Die Angaben der Rostocker Schülerinnen und Schüler wurden mit den Angaben ihrer Lehrkräfte zum Umfang von Schulschwänzen verglichen. Hier zeigte sich, dass Schüler- und Lehrergrößenordnun-

---

48 Peter Wetzels, Eberhard Mecklenburg, Nicola Wilmers, Dirk Enzmann, Christian Pfeiffer: Gewalterfahrungen, Schulschwänzen und delinquentes Verhalten Jugendlicher in Rostock. Abschlußbericht über die Ergebnisse einer repräsentativen Befragung von Schülerinnen und Schülern der 9. Jahrgangsstufe. Mai 2000.

49 Abweichend beispielsweise von der Untersuchung in Delmenhorst (vgl. Kap. 1.4.2.3), weshalb dies bei einem Vergleich zwischen Rostock und Delmenhorst zu beachten ist.

gen weit auseinander klafften: Gymnasiallehrer beispielsweise gingen von 4,7 % ihrer Schüler aus, die im letzten Schulhalbjahr geschwänzt hätten, tatsächlich waren es jedoch fast sechsmal so viel, nämlich 27,8 %. Ein ähnliches Bild zeigte sich bei den Angaben aus der Gesamtschule: Während die Lehrkräfte von 16,5 % Schwänzern unter ihren Schülern ausgingen, waren es nach den Berichten der Schüler selbst mehr als doppelt so viel, nämlich 37,1 %[50].

Tab. 1 Selbst berichtetes Schulschwänzen im letzten Halbjahr

nie	65,7 %
1 Tag	15,5 %
2–4 Tage	8,7 %
5–10 Tage	6,4 %
mehr als 10 Tage	3,7 %

Schülerinnen und Schüler mit mehr als fünf Fehltagen in den letzten sechs Monaten gehören nach der Definition der Hannoveraner Kriminologen bereits zu den „intensiven“ oder den „massiven“ Schwänzern. Dies betrifft immerhin noch gut 10 % der befragten Jugendlichen in Rostock. Diese Gruppe wurde nun im Hinblick auf einige Merkmale genauer untersucht. Danach zeigte sich,

- dass das intensive Schwänzen umso häufiger ist, je niedriger das Bildungsniveau der Jugendlichen ausfällt (die Hauptschule erreicht hier einen Spitzenwert von 32,6 %);
- dass die Intensität des Schwänzens abhängig ist von der sozioökonomischen Lage ihrer Familien: Jugendliche aus Familien, in denen der Haupternährer arbeitslos ist oder aus Familien, die von Sozialhilfe abhängig sind, schwänzen häufiger in der intensiven Form als andere Jugendliche;
- dass die Intensität des Schwänzens ferner abhängig ist davon, ob die Jugendlichen in Elternhäusern mit beiden Elternteilen oder in Familien mit nur einem Elternteil leben: aus vollständigen Fami-

[50] Dieses Ergebnis zeigte unseres Erachtens nicht nur die eklatante Unterschätzung dieses Problems durch die Lehrkräfte, sondern wirft auch ein höchst bedenkliches Licht auf die Erfassungspraktiken von Fehlzeiten durch die Schule bzw. die Lehrkräfte.

lien kamen 2,4 % der intensiven Schwänzer, aus unvollständigen Familien 6,2 %[51];

- dass es einen signifikanten Zusammenhang gibt zwischen der Intensität des Schulschwänzens und der berichteten Inkonsistenz des elterlichen Erziehungsverhaltens;
- dass es einen signifikanten Zusammenhang gibt zwischen massivem Schwänzen und elterlicher Partnergewalt in der Familie. Die Autoren fanden heraus, dass die intensiv schwänzenden Schülerinnen und Schüler häufig aus Familien kamen, in denen es zwischen den Eltern zu gewaltsamen Auseinandersetzungen kam;
- dass es schließlich einen Zusammenhang gibt zwischen dem Umfang des Schulschwänzens einerseits und elterlicher Züchtigung und Misshandlung andererseits: Jugendliche, die häufiger die Schule schwänzten, seien auch deutlich häufiger Opfer schwerer elterlicher Züchtigung oder gar Misshandlung[52].

Ferner hat sich gezeigt, dass die Kontrollmöglichkeiten durch Eltern (informelle Kontrolle) und durch Lehrkräfte (formelle Kontrolle) einen großen Einfluss auf das Schulbesuchsverhalten der Jugendlichen haben. Schüler, deren Schulbesuch nicht oder kaum von den Eltern kontrolliert wird, haben zu 38,6 % in den letzten sechs Monaten geschwänzt, während Schüler mit höherer Elternkontrolle nur zu 33,3 % schwänzten. Bei der Kontrolle durch die Lehrkräfte zeigt sich der Zusammenhang noch deutlicher: Schüler, deren Lehrkräfte strengere Anwesenheitskontrollen durchführten, haben im letzten Schulhalbjahr zu 29,2 % schon einmal geschwänzt, während dies unter geringeren Lehrerkontrollen bei 43 % der Fall war. Die Kontrolle durch die Schule bzw. die Lehrkräfte hat naturgemäß einen größeren Effekt als die durch die Eltern, weil sie leichter wahrgenommen werden kann und unmittelbarer wirkt. Weitere Variablen, die nach der Schülerbefragung das Schulbesuchsverhalten beeinflussen, sind die Qualität des Unterrichts, die Bedeutung, die der Schule für die eigene Zukunft beigemessen wird, sowie die Qualität der

---

51 Die Autoren vermuten hier einen Zusammenhang hinsichtlich der Kontrollmöglichkeiten. In Familien mit beiden Elternteilen wäre die Möglichkeit zur Beaufsichtigung des ordnungsgemäßen Schulbesuchs möglicherweise größer.

52 Die Autoren weisen darauf hin, dass die Kausalität der letzten drei Ergebnisse nicht geklärt ist. Was Ursache und was Folge ist, geht aus diesen Querschnittbefunden nicht hervor. Allerdings kann „von einem Prozeß wechselseitiger Beeinflussung" ausgegangen werden, und ferner davon, „... daß innerhalb der Gruppe der massiv mit Schulschwänzen auffälligen Jugendlichen ein erheblicher Teil unter Lebensumständen aufwächst, die von ausgeprägten innerfamiliären Problemen gekennzeichnet sind". A.a.O., S. 121.

Beziehungen zu Mitschülerinnen und Mitschülern sowie Lehrkräften. Gerade hinsichtlich der Schüler-Lehrer-Beziehungen zeigte sich, dass massive Schulschwänzer sich von ihren Lehrkräften schlechter (ungerechter) behandelt fühlten als Mitschüler, die nicht schwänzen. Auch haben sie öfter den Eindruck, dass die Lehrkräfte sich nicht um die persönlichen Probleme ihrer Schüler kümmern.

Nach Angaben der befragten Schülerinnen und Schüler hat lediglich etwas mehr als die Hälfte der Lehrkräfte bemerkt, dass geschwänzt wurde. In den meisten dieser Fälle hätten die Lehrkräfte angenommen, dass die betreffenden Schülerinnen und Schüler krank gewesen seien. Jeder zweite massive Schulschwänzer gibt ferner an, dass es trotz Entdeckung durch die Lehrkraft nicht zu einem Gespräch zwischen dieser bzw. der Schule und den Eltern bzw. den Erziehungsberechtigten gekommen sei. Sofern Schulschwänzen von den Lehrkräften entdeckt wurde, kam es nur bei einem Drittel der Fälle zu Meldungen an die Schulleitung. Andere Stellen wie z. B. das Jugendamt oder die Polizei wurden nach Angaben der massiv schwänzenden Schülerinnen und Schüler in mehr als 90 % der entdeckten Fälle nicht informiert.

Mithilfe einer Regressionsanalyse fanden die Forscher heraus, dass „für die Erklärung des massiven Schulschwänzens die Attraktivität des Unterrichts und die Qualität der Lehrer-Schüler-Beziehung relevanter sind, als die Ausübung von Kontrolle …“ (S. 125). Dennoch halten sie formelle Kontrollen für wichtig, um überhaupt das Ausmaß von Schulschwänzen erfassen zu können. Solche Kontrollen seien bisher noch lückenhaft: „Die Ergebnisse zeigen auch, dass die Statistiken über Ordnungsmaßnahmen sicherlich nur einen kleineren Bruchteil der tatsächlichen Problemfälle erkennbar werden lassen. Dies ist im Hinblick auf längsschnittliche Betrachtungen durchaus problematisch, da bei einem derart immensen Dunkelfeld schon geringfügige Anstiege der formellen Kontrollintensität zu erheblichen Anstiegen der Quoten registrierter Jugendlicher führen würde“ (S. 127).

Die Ergebnisse der Studie in Rostock hinsichtlich Schulverweigerung zeigen abschließend, dass es einen signifikanten Zusammenhang gibt zwischen der Intensität des Schulschwänzens und dem Ausmaß selbst berichteter Delinquenz. Bei Gewaltdelikten liegt die Täterrate bei massiv schwänzenden Jugendlichen fast viermal höher als bei deren nicht schwänzenden Kollegen. Vandalismusraten sind mehr als doppelt so hoch ebenso die Raten für Eigentumsdelikte. Merkmale wie Geschlecht, Bildungsniveau und Erwerbsstatus der Eltern spielen zwar ebenfalls eine Rolle, aber das Ergebnis entsprechender Analysen zeige deutlich „… dass jugendliche Schulschwänzer um so häufiger Eigentumsdelikte begehen, je intensiver sie die Schule schwänzen" (S. 128).

1.4.2.3 Delinquenz und Schulabsentismus Jugendlicher in Delmenhorst

Bei dieser Studie handelt es sich um eine Totalerhebung von Schülerinnen und Schülern der 9. und 10. Jahrgangsstufe der allgemeinbildenden Schulen, des Berufsvorbereitungsjahres und der Förderschulen für Lernbehinderte in Delmenhorst im Jahr 1999[53]. Alle 72 Klassen in der Grundgesamtheit in 14 verschiedenen Schulen wurden erreicht. Von insgesamt 1.298 Schülerinnen und Schülern aus Förderschulen für Lernbehinderte, Hauptschulen, Realschulen, Gesamtschulen, Gymnasien und BVJ-Klassen lagen auswertbare Fragebogen vor; dies entspricht 88,9 % aller Jugendlichen dieser Schulklassen in Delmenhorst. Die Ergebnisse können für Delmenhorst als repräsentativ gelten.

Das Ziel der Untersuchung war für die Hannoveraner Kriminologen die Erhebung von Informationen über das Ausmaß und die Struktur der Jugendgewaltkriminalität in Delmenhorst. In diesem Kontext wurden auch Daten zur Verbreitung des Schulschwänzens in Delmenhorst erhoben, um festzustellen, ob es einen möglichen Zusammenhang zwischen Jugenddelinquenz und Schulschwänzen gibt.

Ausgewählte Ergebnisse:

Der Umfang von Schulverweigerung

Zunächst wurden für Delmenhorst die Absentismusraten in den verschiedenen Schulformen ermittelt: Am Stichtag der Befragung fehlten über alle Schulformen hinweg in den jeweiligen Klassen 9,4 % der Schülerinnen und Schüler (ohne BVJ 7,9 %). Damit lag Delmenhorst im Vergleich zu anderen Städten im mittleren Bereich[54]. Es zeigte sich, dass die Abwesenheitsraten korrelierten mit dem Bildungsni-

---

53 Peter Wetzels, Nicola Wilmers, Eberhard Mecklenburg, Dirk Enzmann, Christian Pfeiffer: Gewalterfahrungen und Delinquenz Jugendlicher in Delmenhorst, März 2000.

54 In der KFN-Schülerbefragung 1998 waren Abwesenheitsraten in verschiedenen Städten erhoben worden: Hamburg (12,5 %), Kiel (9,3 %), Hannover (12,1 %), Leipzig (10,8 %), München (6,2 %), Stuttgart (7,3 %) und Schwäbisch Gmünd (7,6 %).

vau: Je niedriger die Bildungsanstalt, desto höher waren die Abwesenheitsraten (u. a. Hauptschule 10,6 %, Realschule 6,9 %, Gymnasium 5,6 %). Diese Daten sagten jedoch noch nichts darüber aus, warum die Jugendlichen am Stichtag nicht in der Schule gewesen waren. Ob es sich auch tatsächlich um Schulschwänzer handelte, wurde deshalb mithilfe einer Lehrerbefragung eruiert. Die Lehrkräfte wurden gebeten, das Fehlen eines jeden Jugendlichen dahingehend zu interpretieren, ob es sich um Schulschwänzen handelt oder nicht. Bei der Auswertung der Ergebnisse wurden die Schulformen anonymisiert: Das BVJ sowie die Förder- und Hauptschulen bildeten die Kategorie „niedrige Bildungsstufe“, Gesamt- und Realschulen die „mittlere Bildungsstufe“ und die Gymnasien wurden zur „hohen Bildungsstufe“ gerechnet. Nach Einschätzung der Lehrkräfte befanden sich unter den 9,4 % abwesenden Schülerinnen und Schülern in allen Schulformen lediglich 3,1 % echte Schulschwänzer, wobei auch hier wieder das Bildungsniveau der Lehranstalten die vermuteten Schwänzerraten beeinflusste, die extrem streuten: Schulen mit „niedriger Bildungsstufe“ wiesen eine Schwänzerrate von 7,8 % auf; die „mittlere Bildungsstufe“ lag unter einem Prozent (0,9 %) und die Schulen mit „hoher Bildungsstufe“ hatten nach Meinung der Lehrkräfte so gut wie keine Schwänzer am Stichtag der Befragung, nämlich nur 0,5 %.

Die Autoren der Studie vermuten, dass Lehrkräfte nicht ohne weiteres in der Lage sind zu erkennen, ob ein Schüler berechtigterweise fehlt oder die Schule schwänzt. Auf jeden Fall scheinen sie das tatsächliche Ausmaß der Unterrichtsverweigerung zu unterschätzen. Hinzu kommt, so die Autoren der Studie, dass die Einschätzung der Lehrkräfte offenbar mit dem Bildungsniveau der Schulen korreliert: Je höher das Bildungsniveau, desto eher neigen die Lehrkräfte zu „positiven Erklärungsmustern im Sinne vermutlich legitimierten Fernbleibens“, während Lehrkräfte der niedrigeren Bildungsstufen ihren abwesenden Schülern eher Schwänzen unterstellen (S. 114). Begründet wird diese Einschätzung damit, dass Schülerinnen und Schüler aus höheren Bildungsstufen eher in der Lage seien, ihr Schwänzen sprachlich zu kaschieren und auch eher auf elterliche Unterstützung bauen können.

Die Schülerbefragung ergab, dass 48,4 % (= 622) der Schülerinnen und Schüler in Delmenhorst im letzten Halbjahr schon einmal die Schule geschwänzt hatten, wobei die Intensität des Schwänzens variierte:

Tab. 2 Selbst berichtetes Schulschwänzen im letzten Halbjahr

nie	51,9 %
1 Tag	14,0 %
2–4 Tage	13,8 %
5–10 Tage	11,6 %
mehr als 10 Tage	8,7%

Erwartungsgemäß nahmen die Schulschwänzerquoten mit zunehmender Intensität ab. Auch zwischen den einzelnen Bildungsstufen zeigten sich Unterschiede: In der „niedrigen Bildungsstufe" wurde mit 53,9 % signifikant am häufigsten geschwänzt; in der „mittleren" am wenigsten, nämlich 43,5 % und in der „höheren Bildungsstufe" betrug die Schwänzerquote 48,8 %. Diese Ergebnisse weichen von denen der Lehrerbefragung zur Abwesenheit am Stichtag insoweit ab, als der „Automatismus", je niedriger die Bildungsstufe, desto höher die Schwänzerraten, durchbrochen wurde: Zwar gab es auch hier die meisten Schwänzer in den Schulen mit niedrigem Bildungsniveau, aber die Gymnasiasten waren diesmal nicht diejenigen mit den niedrigsten Schwänzerraten.

Mit Abnahme des Bildungsniveaus steigt jedoch der Intensitätsgrad des Schwänzens: Gelegentliche Schwänzer (ein Tag bzw. zwei bis vier Tage in den letzten sechs Monaten) finden sich überwiegend in Schulen mit einem hohen Bildungsniveau (39,8 %); intensive Schwänzer (mehr als zehn Tage) kommen demgegenüber überwiegend aus Schulen mit einem niedrigen Bildungsniveau (14,8 %).

Schulverweigerung in Abhängigkeit vom Elternhaus

Die Studie weist nach, dass eine vollständige Familienstruktur (beide Elternteile) weniger Schulschwänzer „produziert": Jugendliche aus vollständigen Familien schwänzen signifikant weniger häufig als ihre Kollegen aus unvollständigen Familien (45,2 % zu 58,1 %). Auffallend seien vor allem die Unterschiede in der Intensität des Schwänzens: Während 13 % der Jugendlichen aus nicht vollständigen Familien massiv schwänzten, traf dies nur auf 7,5 % der Schülerinnen und Schüler aus vollständigen Familien zu.

Die sozioökonomische Lage der Familien spielt für das Schulschwänzen offensichtlich ebenfalls eine bedeutende Rolle. Gefragt wurde nach dem Erwerbsstatus des Haupternährers bzw. der Haupternährerin und einem eventuellen Sozialhilfebezug. Jugendliche aus Familien, in denen der Haushaltsvorstand arbeitslos war oder die

Familie Sozialhilfe bezog, schwänzten deutlich häufiger und vor allem intensiver als solche aus sozioökonomisch nicht belasteten Familien: In der Gruppe der massivst schwänzenden Jugendlichen (mehr als zehn Tage) gibt es doppelt so viel soziale Schwache (15,9 %) als Jugendliche aus sozial besser gestellten Familien (7,9 %).

Die Ergebnisse der Schülerbefragung wurden auch nach den in der Totalerhebung enthaltenen ethnischen Gruppen[55] ausgewertet. Dabei zeigte sich, dass die jugendlichen Aussiedler der GUS den höchsten Anteil an Nichtschwänzern aufwiesen (61,5 %); gleichzeitig hatten sie auch die niedrigste Rate der Massivschwänzer (fünf Tage und mehr: 15,4 %). Eingebürgerte Jugendliche dagegen haben den höchsten Anteil an Massivschwänzern, nämlich 34,3 %. Damit ist diese Gruppe etwa doppelt so groß wie die der deutschen Massivschwänzer (18,2 %). Die nicht aus Ländern der GUS stammenden Aussiedlerjugendlichen wiesen einen Anteil an Massivschwänzern von 25 % auf; die Raten für türkische Jugendliche und die anderer ausländischer Jugendlicher lagen bei 28,6 bzw. 29,1 %.

Mögliche Erklärungen für diese Unterschiede im Schulbesuchsverhalten liefert die Studie leider nicht. Zu vermuten ist jedoch, dass es hauptsächlich Sprachprobleme und die Unkenntnis der deutschen Kultur und des deutschen Bildungssystems sowie die Unkenntnis über spätere Ausbildungs- und Beschäftigungsanforderungen sind, die Schulschwänzen begünstigen[56].

Schulische Gründe für das Schulschwänzen

Die Qualität der Schule sowie die Schulleistungen korrelieren mit dem Schulschwänzen. Allerdings ist – bezogen auf die schulischen Leistungen – die Richtung der Abhängigkeit nicht eindeutig: Schwänzt der Jugendliche, weil er Leistungsprobleme hat, oder hat er diese Probleme, weil er den Unterricht schwänzt? Klar ist aber, dass mit zunehmendem Fernbleiben vom Unterricht die Leistungen schlechter werden, wodurch auch die Motivation zum Lernen beeinträchtigt wird. Das Klima in der Klasse sowie das Verhältnis zu den Lehrkräften sind weitere Variablen, die das Schulbesuchsverhalten beeinflussen. Schüler, die massiv schwänzen, schätzen das Klassen-

---

55 Die ethnischen Gruppen wurden anhand der Angaben zu Staatsangehörigkeit, Nationalität zum Zeitpunkt der Geburt, der Aufenthaltsdauer in Deutschland, der nationalen Herkunft der Eltern und der in der Familie gesprochenen Sprache definiert.

56 Siehe dazu auch Tatjana Mögling: Aussiedlerjugendliche: Migration und Hilfen zur beruflichen Integration. DJI-Arbeitspapier 2/1999, S. 12 ff., S. 24 ff.

klima (Schüler-Schüler-Beziehungen) und ihre Beziehungen zur Lehrkraft eher schlecht ein. Auffallend ist in diesem Zusammenhang, dass die Beziehungen zu den Mitschülern von den intensiven Schwänzern deutlich positiver beschrieben werden als die zu der jeweiligen Lehrkraft.

Schulschwänzen und Delinquenz

Das eigentliche Anliegen der Studie war es, mögliche Zusammenhänge zwischen Schulschwänzen und delinquentem Verhalten aufzuzeigen. Anhand der Angaben der Jugendlichen zu eigenen delinquenten Verhaltensweisen (Gewaltdelikte, Eigentumsdelikte und Vandalismus/Sachbeschädigung) in den letzten zwölf Monaten konnte ein signifikanter positiver Zusammenhang zwischen der Intensität des Schulschwänzens einerseits und der Prävalenz der selbst berichteten delinquenten Verhaltensweisen andererseits nachgewiesen werden. Dieser Zusammenhang blieb auch nach diversen multivariaten Analysen stabil.

Der Einfluss von Kontrolle auf das Schulbesuchsverhalten

Jugendliche, deren Eltern den Schulbesuch regelmäßig kontrollierten[57], haben in den letzten sechs Monaten weniger geschwänzt als Schüler, bei denen die Elternkontrolle geringer war (44,5 % zu 58 %). Die elterliche Kontrolle beeinflusste insbesondere die Intensität des Schwänzens: Je höher die soziale Kontrolle durch die Eltern, desto weniger intensiv war das Schuleschwänzen (unter fünf Tage im letzten Schulhalbjahr); umgekehrt schwänzten Jugendliche, deren Eltern das Schulbesuchsverhalten eher weniger kontrollierten, deutlich häufiger (mehr als fünf Tage).

Auch die Kontrolle durch die Lehrkräfte[58] beeinflusst das Ausmaß und die Intensität des Schulschwänzens. Je höher die Lehrerkontrolle war, desto weniger hatten die Jugendlichen in den letzten sechs Monaten schon einmal geschwänzt (38,2 %), während es umgekehrt bei niedriger Lehrerkontrolle 57,3 % waren. Damit scheint die Leh-

---

[57] Das Maß der elterlichen Kontrolle wurde anhand des Statements „Meine Eltern achten sehr darauf, dass ich regelmäßig und rechtzeitig zur Schule gehe“ mit einer vierstufigen Antwortskala erhoben.

[58] Das Maß der Kontrolle durch die Lehrkräfte wurde anhand von zwei Statements erhoben: „Hier bei uns ist es leicht, den Unterricht zu schwänzen, denn da passiert einem hinterher eigentlich gar nichts“ und „Wenn bei uns einer den Unterricht schwänzt, dann kümmern sich unsere Lehrkräfte darum und wollen wissen, was da los war“.

rerkontrolle noch bedeutsamer zu sein als die Kontrolle durch die Eltern. Die Häufigkeit des Schwänzens korreliert hier ebenfalls mit dem Maß der Kontrolle: Je geringer die wahrgenommene soziale Kontrolle durch die Lehrkräfte war, desto intensiver wurde geschwänzt.

Reaktionen der Schule auf Schulschwänzen

Die Jugendlichen wurden auch gefragt, wie denn ihre Schule bzw. die Lehrkräfte auf ihr (letztes) Schwänzen reagiert hätten. Nach Angaben der Jugendlichen hatten weit mehr als die Hälfte der Lehrkräfte gar nicht bemerkt, dass die Schülerinnen und Schüler geschwänzt hatten. Dies trifft sowohl für die sporadischen Schwänzer als auch für die Massivschwänzer zu. Lehrkräfte scheinen das Schulschwänzen ihrer Schülerinnen und Schüler in den meisten Fällen also gar nicht zu entdecken. Dies ist auch ein wichtiger Hinweis darauf, dass die Dunkelziffer beim Schwänzen weit höher liegen muss als allgemein angenommen wird.

Maßnahmen vonseiten der Lehrkräfte betreffen in erster Linie die massiven Schulschwänzer (mehr als fünf Tage). Dort, wo Lehrkräfte Schulschwänzen als solches erkannten, kam es bei jedem dritten Schüler zu einem Gespräch mit der Lehrkraft; Gespräche zwischen Lehrer und Eltern fanden allerdings nur in 17,9 % der Fälle statt. Die Schulleitung wurde in Bezug auf die Gruppe der massiv Schwänzenden nur in 10 % aller Fälle von der Lehrkraft informiert. Eine Information anderer Stellen (z. B. Polizei oder Jugendamt) hat in drei von vier Fällen nicht stattgefunden. Die Autoren der Studie schließen aus ihren Ergebnissen, dass die Statistiken über Ordnungsmaßnahmen mit hoher Wahrscheinlichkeit nur einen Bruchteil der tatsächlichen Problemfälle enthalten.

Fazit

In ihrer Zusammenfassung weisen die Autoren unter anderem auf die Notwendigkeit vermehrter Kontrollen durch Lehrkräfte und Schule hin, was zu einer Senkung der Schulschwänzerraten beitragen könnte[59]. Gerade jene Schülerinnen und Schüler, die noch keine notorischen Schulschwänzer seien, könnten durch solche Kontrollen vom gelegentlichen Schwänzen abgehalten werden, wodurch der Einstieg

[59] Das Vorhandensein von Kontrollen könne auch – so die Autoren – zumindest teilweise den Unterschied in den selbst berichteten Schwänzerquoten zwischen Delmenhorst und Rostock erklären.

in eine „richtige“ Karriere unter Umständen verhindert werden könne. Ferner vermuten sie, dass durch das Schulschwänzen vermehrte Gelegenheiten zu delinquentem Verhalten entstehen, eine Reduzierung des Schulschwänzens würde demnach auch zu einer Reduktion von Delinquenz führen.

1.4.2.4 Schülergewalt und Schulschwänzen in Hessen

Im Herbst 1995 führten Tillmann und Mitarbeiter[60] eine repräsentative Schülerbefragung mit 3.540 Schülerinnen und Schülern in 24 Schulen (167 Klassen) der Sekundarstufe I (Haupt- und Realschule, Gymnasium, integrierte Gesamtschule, kooperative Gesamtschule und Schule für Lernhilfen) in Hessen durch. Es wurden alle Schulformen in die Untersuchung einbezogen, einschließlich der Förderschule. Befragt wurden die Jahrgänge 6, 8 und 9/10. Die Stichprobe wies in etwa eine Gleichverteilung der Geschlechter auf: 49 % der Befragten waren weiblich; 51 % männlich. Das Alter der Schülerinnen und Schüler lag zwischen 10 und 18 Jahren.

Im Zusammenhang mit dem zentralen Problembereich „Gewalt in der Schule“ bieten die Befunde auch Anhaltspunkte zum Umfang des Schulschwänzens in der Bundesrepublik Deutschland. Die Jugendlichen waren gefragt worden, ob und wie häufig sie in den letzten zwölf Monaten die Schule geschwänzt hätten. Danach gaben 20 % der befragten Mädchen und 24 % der Jungen an, sie hätten in den letzten zwölf Monaten mindestens alle paar Monate unentschuldigt den Unterricht geschwänzt; weitere 4 % erklärten, wöchentlich oder mehrmals wöchentlich geschwänzt zu haben. Schulschwänzen ist abhängig vom Alter: Schüler aus dem 6. Jahrgang schwänzten deutlich seltener die Schule als ihre älteren Kollegen (11 % zu 25 % aus dem 8. Jahrgang und 31 % aus den Jahrgängen 9 und 10). Geschwänzt wurde am meisten von Schülerinnen und Schülern aus Sonderschulen: Hier gaben 37 % an, innerhalb des letzten Jahres mindestens alle paar Monate unentschuldigt gefehlt zu haben; danach folgten Schüler der Hauptschule. Bei den anderen Schulformen zeigten sich keine größeren Unterschiede: Hier waren es jeweils etwa 20 %, die das Schwänzen zugaben.

---

[60] Tillmann, K.-J., Holler-Nowitzki, B., Holtappels, H. G., Meier, U., Popp, U.: Schülergewalt als Schulproblem. Verursachende Bedingungen, Erscheinungsformen und pädagogische Handlungsperspektiven. München 1999.

Für die Autoren der Studien können diese Angaben als grober Indikator gelten für den Umfang von Schulverweigerung insgesamt: Danach sind bundesweit etwa 5 % aller Schülerinnen und Schüler aktive Schulschwänzer.

Auch nach dieser Studie schwänzten die Jungen etwas häufiger als Mädchen, und es sind eher die älteren Jugendlichen, die dem Unterricht fern bleiben. Auch hier wurde ein Bildungsgefälle festgestellt: Förderschüler und Hauptschüler schwänzten öfter als ihre Kolleginnen und Kollegen aus den Real- und Gesamtschulen, und diese wiederum öfter als Jugendliche aus Gymnasien.

Die Studie enthält keine Angaben zur Art des Schwänzens, also ob gelegentlich oder öfter ganze Tage geschwänzt wurden oder „nur" einzelne Stunden bei bestimmten Fächern oder Lehrkräften bzw. so genannte Eckstunden „abgehängt" wurden.

Die Daten zu Schulverweigerung oder Schulschwänzen sind lediglich ein kleiner Teil der sehr umfangreichen Studie über Gewalt an Schulen. Schulschwänzen gehört nach der Definition der Autoren zur schulischen Devianz, die insgesamt aus mehreren Handlungen besteht: Erhebliche Störung des Unterrichts, Mogeln bei Klassenarbeiten, absichtliche Störung des Unterrichts, das Verstecken von Sachen anderer Schülerinnen und Schüler und eben Schulschwänzen. Darüber hinaus gibt es die psychischen und physischen Gewaltformen: Die psychischen Formen bestehen im Wesentlichen aus Hänseln, Beschimpfen und Ärgern von Mitschülern und Lehrkräften, Erniedrigungen und Provokationen; physische Gewalt sind Drohungen (mit und ohne Waffen), Prügeleien, mutwillige Zerstörungen und Beschädigungen von Sachen anderer oder von schulischen Einrichtungen.

Im Zusammenhang mit Schulverweigerung als schuldeviantem Verhalten kommen die Autoren zu dem Ergebnis, dass es hochsignifikante Zusammenhänge gibt zwischen physischer Gewalt, psychischer Gewalt und Schuldevianz. Dies bedeutet, dass Schülerinnen und Schüler, die physische Gewalt ausüben, oft auch psychisch aggressiv sind und schuldeviante Verhaltensweisen zeigen. Schulschwänzen als eine Form schuldevianten Verhaltens kann also einhergehen mit Gewalt und umgekehrt.

1.4.2.5 Schulaversives Verhalten in Mecklenburg-Vorpommern

Die auf Landesebene repräsentative Studie hatte die Erforschung schulaversiver Verhaltensweisen bei Kindern und Jugendlichen im Bundesland Mecklenburg-Vorpommern zum Gegenstand und ist durch einen quantitativen und qualitativen Methodenmix gekennzeichnet. Schulze/Wittrock[61] führten mehrere Untersuchungen auf unterschiedlichen Ebenen mit verschiedenen methodischen Verfahren durch: In zwei quantitativen Teilstudien in unterschiedlichen Zeiträumen (eine Stichwoche im November 1999 und eine Stichwoche im Dezember 1999 mit zwei repräsentativen Nettostichproben von 2.169 und 2.066 Schülern) untersuchten Schulze/Wittrock das Phänomen des „schulaversiven Verhaltens“ nach vorgegebenen Kategorien. Mit einem von der Rostocker Forschergruppe entwickelten Erhebungsbogen zur quantitativen Erfassung von schulaversiven Verhaltensweisen wurden Ausmaß und Formen schulaversiven Verhaltens der Schülerinnen und Schüler der Sekundarstufe I im Land Mecklenburg-Vorpommern erfasst.

Neben diesen umfangreichen quantitativen Teilstudien wurden Lehrkräfte (standardisierte Erhebung) sowie Schulsozialarbeiter und Sozialpädagogen an Schulen (halbstandardisierte Erhebung) über das (schulaversive) Verhalten von Kindern und Jugendlichen befragt. Mit acht Schülern, die bereits der Schule fern geblieben waren und lange schulische Fehlzeiten aufwiesen, wurden schließlich leitfadengestützte Einzelinterviews durchgeführt. Darüber hinaus wurden die Untersuchungen durch weitere Expertengespräche (z. B. mit Fachkräften des Jugendamts) ergänzt.

Im Mittelpunkt der Untersuchungen stand die Analyse von schulaversiven Verhaltensweisen bei Kindern und Jugendlichen. Unter schulaversiven Verhaltensweisen verstehen die Autoren „eine der Schule abgeneigte, feindliche Einstellung bzw. Haltung“. Nach ihrer Meinung zählen Phänomene wie Schulschwänzen, angstinduziertes Fernbleiben von der Schule, massives Stören im Unterricht, Gewalt gegen Lehrkräfte, Mitschüler und Sachen in den Schulen dazu. Dabei stellen sie zur Diskussion, ob diese abgeneigte, feindliche Einstellung gegenüber Schule die Folge negativer Erfahrungen in der Schule ist. Ausgehend von der Annahme, dass einem Sichabwenden von der Schule nicht unbedingt eine Aversion gegen Schule zugrunde liegen muss, führen sie als übergeordneten Begriff „unterrichtsmeidende Verhaltensweisen“ ein. Mit dieser Bezeichnung ist die physische und/oder psychische Abwesenheit vom Unterricht gemeint, für die die Ursachen nicht unbedingt im schulischen Bereich liegen müssen. „Der Begriff Unterrichtsvermeidung hat den Vorteil, die Ursachenkomplexe der Nicht-Partizipation systemisch zu erschließen, indem

---

[61] Schulze, Gisela/Wittrock, Manfred: Abschlussbericht zum Landesforschungsprojekt Schulaversives Verhalten, Band 1, Universität Rostock 2001.

nicht ausschließlich die ‚Gewaltinstitution' Schule, sondern auch andere (außerschulische) Gründe analysiert werden" (S. 33).

Zentrale Fragestellung der Untersuchung war, welche Beobachtungen und Erfahrungen Expertinnen und Experten (Lehrkräfte, Schulleiter, Schulsozialarbeiter, Projektmitarbeiter, Wissenschaftler) im Umgang mit schulaversiven Verhaltensweisen gemacht haben. Die Analysen der Aussagen von Schulverweigerern und Experten zum Phänomen Schulverweigerung sollen genutzt werden, um die Mechanismen, die zu einer schulischen Ausgrenzung führen, zu beobachten, zu beschreiben sowie qualitativ und quantitativ messbar zu machen. Weiterhin geht die Studie der Frage nach, ob schulaversives Verhalten als ein multifaktorielles Geschehen auftritt, und ob es spezifische Wirkfaktoren bei der Herausbildung bzw. Entwicklung schulaversiver Verhaltensweisen gibt.

Befragungen von Schülerinnen und Schülern

Beide quantitative Teilstudien zeigen, dass beim Vergleich der Geschlechterverteilung bezüglich schulaversiver Verhaltensweisen (Zuspätkommen, unentschuldigtes Fehlen, offene und verdeckte Unterrichtsverweigerung) die Jungen in allen aufgeführten Kategorien einen höheren Anteil haben.

Tab. 3 Schulaversive Verhaltensformen und Geschlechterverteilung

		Unentschuldigtes Fehlen (in %)	Verspätung (in %)	Offene Unterrichtsverweigerung (in %)	Verdeckte Unterrichtsverweigerung (in %)
Teilstudie 1		4	7	34	26
	weiblich	37	36	40	37
	männlich	63	64	60	63
Teilstudie 2		5	6	27	18
	weiblich	42	43	40	33
	männlich	58	57	60	67

Das Einstiegsalter für unentschuldigtes Fehlen liegt bei 12 bzw. 13 Jahren. Mit zunehmendem Alter verstärkt sich die Tendenz zum Fernbleiben vom Unterricht bzw. von der Schule recht deutlich. Schulverweigerung wird insgesamt als Problem der höheren Klassenstufen (7.–10. Klasse) eingeschätzt. Einem Vergleich der Alters- und Klassenverteilung von Schülerinnen und Schülern mit unentschuldigten Fehlzeiten ist zu entnehmen, dass eine Häufung von unentschuldigtem Fehlen in der 8. Klassenstufe festzustellen ist, und im Alter von 15 bis 17 Jahren die Schulverweigerungstendenzen am stärksten sind.

Anhand der Untersuchungsergebnisse beider Studien gibt auch die besuchte Schulform bzw. der Bildungsgang einen Hinweis auf die Verteilung von Schulverweigerungstendenzen: Die Hauptschule weist im Vergleich zu den anderen Schulformen einen deutlich höheren Anteil an Schülern mit schulaversiven Verhaltensweisen auf. Je höher das Bildungsniveau der Schule ist, desto geringer fallen die Fehlzeiten aus. Dieses Ergebnis deckt sich im Übrigen mit denen der KFN-Untersuchungen in Delmenhorst und Rostock.

Überraschend sind die Ergebnisse in Bezug auf Stadt-/Landunterschiede: Hier zeigte sich, dass es zwischen städtischen (5,2 %) und ländlichen Regionen (3,7 %) kaum Unterschiede bei den unentschuldigten Fehlzeiten gibt.

Befragungsergebnisse von SchulsozialarbeiterInnen und SozialpädagogInnen

Die Befragung zielte einerseits auf die Ergründung der subjektiven Konstrukte zu unterrichtvermeidenden und schulverweigernden Tendenzen und andererseits auf die Beleuchtung von Hintergründen, Ursachen und möglichen Interventionen.

Alle 46 Befragten gaben an, dass ihnen Schulverweigerungstendenzen in der Praxis vielfach begegnet seien. Daran anknüpfend wurden sie nach den Verhaltensweisen von schulaversiven Schülerinnen und Schülern a) in der Schule und b) im sozialen Umfeld befragt. Im Ergebnis wird von Schulze/Wittrock eine Kategorisierung von unterrichtsvermeidenden Verhaltensmustern in drei übergeordnete Verhaltensphänomene vorgenommen, die sich nach dem operationalisierbaren Kriterium des Aufenthaltsortes richtet: Unterrichtsverweigerung (im Unterricht anwesend – nur physisch präsent), Unterrichtsabsentismus (nicht im Unterricht, jedoch in der Schule anwesend), Schulabsentismus (nicht in der Schule anwesend).

Innerhalb der Unterrichtsverweigerung wurde nach offenen und verdeckten Formen differenziert. Offene Formen betonen eher den aktiven Part des Schülers wie stören/provozieren und Aggression/Gewalt gegen Lehrer, Mitschüler und Sachen. Unter verdeckten Formen werden vor allem Desinteresse und Inaktivität verstanden. Die Autoren stellen fest, dass anhand der Aussagen der Befragten nicht immer eine eindeutige Zuordnung zu verdeckten bzw. offenen Formen möglich war. Kommunikationsverweigerung, Aufgabenverweigerung oder Beschäftigung mit anderen Dingen können sowohl offenen als auch verdeckten Formen der Unterrichtsverweigerung zugeordnet werden. Dieses Ergebnis ist insofern interessant, als es belegt, dass die verschiedenen Verweigerungsformen nicht trennscharf sind. Zudem unterstreicht es die Schwierigkeiten für Lehrkräfte, Signale ihrer Schüler eindeutig zu erkennen, richtig einzuordnen und adäquat auf das Verhalten der Schüler zu reagieren.

Zur Kategorie Unterrichtsabsentismus zählen insbesondere das Verlassen des Raumes durch den Schüler (für eine gewisse Zeit oder vorzeitiges Verlassen) sowie das Zuspätkommen zum Unterricht. Innerhalb des Schulabsentismus unterscheiden Schulze/Wittrock noch einmal zwischen Schwänzen (unentschuldigtes Fehlen, sich krank schreiben lassen) und einem angstinduzierten Fernbleiben (Schulangst). Neben diesen drei unterschiedlichen Verweigerungsformen in Abhängigkeit vom Aufenthaltsort des Schülers bzw. der Schülerin haben Schulze/Wittrock in einer vierten Kategorie die „in Wechselwirkung stehenden Einflussgrößen“ zusammengefasst. Als solche Einflussgrößen wurden Lern- und Verhaltensstörungen, Aufmerksamkeitsprobleme, Beziehungsschwierigkeiten, Vermeidungsverhalten und Regelverstöße ermittelt.

Bei der Frage nach den Verhaltensweisen schulaversiver Schüler im sozialen Umfeld sticht ins Auge, dass solche Schüler von den Schulsozialarbeitern als tendenziell aggressiv und gewaltbereit eingeschätzt werden (Aggressivität/Gewalt). Dieses Ergebnis zeigt, dass „schulaversives Verhalten aus der Sicht der Sozialpädagogen häufig in einer externalisierend-ausagierenden Form auftritt bzw. solche Formen sehr stark wahrgenommen werden“ (S. 128). Darüber hinaus wurde den Aussagen der Befragten entnommen, dass sich Nennungen in zwei Bereichen häufen, die allerdings in entgegengesetzte Richtungen zeigen: Ein Pol ist durch die Peer-group- bzw. Cliquenorientierung besetzt, der andere durch den sozialen Rückzug bzw. die Außenseiterposition. Während Aggressivität, Vandalismus und Rechtsextremismus eher in und mit Gruppen auftreten, sind psychische Störungen und Depressionen tendenziell stärker dem Pol „sozialer Rückzug/Außenseiter“ zuzuordnen.

Auf der Suche nach den Ursachen von schulaversiven Verhaltensweisen wurden die sozialpädagogischen Fachkräfte nach möglichen Problemen von schulverweigernden Schülern gefragt. Bei den Problemkomplexen wird zwischen „zentralen Problemen“ und „Randproblemen“ unterschieden. Die von den Sozialpädagogen genannten Probleme spiegeln sich in allen Wirkungsräumen wider: beim Schüler selbst (mit seiner physisch/psychischen Ausstattung), im schulischen und familialen Wirkungsraum, im Wirkungsraum der Bezugsgruppe, in alternativen sowie in gesellschaftlichen Wirkungsräumen. Bei der

Analyse der Ursachen wird deutlich, dass das Zusammentreffen von (verschiedenen) Problemen die entscheidende Größe ist, die Ausmaß und Formen schulaversiver Verhaltensweisen prägt. Der überwiegende Teil der Schulsozialarbeiter ist der Meinung, dass schulische Probleme (Überforderung, Leistungs- und Lernprobleme) und familiäre Probleme als zentrale Probleme anzusehen sind. Als so genannte Randprobleme gelten Drogenprobleme und individuelle Perspektivlosigkeit.

Insgesamt lässt sich feststellen, dass bei der Entwicklung von schulaversiven Verhaltensweisen in der Regel mehrere Ursachen eine Rolle spielen und es keinen monokausalen Zusammenhang zwischen Ursache und Wirkung gibt. Dementsprechend spiegeln die Antworten der Sozialarbeiterinnen und Sozialarbeiter in der Mehrheit ein multikausales Denken wider.

Aussagen von schulaversiven Schülern

Die leitfadengestützten Interviews mit schulaversiven Mädchen und Jungen dienten der Darstellung von Ansichten, Standpunkten und Verläufen von Verweigerungshaltungen aus Sicht der Schülerinnen und Schüler selbst. Die Auswertungen der Interviews lassen zwar einen Einfluss der Lehrkräfte auf die Schüler vermuten, allerdings sehen Schulze/Wittrock keine konkreten Anhaltspunkte dafür, dass „benennbare, individuelle, negative Erfahrungen mit LehrerInnen" (S. 138) alleinige Ursachen für Schulabsentismus sind. Auch „benennbare, individuelle, negative Erfahrungen" mit bestimmten Schulfächern können nicht als alleinige Ursache für schulabsentes Verhalten verantwortlich gemacht werden. Schulze/Wittrock gelangen zu der Schlussfolgerung, dass „der aufgetretene Schulabsentismus letztlich als Endresultat eines längeren Prozesses, in welchem sich das Schulvermeidungsverhalten der Schüler entwickelte, steht" (S. 138).

Die Analyse der Untersuchungsergebnisse zeigt, dass die Reaktion der Schule auf die Rückkehr (nach dem ersten Schwänzen) von besonderer Bedeutung ist und sie das weitere Schulvermeidungsverhalten beeinflusst. Aus diesen Reaktionen leitet der Schüler für sich ab, welches Interesse ihm entgegengebracht wird: Negative Äußerungen oder Stigmatisierungen durch Lehrkräfte und Mitschüler in der Rückkehrsituation können zur Verstärkung bzw. Manifestation schulabsenter Verhaltensweisen führen. Die Autoren stellen in ihrer Untersuchung fest, dass die Schüler und Schülerinnen nach dem ersten Schwänzen in der Regel keine Hilfeangebote durch die jeweiligen Lehrkräfte bekommen haben. Befragt nach möglichen Unterstützungsleistungen durch die Schule haben die Schüler auch wenig Vorstellungen, wie solche adäquaten Hilfen aussehen könnten.

Interventionsmöglichkeiten

Um den Spektrum der unterrichtsvermeidenden und schulaversiven Verhaltensweisen in seiner ganzen Bandbreite entgegenwirken zu können, leiten Schulze/Wittrock auf handlungs- und institutionenbezogener Ebene mögliche Maßnahmen in den Bereichen Prävention, Intervention und Rehabilitation ab. Ausgehend von den unterschiedlichen Zielgruppen der schulmüden und schulverweigernden Kinder und Jugendlichen ist es aus ihrer Sicht notwendig, „dass spezielle theoriegeleitete Handlungskonzepte für diese Kinder und Jugendliche entsprechend den konkreten Bedingungen vor Ort entwickelt werden" (S. 151).

Präventive Konzepte sollten sowohl im vorschulischen Bereich (Kindergarten) als auch in allgemein bildenden Schulen Fuß fassen. Präventionsansätze müssen bereits in die Erarbeitung von Schulkonzepten einfließen und die verschiedensten Bereiche abdecken und alle am Bildungsprozess beteiligten Personen (Lehrer, Eltern, Schüler, Experten) einbinden: Unterrichtsbedingungen und -methoden flexibel gestalten, Bedingungen für ein gutes Schulklima prüfen und optimieren und bei Bedarf pädagogische Optionen und Maßnahmen sowohl für den Einzelnen als auch für Gruppen ermöglichen. Es gilt, eine Lernkultur zu entwickeln, die auch leistungsmäßig schwächeren Schülern Lernerfolge ermöglicht.

Interventive Maßnahmen müssen greifen, wenn Schülerinnen oder Schüler bereits erste Anzeichen für Unterrichtsverweigerung oder Schulaversion zeigen. Das Lehrpersonal muss in der Lage sein, Warnsignale wie beispielsweise Zuspätkommen, Lernverweigerung im Unterricht oder psychische Abwesenheit des Schülers im Unterricht zu erkennen und darauf adäquat zu reagieren. Die zur Verfügung stehenden Interventionsmaßnahmen können auf Schulebene, Klassenebene, Familienebene und Schülerebene liegen und sollten möglichst „in Form eines modularen Baukastenprinzips" nach Bedarf abrufbar sein.

Rehabilitative Maßnahmen sind erst bei massiven Verweigerungstendenzen und schulaversiven Verhaltensweisen erforderlich, vor allem bei längeren bzw. häufigeren Fehlzeiten. Für einen bestimmten Zeitraum sollten dann entsprechende Erziehungs- bzw. Bildungsangebote für den Schüler zur Verfügung gestellt werden.

Um eine Umsetzung dieser Maßnahmen zu ermöglichen, ist nach Ansicht der Autoren interdisziplinäre Zusammenarbeit insbesondere durch die Bildung von örtlichen Netzwerken notwendig. Ausgehend von der Erkenntnis, dass schulaversive Verhaltensweisen in der Regel multikausal bedingt sind, erfordern Intervention und Rehabilitation die Zusammenarbeit verschiedener Professionen (z. B. Lehrkräfte, Sozialpädagogen, Psychologen, Ärzte, Berufsberater). Auch die Heterogenität der Zielgruppe fordert flexible interdisziplinäre Kooperationen. Der Kooperation von Schule und Jugendhilfe fällt dabei eine besondere Bedeutung zu.

Gerade weil es immer Schüler und Schülerinnen geben wird, die aufgrund individueller Ressourcen oder spezifischer Problemlagen mit dem System Schule nicht zurechtkommen und adäquate Hilfe benötigen, sollte jede Schule ein pädagogisches Handlungsrepertoire in den Bereichen Prävention, Intervention und Rehabilitation möglichst in Kooperation mit Elternhaus und Jugendhilfe etablieren.

1.4.2.6 Schulverweigerung in Brandenburg

Die Studie hat die Erforschung von Ausmaß, Formen und Ursachen des Phänomens Schulverweigerung sowie die Erfassung der verschiedenen Einflussgrößen auf schulverweigerndes Verhalten im Bundesland Brandenburg zum Gegenstand.

In einer umfangreichen Untersuchung bedienen sich Sturzbecher und Dietrich[62] eines Mix aus quantitativen und qualitativen Methoden. Im Mittelpunkt der Studie steht eine *landesrepräsentative Fragebogenerhebung* unter Brandenburger Schülern und Auszubildenden (2.188 Schüler aus den 7. bis 12. Klassen sowie des 1. und 2. Lehrjahres von Oberstufenzentren des Landes Brandenburg). Zusätzlich wurden „Totalverweigerer“ in *narrativen Interviews* zu ihrem schulverweigernden Verhalten befragt. Neben der Befragung der Jugendlichen haben die Autoren eine *Dokumentenanalyse* (Analyse von Fehltagen und -stunden anhand statistischer Angaben aus schulischen Unterlagen) durchgeführt, die mit einer *Lehrerbefragung* zur Einschätzung von Schulverweigerungstendenzen verbunden wurde.

Im Mittelpunkt der folgenden Ausführungen steht die Analyse von Schulmüdigkeit und Schulverweigerung im Bundesland Brandenburg anhand einer landesrepräsentativen quantitativen Schülerbefragung

---

[62] Sturzbecher, Dietmar/Dietrich, Peter: Studie „Schulverweigerung von Jugendlichen im Land Brandenburg“, Abschlußbericht zur Feldstudie „Schulverweigerung von Jugendlichen im Land Brandenburg“, hektografiertes Manuskript, Potsdam 1993.

und anhand von qualitativen Interviews mit Schulverweigerern. Zu berücksichtigen ist der Zeitpunkt der Studie: Die Befragung fand 1993 statt, das heißt zu einem Zeitpunkt, zu dem in den neuen Bundesländern – also auch in Brandenburg – das bundesdeutsche Schulrecht übernommen wurde. Es erfolgte eine komplette Neustrukturierung des bis dahin geltenden Schulsystems. Die Untersuchungsergebnisse sind daher auch in einem Kontext grundlegender gesellschaftlicher Veränderungen zu sehen, die zum Teil mit dramatischen Anpassungsleistungen der Schüler (und der Lehrkräfte) an die neuen Bedingungen einhergingen.

Hintergrund der Untersuchung war eine steigende Zahl von Schulverweigerern in Brandenburger Schulen. Schulverweigernde Verhaltensweisen waren aber in Brandenburg ein relativ neues Phänomen, weshalb die Studie sowohl quantitative als auch qualitative Daten zum Umfang von Schulverweigerung sowie über die Motive und Ursachen liefern sollte.

Sturzbecher und Dietrich definieren Schulverweigerung als bewusste Verhaltensweise, die eine Realisierungsform von Schulkritik darstellt und „die sich über ein Verhaltenskontinuum mit den Extrempunkten der permanenten, tageweisen Verweigerung der Teilnahme am Unterricht einerseits („Tagesschwänzen“) über das stundenweise Fernbleiben vom Unterricht (da es sich meist um Erst- bzw. Letztstunden handelt, wurde der Terminus „Eckstundenschwänzen“ gewählt) bis hin zur Nichtteilnahme am Unterricht trotz Anwesenheit („Passives Verweigern“) andererseits erstreckt.“ (S. 7)

Zentrale Fragestellung der Untersuchung war, wie sich schulverweigernde Verhaltensmuster in Abhängigkeit von soziodemografischen, pädagogisch-psychologischen und persönlichkeitspsychologischen Bedingungen entwickeln. Im Ergebnis sollten Aussagen darüber möglich sein, welche qualitativen Erscheinungsformen bzw. welche quantitativen Ausprägungsgrade zu unterscheiden sind, welche Ursachen es dafür gibt und welche Präventions- und Interventionsstrategien möglich sind.

Landesrepräsentative Fragebogenerhebung unter Brandenburger Schülern und Auszubildenden

In die Untersuchung wurden 2.188 Schüler aus 7. bis 12. Klassen sowie des 1. und 2. Lehrjahres von Oberstufenzentren des Landes Brandenburg einbezogen. Die Schüler füllten einen Fragebogen im Klassenverband während der Unterrichtszeit unter Klausurbedingungen aus. Die Verteilung der Geschlechter war ausgewogen:

Knapp die Hälfte der Befragten war männlich (49 %), etwas über die Hälfte weiblich (51 %).

Ausgewählte Ergebnisse:

Zunächst interessierte, ob und wie die Schüler und Auszubildenden dem Unterricht ferngeblieben waren. Von den befragten Kindern und Jugendlichen gab jeder Zwanzigste an, bereits tageweise geschwänzt (davon 1,5 % öfter und 3,5 % manchmal) zu haben. Nach Meinung der Autoren erlauben diese 5 % Tagesschwänzer jedoch kein zuverlässiges Bild über das tatsächliche Ausmaß. Sturzbecher und Dietrich vermuten einen höheren prozentualen Anteil, weil einerseits berücksichtigt werden muss, dass einige der Schülerinnen und Schüler, die oft den Unterricht schwänzen, zum Befragungszeitpunkt gar nicht anwesend waren und andererseits eine eventuelle Tendenz zum sozial erwünschten Antwortverhalten das Befragungsergebnis verzerrt haben könnte. Das stundenweise Fernbleiben von Schule und Unterricht ist deutlich stärker ausgeprägt als das Tagesschwänzen. Ein Fünftel der Schüler und Auszubildenden (22 %) gab an, öfter (5 %) bzw. manchmal (17 %) die erste bzw. die letzte Stunde eines Schultages „abgehängt" zu haben (Eckstundenschwänzen).

Zur Erfassung des Anteils der *passiven* Schulverweigerer (Nichtteilnahme am Unterricht trotz physischer Anwesenheit) bedienten sich die Autoren eines so genannten „weichen" Variablenbereichs, indem sie Einstellungen zum Sinn schulischen Lernens und schulischer Leistung abfragten. Immerhin 16 % der befragten Schüler waren von späteren Anwendungs- oder Verwertungsmöglichkeiten schulischer Kenntnisse und Fähigkeiten wenig oder gar nicht überzeugt. Über ein Drittel bezweifelte überhaupt die Nützlichkeit schulischer Bildungsangebote. Insgesamt stellten Sturzbecher und Dietrich fest, dass es eine relativ hohe Schülerzahl mit geringer Lernmotivation gibt und bei diesem Teil der Schüler eine „Sinnentleerung" schulischen Lernens stattgefunden hat: Zwei Drittel lernen nur für gute Noten, fast die Hälfte begegnet den schulischen Anforderungen mit minimalem Aufwand und ein Fünftel sitzt nach eigenen Angaben nur die Zeit in der Schule ab. Aus diesen Ergebnissen leiteten die Autoren mögliche Indikatoren für passive Verweigerungshaltungen ab, weil für diese Schülergruppe die Gefahr der Herausbildung bzw. Entwicklung von schulverweigernden Verhaltensmustern besonders groß ist. Ferner stellten die Autoren bei der Betrachtung der passiven Verweigerungsformen in Abhängigkeit vom Alter fest, dass der Anteil der Schüler mit schlechter Lernmotivation bei den 13- bis 16-Jährigen nahezu konstant bleibt, in der Altersgruppe der 12-Jährigen jedoch signifikant darunter liegt. Sturzbecher und Dietrich vermuten in der Altersgruppe der 13- bis 16-Jährigen ein „Umschlagen“ von Einstellungen zur Schule, das möglicherweise dadurch hervorgerufen werde, dass die aus dem Grundschulbereich kommenden Schüler durch neuartige Leistungs- und Verhaltensanforderungen nach diesem „Bruch“ in der Bildungsbiografie überfordert werden und/oder dass sie verstärkt über den Kontakt mit älteren Schülern zur Übernahme negativer Lern- und Leistungseinstellungen animiert werden (S. 24).

Für die *aktiven* Formen des Schwänzens – in dieser Studie in Tagesschwänzen und Eckstundenschwänzen differenziert – wurden Zusammenhänge in Bezug auf das Geschlecht, den Schultyp sowie Alter und Klassenstufenzugehörigkeit geprüft.

Eckstundenschwänzen

Bei der Selbsteinschätzung in Bezug auf das Eckstundenschwänzen war ein hochsignifikanter geschlechtsspezifischer Unterschied feststellbar: Fast doppelt so viele Jungen wie Mädchen gaben an, oft Eckstunden zu schwänzen. Auch hinsichtlich des Alters bzw. der Klassenstufenzugehörigkeit war der Zusammenhang hochsignifikant: Der Anteil der Schüler, die öfter oder manchmal die Eckstunden schwänzten, stieg von der 7. (11 %) zur 10. Klasse hin (27 %) stetig an. Zwischen der spezifischen Form des Eckstundenschwänzens und dem besuchten Schultyp war ebenfalls ein hochsignifikanter Zusammenhang gegeben: Der Anteil der eckstundenschwänzenden Schüler nahm von den Oberstufenzentren (29 %) über die Gesamtschulen (21 %) bis hin zu den Gymnasien (18 %) ab. Das Ausmaß des Eckstundenschwänzens hängt also nach diesen Ergebnissen (auch) mit dem Qualifikationsniveau der jeweiligen Bildungsanstalt zusammen.

Ein Vergleich zwischen Stadt und Land bezüglich des Ausmaßes von stundenweisem Schwänzen zeigte, dass sich Schüler von städtischen und ländlichen Schulen hier nicht unterscheiden.

Tagesschwänzen

Bei Schülern, die tageweise dem Unterricht fernblieben, waren die Zusammenhänge etwas schwächer ausgeprägt: Zwar ließen sich signifikante Unterschiede bezüglich Geschlecht und Alter bzw. Klassenstufenzugehörigkeit nachweisen; im Gegensatz zum Eckstundenschwänzen jedoch gab es beim Tagesschwänzen keinen signifikanten Zusammenhang mit dem besuchten Schultyp. Während beim Eckstundenschwänzen kein Unterschied zwischen Stadt und Land gegeben war, zeigte sich beim tageweisen Schwänzen ein hochsignifikanter Zusammenhang: Schüler aus ländlicher Umgebung schwänzten häufiger als ihre Kolleginnen und Kollegen aus der Stadt. Die Autoren beschränkten sich auf die Feststellung dieses Zusammenhangs und gaben diesbezüglich keine Erklärungen ab.

Bezüglich familienstruktureller Merkmale, Bildungsniveau und Erwerbsstatus der Eltern sowie der Klassenstärke ergaben sich für alle Verweigerungsformen (tage- und stundenweises Schwänzen sowie passive Formen) keine signifikanten Zusammenhänge.

Im Folgenden wurden die Schulverweigerer auf bestimmte Merkmale genauer untersucht. Es zeigte sich, dass

- es einen hochsignifikanten Zusammenhang gibt zwischen Interesse der Eltern an schulischen Problemen und Ausprägung des Tagesschwänzen (je geringer das Interesse der Eltern ist, desto häufiger bleiben Schüler dem Unterricht fern),
- als elterliche Reaktionsform auf die Schulverweigerung das „sachliche Gespräch" mit dem Kind dominiert (57 % der Eltern suchen ein Gespräch mit ihren Kindern, 7,5 % zeigen kein Interesse, 13 % sprechen Verbote aus, 3 % prügeln ihre Kinder),
- Tagesschwänzer im Vergleich zu anderen Schülern hochsignifikant häufiger in Gruppen/Cliquen integriert sind (für das Eckstundenschwänzen gilt dies nicht),
- für Eckstunden- und Tagesschwänzer signifikante Zusammenhänge zwischen Ausprägungsgrad der Schulverweigerung einerseits und dem Grad der Akzeptanz von Schulverweigerung in der Gruppe andererseits nachweisbar sind (je stärker das Schwänzen ausgeprägt ist, desto höher ist die Akzeptanz in der Clique),
- es einen signifikanten Zusammenhang gibt zwischen Klassenstufe bzw. Schultyp und Intensitätsgrad der Schulverweigerung,
- der Zusammenhang zwischen Leistungsstand und Ausprägungsgrad der Schulverweigerung hochsignifikant ist (je schlechter die Schulleistungen, desto intensiver wird das schulverweigernde Verhalten),
- ein hochsignifikanter Zusammenhang existiert zwischen Eckstundenschwänzen und Leistungszufriedenheit (je weniger zufrieden man ist, desto häufiger werden Eckstunden geschwänzt),
- Eckstundenschwänzer (hochsignifikant) und Tagesschwänzer (signifikant) im Vergleich zu anderen Schülern weniger Anstrengungen in Bezug auf die geforderten Schulleistungen zeigen.

Über den Indikator „Die Schule verfolgt mich bis in den Schlaf." richteten Sturzbecher und Dietrich das Augenmerk auf die psychischen Belastungen im Zusammenhang mit Schule. Erwartungsgemäß klagten Schulverweigerer häufiger über psychische Belastungen als andere Schülerinnen und Schüler: 13 % berichten über psychische Belastungen. Dabei fühlten sich die Mädchen im Vergleich zu den Jungen deutlich stärker belastet. Ferner zeigten sich die psychischen Belastungen in der 7. Klasse besonders hoch.

Gefragt nach den Gründen für ihr schulverweigerndes Verhalten gaben 37 % der Befragten Langeweile an, während 28 % sich durch ihre Peer group animiert fühlten zu schwänzen. Innerhalb der schulischen Gründe rangierten Angst vor Leistungskontrollen (20 %), Erwartung interpersoneller Konflikte mit Lehrkräften (15 %) und Mitschülern (11 %) ganz vorn. Bei der geschlechtsspezifischen Betrachtung dieser Gründe zeigte sich, dass Mädchen eher aus Angst vor Leistungskontrollen fehlten, Jungen hingegen eher aus erwarteten interpersonellen Konflikten mit Lehrkräften.

Auf mögliche Ersatzaktivitäten für die Zeit des Fernbleibens von der Schule angesprochen, gab die Hälfte der Befragten an, sie seien zu Hause gewesen und hätten ferngesehen. 41 % waren mit ebenfalls schwänzenden Freunden zusammen und immerhin ein Viertel der Schulverweigerer war mit den Eltern „unterwegs"[63]. Weitere Ersatzaktivitäten (als offene Frage gestellt) waren: den Eltern helfen (knapp ein Viertel), ausschlafen (22 %) und einkaufen (22 %). Insgesamt ist den Angaben der Aktivitäten zu entnehmen, dass ein Großteil der befragten Schülerinnen und Schüler alleine verweigert und offenbar bereits sozial isoliert ist. Zudem verwundert das zum Teil stark ausgeprägte Unterstützungspotenzial der Eltern für schulverweigernde Verhaltensweisen. Ein ähnliches Befragungsergebnis konnten Sturzbecher und Dietrich auch den Daten ihrer Lehrerbefragung entnehmen: Die Lehrkräfte äußerten den Verdacht, dass einige Eltern die Schulverweigerung ihrer Kinder stützen.

Interviews mit Totalverweigerern

Neben der quantitativen Untersuchung haben Sturzbecher und Dietrich narrative Interviews mit zehn Totalverweigerern (acht Jungen, zwei Mädchen) durchgeführt. Erfahrungen in der Schule, Einstellungen zur Schule sowie Selbsteinschätzungen zu Schulleistungen und sozialen Beziehungen in der Klasse, zu Freunden, im Elternhaus und der Peer group wurden analysiert mit dem Ziel, Zusammenhänge

[63] Dieses Ergebnis taucht in dieser Form in keiner anderen, uns bekannten Untersuchung auf. Leider wird es von den Autoren der Studie nicht näher kommentiert, so dass offen bleibt, was sich hinter der Antwort „… mit den Eltern unterwegs" verbirgt.

zwischen individuellen und äußeren Bedingungen zu finden, die mögliche Ursachen für Schulverweigerung erklären können.

Über die Kontaktaufnahme mit Schulleitern gelang es, Schulverweigerer zu befragen, die mit unterschiedlicher Intensität dem Unterricht fernblieben. Über diese Schulverweigerer sollte dann weiterer Kontakt zu Totalverweigerern gesucht werden. Da sich dieser Zugang jedoch sehr problematisch gestaltete und nicht erfolgreich realisiert werden konnte, wurden letztendlich Interviews mit Schulverweigerern durchgeführt, die nur selten und stundenweise am Unterricht teilnahmen „und somit den Totalverweigerern ähnlich sind" (S. 17).

Nach Aussagen der Autoren lässt sich nach der Analyse der Daten kein Bild über das tatsächliche Ausmaß der Verweigerung zeichnen, weil die zum Teil sehr widersprüchlichen Angaben der Befragten keine genaue Beschreibung der Zeiträume und/oder Zeitintervalle der Schulverweigerung zulassen. Die ausgewählten Interviewpartner waren zwischen 13 und 17 Jahren alt und bis auf eine Ausnahme (Gymnasium) Schüler einer Gesamtschule.

Formen von Schulverweigerung

Den Aussagen der Schülerinnen und Schüler ist zu entnehmen, dass ein Großteil von ihnen mit einer Verweigerungshaltung bzw. einem Rückzug innerhalb von Schule angefangen hat und deshalb prinzipiell zwei Formen von schulverweigernden Verhaltensweisen unterschieden werden müssen, die aktive und die passive Verweigerung. Die *passive* Schulverweigerung „ist im wesentlichen dadurch charakterisiert, dass der Schüler zwar physisch der Unterrichtsstunde beiwohnt, aber geistig defensiv bzw. völlig inaktiv bleibt und nach außen sein Desinteresse am Unterrichtsgeschehen offenkundig oder sogar provokant zum Ausdruck bringt." (S. 59) Die Autoren beschreiben die diesbezüglichen Aussagen der Befragten als Reaktion auf lebensfremde, nutzlos empfundene Lerninhalte und fehlende didaktische und soziale Kompetenzen der Lehrer und letztlich als Reaktion auf empfundene Zwänge des Elternhauses und/oder der Schule. Gelingt es nicht, diese passiven Verweigerungstendenzen zu stoppen, steigt mit zunehmender Dauer die Wahrscheinlichkeit des Übergangs in die aktive Verweigerungsform – so die Autoren.

Aufgrund der Schüleraussagen ist *aktive* Schulverweigerung dadurch charakterisiert, „dass der jeweilige Schüler in regelmäßigen Intervallen entweder dem gesamten Schulunterricht oder zielgerichtet ganz bestimmten Unterrichtsfächern fernbleibt, in denen Lehrkräfte unterrichten, die der Schüler aus den verschiedensten Gründen generell unsympathisch findet bzw. wegen irgendwelcher Vorfälle oder erlebter Konfliktsituationen nicht leiden kann." (S. 60)

Die befragten Jugendlichen unterschieden jedoch nicht nur zwischen aktiven und passiven Phasen der Schulverweigerung, sondern waren sich zugleich der Entwicklung von passiver zu aktiver Verweigerung bewusst. So sahen die Befragten die passive Verweigerung teils als Vorstufe („wenn man zum Schwänzen noch zu feige ist", S. 59) für aktive Verweigerung an.

Ferner identifizieren die Autoren aus den Äußerungen der Befragten bestimmte Rahmenbedingungen, die insbesondere die Entwicklung von passiven zu aktiven Schulverweigerungsformen fördern. Dazu zählen das Desinteresse des Elternhauses an schulischen Belangen, das Gefühl, von Lehrkräften abgelehnt zu werden, die Gewöhnung bzw. Resistenz gegenüber negativen Sanktionen, geringe Kompetenzerwartungen bzw. Furcht vor Misserfolgserlebnissen sowie das Gefühl, aufgrund von Versäumnissen sowieso keine Chancen mehr zu haben.

Typen von Schulverweigerern

Anhand des Untersuchungsmaterials nahmen Sturzbecher und Dietrich abschließend eine Einordnung der aktiven Schulverweigerer nach Dauer, Häufigkeit und zeitlichem Intervall vor, die allerdings lediglich als Orientierung für die Suche nach individuellen Ursachen dienen kann (S. 60):

1. Der *notorische Schulverweigerer* ist ein Schüler, der großen Widerstand gegen Schule und Lehrer zeigt und die Schule demzufolge nicht mehr besucht. Er klinkt sich völlig aus dem Schulgeschehen aus und hat bereits innerlich mit der schulischen Ausbildung abgeschlossen. Da er oftmals auch resistent gegen Sanktionen jeglicher Art (geworden) ist, genießt er zuweilen den Respekt der Mitschüler, insbesondere von solchen, die ebenfalls Probleme mit der Schule haben, sich aber noch nicht trauen, aktiv zu verweigern.
2. Der *permanente Langzeitschulverweigerer* ist ein Schüler, der wochen- oder monatelang der Schule fernbleibt, gelegentlich jedoch wieder Kontakt zur Schule aufnimmt. Er hat noch nicht endgültig mit der schulischen Ausbildung gebrochen und hält – wenn auch sehr sporadisch – noch sozialen Kontakt zu Lehrkräften und Mitschülern.
3. Der *gelegentliche Langzeitschulverweigerer* verweigert den Schulbesuch in Abhängigkeit von drohenden Konflikten und Belastungssituationen. Er wählt das Fernbleiben für sich als (vermeint-

liche) Lösungsstrategie, um Frust abzubauen und möglichen Auseinandersetzungen aus dem Weg zu gehen.

4. Der *permanente Kurzzeitschulverweigerer* hingegen ist ein Schüler, der ab und an (in bestimmten Abständen oder Intervallen) stunden- oder auch tageweise den Unterricht verweigert. Die Verweigerung steht bei diesem Schüler in engem Zusammenhang mit der eigenen Befindlichkeit (z. B. Lustlosigkeit) oder der Meidung konkreter schulischer Anforderungen (z. B. Leistungskontrolle).

Einflussfaktoren

Neben der Beschreibung möglicher Typen von Schulverweigerung haben Sturzbecher und Dietrich unterschiedliche Einflussbedingungen auf den Verweigerungsprozess untersucht. So stellten sie fest, dass vor allem die gesellschaftlichen Veränderungen das Denken, Fühlen und Verhalten der befragten Schüler beeinflussen. Die Aussagen der Schüler brachten zum Ausdruck, „dass die ‚nachwendigen' Entwicklungen in den Lebensbedingungen, schulische Bedingungen eingeschlossen, von ihnen konfliktbeladen erlebt und verarbeitet w(u)rden." (S. 62)

Ein wichtiger Bereich der Analyse schulischer Bedingungen waren die sozialen Lehrer-Schüler-Beziehungen und der Führungsstil der Lehrkräfte. Bezüglich der sozialen Beziehung zu Lehrkräften äußerten sich die Befragten unterschiedlich: Ein Drittel schätzte die Lehrer-Schüler-Beziehung positiv ein, ein weiteres Drittel empfand sie als konfliktreich, gestört und belastet und wiederum ein Drittel gab diffuse bzw. widersprüchliche Bewertungen ab. Die Autoren entnehmen den Aussagen der Schüler auch, dass erzieherisch-repressive Maßnahmen zur Begegnung von Schulverweigerung wenig zur Lösung des Problems beitragen, sondern – im Gegenteil – kontraproduktiv wirken. Die betroffenen Schülerinnen und Schüler reagierten darauf überwiegend negativ, brachten ihren Unmut zum Ausdruck und verstärkten ihren Widerstand.

Auf den Führungsstil der Lehrkräfte angesprochen sprach ein Teil der Befragten den Lehrkräften sozialpädagogische Kompetenzen schlichtweg ab. Die Befragten kritisierten, dass Lehrer häufig einen nach ihrer Meinung undemokratischen Führungsstil praktizierten. Dieser Führungsstil vereine die Extreme eines Laissez-faire-Stiles einerseits und eines autokratischen Führungsstiles andererseits. Bei dem erstgenannten Stil vermissten die Schüler Regeln und Kompetenz und damit ein Orientierungs- bzw. Idenfikationssystem. Im Zusammenhang mit dem autokratischen Führungsstil wurden eher die Lähmung von Eigeninitiative und der Mangel an selbst bestimmtem Lernen beklagt.

Die Äußerungen der Schülerinnen und Schüler zur Unterrichtsgestaltung verdeutlichten eine weitere Einflussgröße auf den Verweigerungsprozess. Nahezu alle Befragten empfanden den Unterricht als langweilig und sahen pädagogische Mängel in der Unterrichtsführung. Beispielsweise kritisierten sie, dass der Unterricht zu lehrerzentriert stattfinde, keine individuelle Förderung des Einzelnen möglich sei und die Schülermitbestimmung bei der Unterrichtsgestaltung weitgehend auf der Strecke bliebe.

Neben den Einflüssen von Lehrkräften und deren Unterrichtsgestaltung sind es auch die Sozialbeziehungen in der Schulklasse, die bei der Entstehung und Entwicklung von schulverweigernden Verhaltensweisen von Bedeutung sind. Die Mehrheit der Befragten gab an, dass ihr Fernbleiben in der Regel von ihren Klassenkameraden toleriert würde und sie kaum kritischen Äußerungen ausgesetzt waren. Anhand dieser Einschätzungen liegt die Vermutung nahe, dass es den Lehrkräften nicht ausreichend gelingt, die Schulklasse in den pädagogischen Erziehungsprozess einzubinden, positive Gruppennormen zu fördern und somit ein erzieherisch produktives Aufeinandereinwirken zu entwickeln.

In Zusammenhang mit den Einflussfaktoren wurde auch die Bedeutung der Sozialbeziehungen in der Familie in Bezug auf Schulverweigerung untersucht. Alle Befragten gaben an, dass ihre Eltern über ihre Schulversäumnisse informiert gewesen seien. Gleichzeitig sagten sie aus, dass sich durch die Reaktionen der Eltern (Androhung von Strafe, Zuwendungsentzug oder gar die Androhung von Rauswurf) ihre innere Konfliktlage zugespitzt habe. Als hilfreich empfanden sie hingegen ruhige und sachliche Gespräche mit den Eltern, die – wenn diese stattfanden – vor allem eher mit den Müttern geführt wurden. Die befragten Schulverweigerer brachten nahezu einstimmig zum Ausdruck, dass die Reaktionen und Interventionen der Eltern ein Überdenken ihres schulverweigernden Verhaltens bewirkt hätten.

Auf den Einfluss der Peer group angesprochen war ein Drittel der Befragten zu keiner Äußerung bereit. Als Ursache dieser Zurückhaltung sehen die Autoren mögliche Vorbehalte bzw. Misstrauen der Befragten gegenüber den Interviewern. Nach Angaben der übrigen Befragten fühlten sie sich eher Cliquen mit negativen Gruppennormen zugehörig und empfanden vor allem einen starken sozialen Zusammenhalt in diesen Gruppen. Oftmals verhalten sich diese Cliquen sehr schuldistanziert und fungieren als „Auffangbecken“ für den Einzelnen. Aus diesen Aussagen ist abzuleiten, dass der Peer group eine hohe Bedeutung bezüglich Herausbildung und Manifestation von schulverweigernden Tendenzen zukommt.

Der Analyse persönlichkeitsstruktureller Faktoren in Zusammenhang mit schulverweigernden Verhaltensweisen entnehmen die Autoren, dass die befragten Schülerinnen und Schüler einerseits über durchschnittliche geistige Fähigkeiten verfügen, aber andererseits ihre Lernmotivation und Leistungsbereitschaft gering ausgeprägt sind. Die Befragten reflektierten dabei durchaus über ihre schulischen Schwierigkeiten, gaben selbstkritische Einschätzungen ab und erwarteten zugleich Unterstützung bei der Lösung ihrer Probleme.

1.4.2.7 Schulschwänzen in Thüringen

Im Bundesland Thüringen wurde ein auf drei Jahre (1994–1996) angelegtes Landesprogramm „Jugendarbeit an Thüringer Schulen“ vom Ministerium für Soziales und Gesundheit und vom Kultusministerium als Modellprojekt der Thüringer Jugendhilfe initiiert. Hintergrund dafür war die Reflexion über zunehmende schulische Probleme wie „Nullbock-Mentalität“, Lernunlust bis hin zu Schulverweigerungstendenzen vieler Schülerinnen und Schüler in den neuen Bundesländern (Nachwendezeit). Das Programm förderte 44 Schulen (39 Regelschulen, vier berufsbildende Schulen und eine Förderschule für Lernbehinderte), in denen konkrete Jugendhilfeangebote etabliert wurden. Die Projekte wurden jeweils an freie Träger der Jugendhilfe übergeben; pro Projekt arbeiteten zwei sozialpädagogische Fachkräfte an der Schule (mit je 30 Wochenstunden).

Das Landesprogramm „Jugendarbeit an Thüringer Schulen“ wurde wissenschaftlich durch Frau Prof. Dr. Mechthild Seithe[64] von der Fachhochschule Jena begleitet. Die Aufgaben der wissenschaftlichen Begleitung waren umfangreich und beinhalteten neben der Bereitstellung von wissenschaftlichen Ergebnissen, Konzepten und Dokumentationen auch die Beratung der 44 ausgewählten Praxisprojekte. Vordergründig widmete sich die Untersuchung den Institutionen Jugendhilfe und Schule, ihrem Verhältnis zueinander und möglichen Kooperationsformen zwischen Jugendhilfe und Schule. Die Untersuchung war also keine direkte Studie zu Schulverweigerung, enthält

[64] Mechthild Seithe: Abschlußbericht der wissenschaftlichen Begleitung des Landesprogramms „Jugendarbeit an Thüringer Schulen“, Band 1+2, Teil A–D, Erfurt 1998.

jedoch wichtige Ergebnisse und Erfahrungen, die für den Umgang mit Schulmüdigkeit und Schulverweigerung von Bedeutung sind. Von daher beinhalten die Forschungsergebnisse des Landesprogramms „Jugendarbeit an Thüringer Schulen“ auch Fragen, die in Zusammenhang mit Schulschwänzen und Leistungsverweigerung stehen.

Die Untersuchungen wurden überwiegend mithilfe schriftlicher Befragungen durchgeführt. Im Rahmen der wissenschaftlichen Begleitung betrafen die schriftlichen Befragungen alle am Programm Beteiligten: Schüler, Lehrer, Schulleiter, Schulamtsleiter, Jugendamtsleiter, Mitarbeiter der Jugendhilfe sowie Experten.

Im Folgenden konzentrieren wir uns ausschließlich auf die Ergebnisse zu ausgewählten Aspekten und Fragestellungen im Zusammenhang mit Schulverweigerung.

Schülerprobleme aus Sicht der Jugendämter und Schulleitungen

Sowohl Schulleitungen als auch Vertreter von Jugendämtern wurden um eine Einschätzung bestimmter Problemlagen der Schüler gebeten. Ein Vergleich der Angaben zwischen beiden Institutionen ergab erwartungsgemäß nicht nur Gemeinsamkeiten, sondern zeigte zugleich interessante Unterschiede. Zur besseren Ergebnisdarstellung wurden für die genannten Problemlagen entsprechend ihrer Anzahl von Nennungen fünf Häufigkeitsklassen gebildet (Bd. 1, S. 74): Häufigkeitsklasse 1 (fast keine Nennung) bis Häufigkeitsklasse 5 (sehr häufige Nennungen). Abbildung 2 auf S. 87 spiegelt die Einschätzungen der Schülerprobleme durch die Jugendämter und die Schulleitungen wider.
Als gravierendstes Problem der Schülerschaft wurde von beiden Befragungsgruppen das Rauchen genannt. Auf dem nächsten Rang folgten „Verhaltensauffälligkeiten“ einschließlich aggressivem Verhalten von Schülerinnen und Schülern. Alkoholprobleme wurden wesentlich stärker von den Jugendämtern reflektiert. Auch bezüglich der Einschätzung des Problemfeldes „Konflikte zwischen Schülern und Lehrern“ war eine unterschiedliche Problemwahrnehmung gegeben: Während die Jugendämter die Beziehungen zwischen Schülern und Lehrern mit der Häufigkeitsklasse 4 konfliktreicher erlebten, ordneten es die Schulleitungen mit der Häufigkeitsklasse 3 eher in den mittleren Problembereich ein. Im mittleren Bereich mit ca. 30 % der Nennungen wurde vonseiten beider Institutionen auch das Problem des Schulschwänzens eingeordnet. Auch für das Problem der Leistungsverweigerung vergaben die Schulleitungen mit der Häufigkeitsklasse 3 einen Mittelfeldplatz. Etwas verwundert die Ein-

schätzung bezüglich Drogen, Rechtsradikalismus und Ausländerfeindlichkeit: Diese drei Problembereiche wurden sowohl von den Jugendämtern als auch von den Schulleitungen als nicht so stark auftretende Probleme eingestuft.

Abb. 2: Schülerprobleme aus Sicht der Jugendämter und Schulleitungen

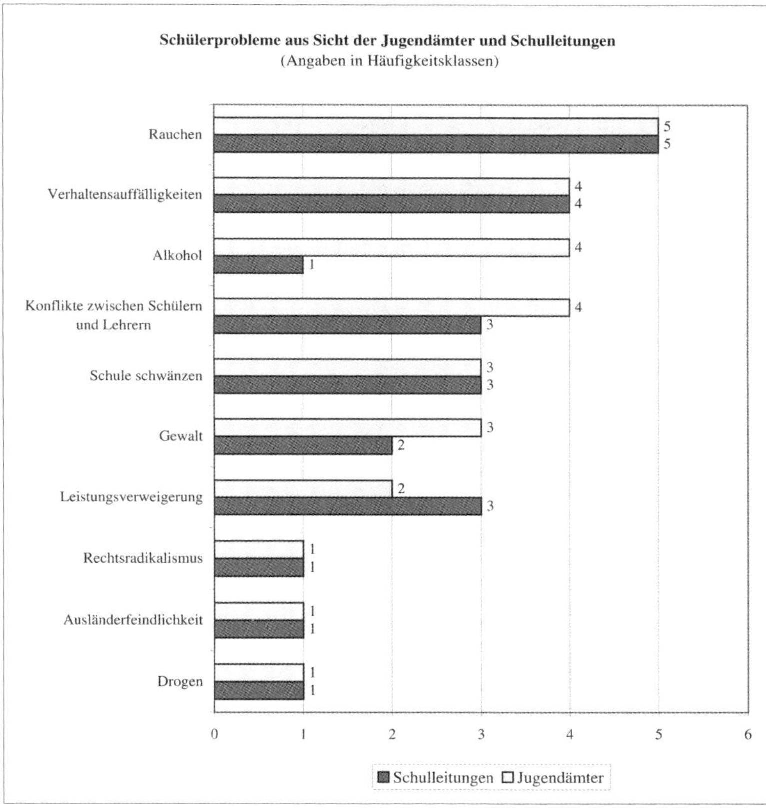

Die Sicht der ProjektmitarbeiterInnen und LehrerInnen

Auch die vor Ort arbeitenden Projektmitarbeiter und Lehrkräfte wurden um die Einschätzung bestimmter Problemlagen ihrer Schülerinnen und Schüler gebeten. Ein Vergleich beider Befragungsgruppen in Tabelle 4 gibt Aufschluss über die zum Teil recht unterschiedliche Einschätzung ausgewählter Problembereiche (Bd. 2, S. 42 und 58).

Tab. 4 Schülerprobleme aus Sicht der ProjektmitarbeiterInnen und LehrerInnen (MFN)

Problemfeld	Projekt-mitarbeiterInnen (in %)	LehrerInnen (in %)
Rauchen	85	74
Langeweile	82	34
Gewalt/Aggression	64	34
Problematisches Elternhaus	62	46
Kritikloser Medienkonsum	59	44
Orientierungslosigkeit	59	32
Perspektivlosigkeit	56	46
Verhaltensauffälligkeiten	54	71
Konflikte zw. Schülern und Lehrern	51	15
Alkohol	46	24
Leistungsverweigerung	44	25
Schuleschwänzen	41	29
Gefährdung schulischer Sozialisation einzelner Schüler	28	22
Kriminalität	28	6
Ausländerfeindlichkeit	23	3
Rechtsradikalismus	18	–
Rauschmittel	7	–
Tabletten	2	–

Analog den Befragungsergebnissen der Jugendämter und der Schulleitungen wurde sowohl von den Projektmitarbeiterinnen und -mitarbeitern als auch von den Lehrkräften das Rauchen als gravierendstes Problem gesehen. Dieses Ergebnis ist ein typisches Ergebnis der Erwachsenenbefragung: Rauchende Schülerinnen und Schüler werten diese Unart in aller Regel nicht als Problem. Ein Blick auf die Problempalette zeigt ferner, dass die Lehrkräfte im Vergleich zu den Projektmitarbeitern Schülerprobleme weniger oft nannten. Die größten Unterschiede in der Einschätzung von Problemlagen der Mädchen und Jungen ihrer Schule lagen in den Bereichen „Langeweile" aufseiten der Schülerinnen und Schüler, „Konflikte zwischen Schülern und Lehrern", „Orientierungslosigkeit", „Gewalt", „Kriminalität“ und „Alkohol“. Interessanterweise schreiben die sozialpädagogischen Fachkräfte diesen Problembereichen deutlich mehr Bedeutung zu als die Lehrkräfte. Es ist augenfällig, dass die Lehrerinnen und Lehrer zwar stärker Verhaltensauffälligkeiten von Schülern (71 % vs. 54 %) wahrnahmen, Probleme im Zusammenhang mit Schulschwänzen, Konflikte zwischen Schülern und Lehrern sowie Leistungsverweigerung jedoch als wesentlich weniger existent einschätzten als die Projektmitarbeiter.

Bei der Betrachtung der Ergebnisse aller vier Untersuchungsgruppen sind trotz gewisser Unterschiede ähnliche Sichtweisen auf die Probleme von Schülern und ihrem Umfeld zu erkennen. So standen weniger die presse- und öffentlichkeitswirksamen Themen wie Gewalt, Drogen und Ausländerfeindlichkeit als massive Probleme im Vordergrund; vielmehr wurden die ersten Rangplätze für Rauchen, Verhaltensauffälligkeiten und Langeweile vergeben. Leider ist das Problemfeld „Verhaltensauffälligkeiten“ der Schüler nicht weiter differenziert, sodass kein weiterer Aufschluss über Art und Weise sowie Ausmaß von Verhaltensauffälligkeiten möglich ist.

Der Problemkreis, der sich direkt mit Schule befasst (Schulschwänzen, Konflikte zwischen Schülern und Lehrern und Leistungsverweigerung) wurde von keiner befragten Gruppe mit der höchsten Priorität bedacht und von allen Gruppen eher im Mittelfeld der Problempalette eingeordnet.

Insgesamt ist festzustellen, dass Projektmitarbeiterinnen und –mitarbeiter sowie Vertreterinnen und Vertreter der Jugendämter im Vergleich zu Schulleitungen und Lehrkräften Probleme von Schülern häufiger benannten und die Schülerschaft insgesamt problematischer einschätzten. Interessant ist ferner, dass insbesondere Schule – mit den Untersuchungsgruppen Schulleitungen und Lehrkräfte vertreten – dazu neigt, innerschulische Problemfelder weniger kritisch zu reflektieren. Eine mögliche Erklärung dafür ist, dass die Vertreter der Jugendhilfe (in dieser Untersuchung durch die Jugendämter und die Projektmitarbeiter vertreten) in der Regel stärker mit „auffälligen“ Schülerinnen und Schülern zu tun haben und daher ihre Problemsicht spezifischer ausgeprägt ist.

Bedeutung von Schulsozialarbeit

Wie bereits eingangs erwähnt zielte die Studie vorrangig auf die Untersuchung der Institutionen Jugendhilfe und Schule und deren Kooperationsformen. In diesem Rahmen wurden am Ende der Laufzeit des Modellprogramms Jugendamts- und Schulamtsleiterinnen und -leiter nach positiven Veränderungen in der Schule bzw. der

Wirksamkeit von Schulsozialarbeit befragt. Insgesamt schätzte die große Mehrheit der Befragten die Jugendarbeit in der Schule und die damit verbundenen Kooperationsformen zwischen den Institutionen Schule und Jugendhilfe als erfolgreich und wirksam ein. Nach ihren Aussagen wurden die größten positiven Veränderungen im Bereich der Freizeitangebote verzeichnet: Alle Schulamts- (100 %) und immerhin noch 82 % der Jugendamtsleiterinnen und -leiter bilanzierten eine Verbesserung der Freizeitangebote an den Schulen. Knapp die Hälfte der Schulamtsleiter und ein knappes Drittel der Jugendamtsleiter bestätigten, dass es durch die jugendhilfespezifischen Angebote an den Schulen gelungen sei, Schulprobleme wie Gewalt, Nullbock-Stimmung oder Tendenzen zu Schulverweigerung einzudämmen. Darüber hinaus gaben 75 % der Schulamts- und 59 % der Jugendamtsleiterinnen und -leiter an, dass durch die Projektarbeit vor Ort verhaltensgestörten und problembelasteten Kindern und Jugendlichen schneller und unkomplizierter geholfen werden konnte. Zugleich wurde von drei Vierteln der Schulamts- und reichlich der Hälfte der Jugendamtsleiterinnen und -leitern eine Verbesserung des Schulklimas festgestellt. Ferner haben knapp zwei Drittel der Schulamtsleiterinnen und -leiter eine Verbesserung der Lern- und Lebenschancen für sozial Benachteiligte konstatiert. Ein Viertel der befragten Schulamtsleiterinnen und -leiter war zudem von einer Verbesserung der Lernbereitschaft der Schülerinnen und Schüler überzeugt.

Ein Fazit der wissenschaftlichen Begleitung des Landesprogramms ist, dass es durch die Jugendarbeit in den Schulen gelungen ist, die Schule für die Schüler und Schülerinnen attraktiver zu machen. Nach Aussagen der Schüler selbst hat sich die Lebensweltqualität ihrer Schule verbessert (Bd. 1, S. 210): so gaben sie an, dass sie sich in ihrer Schule seit der Etablierung des Jugendhilfeangebotes wohler fühlten. Durch den zusätzlichen Einsatz pädagogischer Fachkräfte in der Schule habe sich vor allem die Freizeitsituation der Schüler verbessert, und es sei möglich geworden, sozial benachteiligte und psychisch belastete Mädchen und Jungen stärker als bisher zu unterstützen und einzubinden. Aus den Befragungsergebnissen der Schüler, Lehrer, Schulleiter und Mitarbeiter der Jugendhilfe lässt sich ebenfalls ableiten, dass vor allem das Schulklima (gemeint ist hier u.a. Abnahme von Gewalt, Öffnung der Schule nach „außen", mehr Kommunikationsmöglichkeiten innerhalb der Schule, Verschönerung von Räumen und Gebäuden) an Qualität gewonnen hat. Nach Aussagen der Pädagoginnen und Pädagogen hat dies positiv auf die Entwicklung des Lernklimas, der Lehrmethoden sowie der Lernbereitschaft der Schülerinnen und Schüler gewirkt.

Auch wenn die Einschätzung der einzelnen Befragungsgruppen in manchen Bereichen durchaus unterschiedlich ausfällt, zeigen die Ergebnisse dieser Studie doch insgesamt, dass Jugendarbeit an Schulen eine äußerst wichtige Funktion zukommt. Die von ihr zur Verfügung gestellten Ressourcen (Ansätze, Methoden, Personal) tragen wesentlich dazu bei, schulische Faktoren positiv zu beeinflussen. Sie dienen damit gleichzeitig der Verhinderung von Schulunlust und Schulverweigerungstendenzen. Zur Unterstützung der Schülerinnen und Schüler insbesondere der problembelasteten und benachteiligten Mädchen und Jungen, sowie zur frühzeitigen Begegnung von schulverweigernden Verhaltensweisen sollte Schulsozialarbeit bundesweit an jeder Schule angesiedelt sein.

1.4.2.8 Schulschwänzen in Sachsen-Anhalt

Im Februar 1998 wurde in Sachsen-Anhalt ein Runderlass des Kultusministeriums und des Ministeriums für Arbeit, Soziales und Gesundheit zur „Zusammenarbeit von Schule – Jugendhilfe – Schulsozialarbeit in Schulen Sachsen-Anhalts“ erlassen. Dieser Erlass diente als Basis für die Förderung und Durchführung von Projekten zur Zusammenarbeit von Schule und Jugendhilfe (Schulsozialarbeit) in den Schulen Sachsen-Anhalts. Seitdem gibt es in Sachsen-Anhalt eine landesweite Förderung von Projekten der Schulsozialarbeit, die von Jugendhilfeträgern in enger Zusammenarbeit mit den Schulen entwickelt und umgesetzt werden. Inzwischen wurden 63 Projekte der Schulsozialarbeit mit insgesamt 70 Sozialarbeitern gefördert, das Landesprogramm läuft zunächst bis Ende 2002 (S. 5). Die wissenschaftliche Begleitung dieses Programms wurde von Olk/Bathke/Speck[65] von der Martin-Luther-Universität Halle-Wittenberg übernommen und ist auf eine Laufzeit von vier Jahren angelegt.

Die wissenschaftliche Begleitung des Landesmodellprogramms durch das Forscherteam konzentriert sich vorrangig auf die Kooperation von Jugendhilfe und Schule und die Wirkungsweise von Schulsozialarbeit, widmet sich aber im Rahmen von problematischen Verhaltensweisen von Schülerinnen und Schülern auch der Problematik des Schulschwänzens.

---

[65] Olk, Thomas/Bathke, Gustav-Wilhelm/Speck, Karsten: 2. Zwischenbericht zur wissenschaftlichen Begleitforschung „Schulsozialarbeit in Sachsen-Anhalt“. Zusammenarbeit von Schule-Jugendhilfe – Schulsozialarbeit in Schulen Sachsen-Anhalts, Halle 2000.

Als Untersuchungsmethoden wurden Leitfadeninterviews in Face-to-face-Erhebungssituationen und standardisierte, schriftliche Befragungen durchgeführt. Alle am Modellprogramm beteiligten Akteure wurden in die Untersuchungen einbezogen und zum Teil in mehreren Untersuchungsetappen befragt. Zu den Untersuchungsgruppen zählten Schulleiter, Lehrer, Schulsozialarbeiter, Schüler, Projektträger und Eltern. Die folgenden Ausführungen konzentrieren sich jedoch ausschließlich auf Befragungsergebnisse der Schülerpopulation, die sich mit schulischen Problemen bzw. schulverweigernden Verhaltensweisen befassen.

In der Studie wurde die Untersuchungsgruppe der Schülerschaft in zwei Teilpopulationen gesplittet: in eine jüngere und in eine ältere Schülergruppe. In der jüngeren Gruppe wurden insgesamt 1.443 Mädchen und Jungen der Klassenstufen 3 bis 6 von Grund-, Sekundar- und Gesamtschulen befragt. Schüler von Lernbehindertenschulen wurden zusätzlich bis zur Klassenstufe 7 erfasst. In der älteren Gruppe wurden 2.207 Schüler der Klassenstufen 7 bis 11 von Sekundar-, Gesamtschulen und Gymnasien bzw. Schüler von Berufsschulen befragt.

In beiden Schülergruppen ist das Geschlechterverhältnis gleich: 46 % Mädchen bzw. junge Frauen und 54 % Jungen bzw. junge Männer.

Beide Schülergruppen bekamen unterschiedliche Fragebogen vorgelegt, die in erster Linie dem Entwicklungsstand der Schüler Rechnung tragen sollten. Durch diese altersgerechte Ausarbeitung der Fragebogen wird jedoch ein direkter Vergleich beider Teilgruppen erschwert. Konkret bedeutet das für die hier dargestellten Items, dass vor allem die für die Beantwortung der Fragen vorgegebenen Antwortmodelle nicht identisch waren. Im Folgenden können daher nur Tendenzen aus den Befragungen abgeleitet werden.

Die Befragung jüngerer Schüler

Im Hinblick auf schulische Probleme wurden die Schülerinnen und Schüler nach ihrem bisherigen Schulbesuchsverhalten befragt. Auf die Frage, ob sie schon mal die Schule geschwänzt hätten, gaben 5 % der befragten Schüler an, bereits öfter geschwänzt zu haben. 7 % sprachen von einem einmaligen Schwänzen. Die große Mehrheit von 88 % gab dagegen an, die Schule noch nie geschwänzt zu haben. Der Blick auf die Geschlechtsspezifik weist aus, dass bei den Jungen das häufigere Schwänzen mit 7 % stärker ausgeprägt ist als bei den Mädchen mit einem Anteil von 2 %.

Neben der geschlechtsspezifischen Betrachtung wurden Zusammenhänge für Schultyp und Klassenstufe geprüft. Bezüglich der Klassenstufen 3 bis 6 zeigte sich, dass mit steigender Klassenstufe auch der Anteil derjenigen Schülerinnen und Schüler steigt, die schon Schule geschwänzt haben, bzw. sich der Anteil derjenigen verringert, die noch nie Schule geschwänzt haben. Dieses Ergebnis deckt sich weitestgehend mit Daten aus anderen Untersuchungen zu Schulschwänzen und Schulverweigerung: In der Regel nimmt der Anteil an schulverweigernden Verhaltensweisen mit steigendem Alter zu, insbesondere beim Übergang von der Grundschule in eine weiterführende Schule.

Bei der Analyse der Schultypen (nur vergleichbare Klassenstufen möglich) lassen sich Unterschiede zwischen Grundschülern und Lernbehindertenschülern der 3. und 4. Klassenstufe feststellen: Mädchen und Jungen der Lernbehindertenschulen gaben häufiger als gleichaltrige Grundschüler an, die Schule zu schwänzen. Der Vergleich der Klassenstufen 5 und 6 in unterschiedlichen Schultypen führt zum selben Ergebnis: Im Vergleich zu Sekundar- und Gesamtschülern gaben Lernbehindertenschüler häufiger an, der Schule unentschuldigt fernzubleiben.

Auf die Frage, ob sie gern in die Schule gehen, stimmte ein reichliches Drittel vorbehaltlos mit „ja immer" zu, weitere 58 % antworteten mit „naja, nicht immer". Allerdings gaben auch 7 % der befragten Schüler an, nur ungern zur Schule zu gehen. Bezüglich der Einschätzung der Schulfreude gab es nur wenig geschlechtsspezifische Unterschiede: Sowohl ein Drittel der Mädchen als auch ein Drittel der Jungen hat am Schulbesuch Freude. Im Vergleich zu ihren Mitschülerinnen zeigten die Jungen etwas weniger Freude beim Schulbesuch: In der Antwortkategorie 3 „nein, fast nie" haben die Jungen einen Anteil von 10 %, die Mädchen nur einen Anteil von 4 %.

Die Befragung älterer Schüler

Ein Blick auf die Daten der älteren Schülerschaft zeigt, dass sich die oben erwähnte Tendenz der häufigeren Verweigerungshaltungen mit steigendem Alter auch in dieser Gruppe fortsetzt. Von den älteren Schülern sagten 2 %, dass sie die Schule ständig bzw. „fast immer" schwänzen. Ein knappes Fünftel (19 %) gab an, „öfter" zu schwänzen, ein weiteres Fünftel (21 %) sprach von „einmaligem" Schwänzen. Vor allem die Gruppe derjenigen, die noch nie Schule geschwänzt haben, reduziert sich stark: 60 % der befragten Schüler verneinen ein unentschuldigtes Fernbleiben von der Schule (im Vergleich: die jüngere Gruppe mit 88 %).

Eine Differenzierung nach Geschlecht, Klassenstufe und Schultyp ist an dieser Stelle nicht möglich, da keine Einzelanalyse für dieses Item erfolgte. Stattdessen wurden über verschiedene Items (bspw. Alkohol trinken, Lehrer belügen, klauen, prügeln usw.) Summenscores gebildet mit dem Ziel, die Schülerinnen und Schüler auf soziale Auffälligkeiten hin zu untersuchen (S. 92). Im Ergebnis dieser Prüfung schätzten die Autoren je ein Viertel der Schüler als „gering auffällig" bzw. als „hoch auffällig" ein. In Bezug auf das Geschlecht zeigt sich, dass sich die Jungen durch eine höhere, soziale Auffälligkeit auszeichnen. Ferner nimmt die soziale Auffälligkeit von der 7. bis zur 9. Klasse zu. Mit Blick auf den Schultyp sind Berufsschüler sozial auffälliger als Schüler von Sekundar-, Gesamtschule oder Gymnasium.

Auch die ältere Schülergruppe wurde um Einschätzung ihrer Schulfreude gebeten. Ein reichliches Drittel (37 %) gab an, „gern" zur Schule zu gehen (davon 3 % „sehr gern"). Knappe zwei Drittel (63 %) zeigten eher getrübte Freude am Schulbesuch: So gaben 46 % der Befragten an, die Schule „ungern" zu besuchen und immerhin 17 % „sehr ungern". Ebenso wie in der jüngeren Schülergruppe gaben die Jungen im Vergleich zu den Mädchen eine negativere Einschätzung hinsichtlich ihrer Schulfreude ab.

Insgesamt ist den Befragungsergebnissen beider Schülergruppen zu entnehmen, dass es einen nicht unbedeutenden Teil an Schülerinnen und Schülern gibt, der Probleme mit Schule hat, nicht gern in die Schule geht und/oder auch schon Schulverweigerungstendenzen erkennen lässt. Innerhalb dieser mit Schulproblemen behafteten Gruppe sind die Jungen stärker vertreten als die Mädchen. Bei der Betrachtung aller bisher aufgeführten Ergebnisse wird eine Tendenz sichtbar, wonach mit zunehmendem Alter sich auch die Probleme mit Schule mehren.

1.4.2.9 Schulverweigerungstendenzen bei Teilnehmern des „Freiwilligen Sozialen Trainingsjahrs"

Das Freiwillige Soziale Trainingsjahr (FSTJ) ist ein Teil des Programms „Entwicklung und Chancen junger Menschen in sozialen Brennpunkten" (E&C) des BMFSFJ, das vor allem Problemlagen und Entwicklungen von Kindern und Jugendlichen unter sozialräumlichen Aspekten in den Mittelpunkt rückt.

Aufgabe dieses Modellprogramms ist es, „neue Förderangebote zu entwickeln, in denen besonders benachteiligten Jugendlichen auf der Basis von Freiwilligkeit soziale und berufliche Schlüsselqualifikationen vermittelt werden sollen".[66] Es gibt zurzeit bundesweit 42 FSTJ-Standorte, an denen so genannte lokale Qualifizierungsbüros arbeiten. In einem maximal zwölf Monate dauernden Trainingsjahr soll es den Mitarbeitern dieser Büros gelingen, mit dem Teilnehmer gemeinsam adäquate Qualifizierungsstrategien und ein maßgeschneidertes Angebot für den Jugendlichen zu entwickeln. Durch die Verknüpfung von sozialpädagogischer Betreuung, verschiedenen Qualifizierungsbausteinen und praktischen Einsätzen wird der Teilnehmer auf eine weitere schulische bzw. berufliche Ausbildung oder für eine längerfristige Tätigkeit auf dem ersten Arbeitsmarkt vorbereitet.

Durch das Freiwillige Soziale Trainingsjahr wird eine Zielgruppe mit unterschiedlichsten Problemlagen und Benachteiligungskonstellationen angesprochen. Neben individuellen Benachteiligungen (z.B. Leistungsprobleme, Schwierigkeiten beim Lernen, Konzentrationsprobleme, Verhaltensauffälligkeiten u.a.) zählen auch so genannte zugeschriebene Benachteiligungen (z.B. Geschlecht, Nationalität und Region).

Die wissenschaftliche Begleitung des Programms durch das Deutsche Jugendinstitut zielt einerseits auf die Analyse der Realisierung von Konzeptionen zur Identifizierung erfolgreicher Ansätze, andererseits rückt sie die angesprochene Zielgruppe in das Zentrum der Beschreibung von Bildungsbiografien, berufsbezogenen Orientierungen, individuellen Ressourcen und familiären Bedingungen.

Zur Analyse der Zielgruppe erfasst ein Teil der Untersuchungen den schulischen Bereich. Um Erkenntnisse über die Zielgruppe zu gewinnen, wurden die Teilnehmer in einem Fragebogen retrospektiv nach Erfahrungen und Erinnerungen, die sie mit ihrer Schulzeit verbinden, gefragt. Wenn man bedenkt, dass in diesem Programm nur Jugendliche mit den verschiedensten Benachteiligungen Aufnahme finden, so ist zu vermuten, dass ein nicht unwesentlicher Teil dieser Gruppe bereits Probleme und Schwierigkeiten während der Schulzeit hatte.

Die vorgestellten Studien in diesem Buch behandeln ganz unterschiedliche Untersuchungsgruppen innerhalb der Schülerschaft: Neben der Gruppe der klassischen aktiven Schulverweigerer (diese Gruppe meint die bereits aus dem schulischen System herausgefallenen Kinder und Jugendlichen) gibt es Untersuchungen, die sich auf eine so genannte normale Schülerpopulation stützen (gemeint sind hier vor allem Befragungen im Klassenverband/von Schulklassen).

[66] Förster, H./Kuhnke, R./Mittag, H./Reißig, B.: Das Freiwillige Soziale Trainingsjahr – Ergebnisse der Ausgangsanalysen. Arbeitspapier 2001, DJI München, S. 6.

Mit dem FSTJ kommt eine neue Untersuchungsgruppe hinzu: benachteiligte Jugendliche, die ihre Schulzeit (in der Regel) hinter sich haben und denen es bisher nicht oder nur lückenhaft gelungen ist, sich in den Ausbildungs- oder Arbeitsmarkt zu integrieren. Aus wissenschaftlicher Sicht ist es interessant, die bisherigen schulischen Erfahrungen dieser Gruppe zu analysieren. Aus den Aussagen der Programmteilnehmer kann nämlich möglicherweise abgeleitet werden, wo Probleme schulischer Entwicklungen liegen, und es können Vergleiche zur Untersuchungsgruppe der aktiven Schulverweigerer gezogen werden.

Im Modellprogramm FSTJ haben die männlichen Teilnehmer mit einem Anteil von knapp zwei Dritteln (65 %) deutlich die Mehrheit. Das Verhältnis von zwei Drittel Jungen/Männer und einem Drittel Mädchen/Frauen (35 %) ist in etwa mit der Verteilung in der unter Kapitel 3 beschriebenen Schulverweigererbefragung vergleichbar. Beim Altersvergleich hingegen zeigen sich deutliche Unterschiede: Während bei der Befragung der aktiven Schulverweigerer der Anteil von 14-bis 16-Jährigen zum Befragungszeitpunkt am höchsten ist (74 %), dominiert im FSTJ die Altersgruppe der 17- bis 19-Jährigen mit 57 % (nur 12 % sind jünger als 17 Jahre). Bei den folgenden Ausführungen muss daher stets berücksichtigt werden, dass die Erfahrungen mit Schule für die Mehrheit der Befragten schon länger zurückliegt.

Die Analyse der Erfahrungen der Programmteilnehmer erfolgte mithilfe einer quantitativen Längsschnittuntersuchung. Mit einem standardisierten Fragebogen wurden konkrete Lebenssituationen, Befindlichkeiten und Bedürfnisse der Jugendlichen erfasst.

Im Zeitraum von Mai 2000 bis November 2001 bekamen alle Teilnehmerinnen und Teilnehmer jeweils zum Zeitpunkt ihres Projekteintritts einen so genannten Anamnesebogen (schriftlicher Fragebogen) zum Ausfüllen vorgelegt. 861 Jugendliche, die bis dahin im Modellprogramm FSTJ Aufnahme fanden, beantworteten diesen Fragebogen.

Die zum Teil sehr umfangreichen Analysen der Erhebung können hier nicht dargestellt werden; die folgenden Ausführungen beziehen sich daher ausschließlich auf Fragenkomplexe, die mit Schule in Zusammenhang stehen.

Ein erster Fragenkomplex widmete sich den positiven und negativen Erfahrungen und Erinnerungen der zurückliegenden Schulzeit. Fragt man die Teilnehmer des FSTJ danach, was ihnen bei der Erinnerung an die Schulzeit Positives einfällt, werden Freunde/Freundinnen, Spaß bei Klassenfesten und -fahrten und ein gutes Klassenklima besonders häufig genannt, aber auch positive Erinnerungen an

Lehrerinnen und Lehrer, Unterrichtsfächer oder Unterricht allgemein. Als negative Erfahrungen sind einzelne Schulfächer oder Lehrkräfte, Unterrichtsgestaltung, schulische Anforderungen, Mitschüler oder bestimmte Ereignisse gespeichert.

Von den 861 FSTJ-Teilnehmern gaben 630 Jugendliche an, die Schule geschwänzt zu haben (einzelne Stunden, mehrere Tage, ständig). Diese Gruppe haben wir näher untersucht, einerseits mit dem Ziel, Hinweise auf schulische Problemlagen und deren Hintergründe zu bekommen und andererseits, um bei ähnlichen inhaltlichen Fragestellungen einen Vergleich zu den aktiven Schulverweigerern (aus der quantitativen Studie, vergleiche Kapitel 3 dieses Buches) ziehen zu können. Die folgenden Aussagen beziehen sich daher ausschließlich auf FSTJ-Teilnehmer, die bereits während ihrer Schulzeit Fehlstunden bzw. Fehltage hatten.

Um Aufschluss über den schulischen Verlauf zu bekommen, bekamen die Teilnehmerinnen und Teilnehmer eine Reihe von Aussagen bezüglich der letzten Schuljahre vorgelegt, die sie für sie als zutreffend oder nicht zutreffend einschätzen sollten.

Tab. 5 Aussagen über die letzten Schuljahre

	Trifft voll-kommen zu (in %)	Trifft eher zu (in %)	Gesamt (in %)
Mit Jungen gut verstanden	55	32	85
Mit Mädchen gut verstanden	40	39	79
Klassenkameraden waren gemein	9	9	18
War Außenseiter in der Klasse	7	9	16
Leistungsschwierigkeiten	20	35	55
Eltern machten Druck wegen Leistungen	24	29	53
Ärger wegen meines Verhaltens	31	28	59
Von Lehrern ungerecht behandelt	26	25	51
Froh, nicht mehr zur Schule zu müssen	49	24	73
Öfter mal Schule geschwänzt	55	35	90

Der Tabelle ist zu entnehmen, dass sich die überwiegende Mehrheit der Befragten gut mit ihren Mitschülern verstand. Allerdings gibt mehr als die Hälfte der Befragten an, in oder wegen der Schule

Schwierigkeiten gehabt zu haben: Dass sie während der Schulzeit öfter Ärger wegen ihres Verhaltens hatten, bejahten 59 % der FSTJ-Teilnehmer. 55 % gaben an, oft Schwierigkeiten wegen ihrer schlechten schulischen Leistungen gehabt zu haben. Ein Blick auf die Noten im letzten Zeugnis bestätigt dies: Im Unterrichtsfach Deutsch haben ein Drittel die Note Vier (33 %), jeder Vierte sogar eine Fünf oder Sechs (25 %). Im Fach Mathematik fallen die Leistungen noch problematischer aus. 31 % der befragten Jugendlichen haben die Note Vier und gut ein Drittel (34 %) die Note Fünf oder Sechs. Über die Hälfte der Jugendlichen bekam Druck von den Eltern wegen ihrer Schulleistungen. Ebenfalls gut jeder Zweite fühlte sich auch von den Lehrkräften ungerecht behandelt. Immerhin noch ein knappes Fünftel (18 %) war der Meinung, dass ihre Klassenkameraden richtig gemein zu ihnen waren. Weitere 16 % gaben an, sich während der Schulzeit mehr oder weniger als Außenseiter in der Klasse gefühlt zu haben.

Insgesamt lassen die Einschätzungen der zurückliegenden Schulzeit den Schluss zu, dass bei einem großen Teil der Jugendlichen bereits die Schulzeit problematisch verlaufen ist. Es verwundert daher nicht, dass knapp drei Viertel (73 %) die Beendigung ihrer regulären Schulzeit als Erleichterung empfanden. 90 % hatten bereits vorzeitig – das heißt während der Schulzeit – versucht, sich Erleichterung zu verschaffen und sich schulischen Problemen zu entziehen, indem sie öfter mal die Schule geschwänzt haben.

Auf die Frage, wie sie mit dem Schwänzen begonnen hatten, gaben 62 % der Befragten an, zunächst einzelne Stunden gefehlt zu haben. Dies ist sehr häufig ein Einstieg in eine „Schwänzerkarriere“. Es ist zu vermuten, dass diese Form der Verweigerung vor allem bestimmten Lehrern und/oder Unterrichtsfächern galt oder aber so genannte Eckstunden (erste oder letzte Unterrichtsstunde) „abgehängt“ wurden. Das tageweise Schwänzen fällt etwas geringer aus: Die Hälfte der FSTJ-Teilnehmer (53 %) gab an, in ihrer Schulzeit jeweils tageweise geschwänzt zu haben. Für diese Gruppe scheinen die Gründe für das Schwänzen schon massiver zu sein. Tageweises Fehlen heißt allerdings auch, dass sie zwischendurch die Schule wieder aufsuchten. 16 % wählten den Totalausstieg, das heißt, sie sind überhaupt nicht mehr zur Schule gegangen. Anzunehmen ist, dass gravierende Ereignisse bzw. massive Gründe vorgelegen haben müssen, die den Gang zur Schule stark negativ beeinflussten.

Auch in der DJI-Untersuchung der aktiven Schulverweigerer (vgl. Kapitel 3)[67] wurden die Jugendlichen befragt, wie das Schulschwänzen bei ihnen angefangen hatte. Ein Vergleich beider Gruppen weist einen Unterschied zu Beginn des Schwänzverhaltens aus: Während bei den FSTJ-Teilnehmern das stundenweise Fehlen als Verweigerungsform (zumindest am Anfang) praktiziert wurde, war es bei den Schulverweigerern das tageweise Fernbleiben von Schule und Unterricht. Es ist zu vermuten, dass ein Großteil der aktiven Schulverweigerer bereits einen längeren Entwicklungsprozess des Verweigerungsverhaltens (Entwicklung von passiven zu aktiven Verweigerungsformen) vollzogen hatte und dementsprechend zu konsequenteren/intensiveren Reaktionen neigte.

In diesem Zusammenhang könnte auch ein Blick auf das Alter zu Beginn des Schwänzens weiteren Aufschluss geben.

Tab. 6 Alter zu Beginn des Schwänzens

Alter	FSTJ-Teilnehmer in %	Schulverweigerer in %
Unter 9 Jahren	2	3
9–11 Jahre	12	12
12–14 Jahre	50	61
Über 14 Jahre	36	24

Eine Gegenüberstellung des Einstiegsalters der FSTJ-Teilnehmer beim Schwänzen mit dem der vergleichbaren Befragungsgruppe der aktiven Schulverweigerer zeigt, dass die Unterschiede mit zunehmendem Alter steigen: Die Gruppe der (späteren) aktiven Schulverweigerer beginnt das Schulschwänzen in der Tendenz früher als die befragten Jugendlichen im FSTJ. Das Ergebnis ist nicht unerwartet, sind doch die Schulverweigerer diejenigen, die nahezu alle auf eine mehr oder weniger lange Verweigererkarriere zurückblicken. Auch hier liegt die Vermutung nahe, dass sich bei ihnen die Probleme mit Schule bereits frühzeitiger entwickelt bzw. manifestiert haben und entsprechend auch die Verweigerungstendenzen etwas eher und intensiver zu beobachten waren.

Zu Beginn des Schwänzens war neben der Verweigerungsart von Interesse, ob die Jugendlichen eher allein oder eher in der Gruppe

---

[67] DJI-Untersuchung: Bundesweite Befragung von 346 aktiven Schulverweigerern im Zeitraum von Mai bis Juli 2000. Befragungsinstrument war ein standardisierter Fragebogen.

geschwänzt hatten. Die dominierende Form des Schwänzens ist bei den FSTJ-Teilnehmern das gemeinsame Schulschwänzen mit Schulkameraden (60 %). 40 % der FSTJ-Teilnehmer gaben an, den Unterricht meist alleine geschwänzt zu haben. Dieses Ergebnis ist direkt mit der Gruppe der aktiven Schulverweigerer vergleichbar: Auch hier überwiegt das gemeinsame Schwänzen mit anderen (55 % „gemeinsam" vs. 45 % „allein") deutlich.

Nachdem die befragten FSTJ-Teilnehmer über die Art und Weise ihres Schwänzens und ihr Alter Auskunft gegeben hatten, sollten sie nun die Gründe für ihr Schwänzen von Schule und Unterricht benennen.

Tab. 7 Gründe für das Schulschwänzen

Gründe für das Schulschwänzen	FSTJ-Teilnehmer (in %)	Schulverweigerer (in %)
Lehrer	36	59
Mitschüler	16	30
Fächer	30	31
Deutsche Sprachkenntnisse	6	4
Keine Lust auf Schule	68	–*
Freunde treffen	51	37
Um Familie kümmern	7	4
Andere	13	31

(* Wurde in der Kategorie „anderes" erfasst)

Mehr als zwei Drittel (68 %) der FSTJ-Teilnehmer gaben als Verweigerungsgrund an, sie hätten einfach keine Lust mehr auf Schule gehabt. Bei der Gruppe der aktiven Schulverweigerer hingegen war dieser Grund nicht explizit vorgegeben, sodass entsprechende Äußerungen unter den offenen Antwortvorgaben der Kategorie „anderes" zugeordnet wurden. Insgesamt verdeutlichen die Angaben der Gründe für das Schulschwänzen, dass der Schwerpunkt der Ursachen in der Schule selbst liegt. Besonders häufig wurden Schwierigkeiten mit den Lehrern (36 %) oder Probleme in bestimmten Unterrichtsfächern (30 %) als Beginngrund für das Schwänzen genannt. Dieses Ergebnis bestätigt die Befragungsergebnisse der aktiven Schulverweigerer: Auch diese Gruppe blieb dem Unterricht fern, weil sie mit den Lehrern nicht zurechtkam (59 %) oder zum Teil massive Leistungsprobleme (31 %) hatte. Für die Abwesenheit von Schule ist ferner der Freundeskreis bzw. die Peer group als Einflussfaktor bedeutsam: Über die Hälfte der FSTJ-Teilnehmer gab als Verweigerungsgrund an, sich mit Freunden treffen zu wollen. Dieses Ergebnis trifft insbesondere für Jugendliche in der Pubertät zu: In dieser Phase spielen Freunde bzw. Freundinnen eine noch gewichtigere Rolle als sonst. Erstaunlich gering hingegen fällt der Anteil an Gründen im familiären Bereich aus. Lediglich in 7 % der Fälle im FSTJ und nur in 4 % der Fälle in der Schulverweigererbefragung wurde die Familie als Ursache für das Schulschwänzen angegeben. Diese Befunde stehen deutlich in Widerspruch zu Aussagen von Lehrern und Sozialpädagogen (vgl. Kapitel 3). Die Übernahme einer so genannten Schutzfunktion für die Familie (durch den Jugendlichen) könnte eine mögliche Erklärung für diese unterschiedliche Einschätzung sein. Es ist auch denkbar, dass die befragten Jugendlichen (sowohl FSTJ-Teilnehmer als auch aktive Schulverweigerer) die Familie nicht als primäre Ursache ihrer Verweigerungshaltung wahrnehmen, obwohl sie nach aller Erfahrung in der Regel einen deutlichen Anteil daran hat.

Schulische Probleme spiegeln sich auch bei der Betrachtung von Klassenstufenwiederholungen wider. Die hohe Zahl an Klassenwiederholungen macht augenfällig, das der überwiegende Teil der Befragten in ihrer Schulbiografie nicht sehr erfolgreich war, was die geforderten Schulleistungen anbelangt. Die Frage, ob sie während ihrer Schulzeit eine Klassenstufe wiederholen mussten, bejahten 70 % der FSTJ-Jugendlichen, darunter gab sogar ein reichliches Fünftel (22 %) an, mehrmals eine Klasse wiederholt zu haben. Erwartungsgemäß wird dieser hohe Prozentsatz von den aktiven Schulverweigerern noch übertroffen: Von ihnen mussten 79 % (davon 38 % mehrmals) ein zusätzliches Schuljahr absolvieren.

Erstaunlich ist, dass 44 % der befragten Jugendlichen im FSTJ davon ausgingen, dass ihre Eltern die meiste Zeit nichts von ihrem Schulschwänzen gewusst hätten. Bei den aktiven Schulverweigerern waren es 24 %, weitere 23 % waren sich diesbezüglich nicht sicher. Da es in Deutschland eine gesetzlich geregelte Schulpflicht gibt, ist die Schule verpflichtet, bei Nichtvorliegen einer Entschuldigung die Eltern über Fehlzeiten ihrer Kinder zu informieren. Anhand der Aussagen der befragten Jugendlichen in Bezug auf die Reaktionen der Schule auf ihr Schulschwänzen ist allerdings festzustellen, dass die Institution Schule dieser Informationspflicht offenbar nur ungenügend nachkommt. Die Kommunikation zwischen Schule und Elternhaus scheint an vielen Schulen gestört zu sein.

Neben der Kenntnis bzw. Unkenntnis der Eltern über das Schwänzen ihrer Kinder wurden die Jugendlichen nach den elterlichen Reaktionen auf ihr schulverweigerndes Verhalten gefragt, nachdem sie dann irgendwann Bescheid wussten. 17 % der FSTJ-Teilnehmer erklärten, dass die Eltern es geschafft hätten, sie, die Kinder wieder zum regelmäßigen Schulbesuch zu bewegen. Ein Drittel der Teilnehmer des FSTJ (33 %) meinte dagegen, dass ihre Eltern zwar „alles Mögliche" versucht hätten, sie wieder zum Schulbesuch zu bringen, dies jedoch ohne Erfolg. Zieht man eine Parallele zur Untersuchungsgruppe der aktiven Schulverweigerer, gibt auch diese Gruppe als Reaktion der Eltern eine breite Palette an Reaktionsmustern an, die von gemeinsamen Gesprächen mit Kindern oder Schule über konkrete Unterstützungsleistungen (z. B. gemeinsam mit dem Kind lernen) bis hin zu restriktiven Maßnahmen (z. B. Kürzung des Taschengeldes, Hausarrest, körperliche Bestrafungen) reicht. Wenn man bedenkt, das alle befragten Schulverweigerer zum Befragungszeitpunkt in Projekten der Jugendhilfe lernten, so ist der Schluss zu ziehen, dass es auch hier den Eltern nicht im erforderlichen Maße gelungen ist, den Verweigerungsprozess so aufzuhalten, dass ein regelmäßiger Besuch der Regelschule wieder möglich war.

Angesprochen auf ihre persönlichen Zukunftsaussichten sind vergleichsweise wenige FSTJ-Teilnehmer sehr zuversichtlich (7 %). Ein Drittel (33 %) sieht der eigenen Zukunft zuversichtlich entgegen, über die Hälfte der Befragten (51 %) ist sich nicht sicher und antwortet mit teils/teils. Jeder Zehnte zeigt wenig Optimismus und sieht seine Zukunft eher düster. Ein Vergleich mit der Gruppe der Schulverweigerer zeigt, dass in dieser Gruppe die Einschätzung der persönlichen Zukunft deutlich positiver ausfällt: 42 % hielten ihre Zukunftsaussichten für sehr gut, 34 % immerhin für gut. Nur 7 % waren pessimistisch bezüglich ihrer Zukunft und gaben an, sie eher düster zu sehen.

Woher diese vergleichsweise optimistische Betrachtung der eigenen Zukunftsperspektiven kommt, geht aus den Daten nur bedingt hervor. Zu vermuten ist, dass es zum einen der jugendspezifische Optimismus ist, den man in diesem Alter quasi haben muss, um das Leben anzugehen, und zum anderen eine relative Unkenntnis darüber besteht, wie insbesondere ihre Arbeits- und Berufsmöglichkeiten ohne bzw. bestenfalls mit einem Hauptschulabschluss tatsächlich sind.

1.4.3 Zusammenfassung

Obwohl die referierten Studien große Unterschiede aufweisen, was ihr Design, ihre methodische Anlage und ihre Definitionen von

Schulverweigerung anbelangt, lassen sich dennoch hinsichtlich einiger zentraler Ergebnisse Übereinstimmungen feststellen:

Umfang und Formen von Schulverweigerung

- Die umfangreiche EG-Studie EURYDICE stellt fest, dass jedes Jahr in Ländern mit sehr unterschiedlichen Bildungssystemen wie der Bundesrepublik Deutschland, Frankreich, dem Vereinigten Königreich, Spanien und Italien 70.000 bis 100.000 Jugendliche das Bildungssystem ohne jeglichen berufsqualifizierenden Abschluss verlassen. Diese Werte sind zumindest für Deutschland zutreffend, wenn man die Schulabgängerstatistik bemüht (vgl. dazu Kap. 1).

Aus den bundesdeutschen Studien können zum Umfang von Schulverweigerung folgende Befunde festgehalten werden:

- Etwa jeder zweite Schüler hat im Laufe seines Schülerdaseins die Schule schon ein- oder mehrmals geschwänzt. Für die meisten fängt dies mit Eckstundenschwänzen (erste bzw. letzte Stunde) sowie mit dem Boykott bestimmter Fächer und bestimmter Lehrkräfte an.
- Schulverweigerung und ihre Vorläufer (Schulmüdigkeit, zeitweiliges Schulschwänzen) beginnen zum Teil bereits in der Grundschule, verfestigen sich häufig im zwölften Lebensjahr und sind aus einem Zusammentreffen von Merkmalen der Jugendlichen mit schulischen Bedingungen zu erklären.
- Aktive Schulverweigerung ist abhängig vom Alter: Je jünger die Schüler, desto geringer ist die Verweigerungsquote. Das Einstiegsalter liegt bei ca. 13 Jahren, der Höhepunkt liegt zwischen dem 14. und 16. Lebensjahr.
- Schulverweigerung ist abhängig vom Bildungsniveau: Je höher das Bildungsniveau der Schule ist, desto geringer fallen die Fehlzeiten aus. Unter den aktiven Schulschwänzern ist der Anteil der Hauptschüler am höchsten, gefolgt von den Sonderschülern. Realschüler und Gymnasiasten weisen in den meisten Studien niedrigere Quoten auf.
- Insbesondere in deutschen Studien (z.B. Delmenhorst und Rostock) wurde nachgewiesen, dass Kontrollen durch Eltern und Lehrkräfte einen großen Einfluss auf das Schulbesuchsverhalten der Kinder und Jugendlichen haben. Je höher die soziale Kontrolle durch Eltern und Lehrkräfte, desto geringer war das Schulschwänzen in den untersuchten Regionen.

- Die Ausprägungen von Schulverweigerung unterscheiden sich deutlich zwischen Mädchen und Jungen. Bei fortgeschrittener aktiver Verweigerung (also dem expliziten Fernbleiben vom Unterricht) tendieren Mädchen eher zum Rückzug von ihren Peers, Jungen suchen eher gemeinsame Aktivitäten mit Freunden.
- Der Anteil der Jungen unter den aktiven Schulverweigerern ist (noch) höher als der der Mädchen.
- Übereinstimmend wird geschätzt, dass bundesweit etwa 5 % aller Schülerinnen und Schüler aktive Schulschwänzer sind, wobei diese 5 % die untere Grenze markieren dürften. Vermutet wird, dass der tatsächliche Anteil zwischen 5 % und 10 % liegt.
- Eine Zunahme von Schulverweigerern in den letzten Jahren kann aufgrund fehlender Vergleichsdaten nicht behauptet werden.

Risikogruppen für Schulverweigerung

Die im Dezember 2001 veröffentlichten Ergebnisse einer international vergleichend angelegten Untersuchung der Kompetenzen („Literacy“, mathematisch-naturwissenschaftliche und soziale Kompetenzen) von 15-Jährigen Schülerinnen und Schülern in allen Schulformen (PISA 2000) hat in Deutschland erneut die Aufmerksamkeit auf die Gruppe von Jugendlichen (nach Einschätzung des deutschen PISA-Konsortiums ca. 20 % eines Altersjahrgangs) gelenkt, die im Bildungssystem im Alter von 15 Jahren von den Prozessen des systematischen Kompetenzwettbewerbs so weit abgekoppelt sind, dass ihre Aussichten auf eine stabile Integration in Erwerbsarbeit als gering eingeschätzt werden. Die deutsche PISA-Untersuchung hat Bedingungskonstellationen identifiziert, die dem Risiko der beruflichen Ausgrenzung vorausgehen. Dies betrifft vor allem die folgenden Gruppen von Schülerinnen und Schülern:
- Jugendliche aus sozial schwachen Familien,
- Jugendliche aus unvollständigen Familien,
- Jugendliche aus Familien mit Migrationshintergrund,
- Jugendliche mit Behinderungen,
- Vom Schulbesuch zurückgestellte Kinder,
- Klassenwiederholer,
- Schülerinnen und Schüler, die von einer höheren Schulform in eine niedrigere abgestiegen sind,
- Schülerinnen und Schüler aus Haupt- und Förderschulen.

Diese Befunde werden durch die deutschen Studien zu Schulverweigerung gestützt. Die verschiedenen Autoren verweisen mehr oder weniger explizit auf die Zusammenhänge von Merkmalen der „Risi-

koschülerInnen", die vor allem in den obigen Gruppen zu finden sind, und schulischen Bedingungskonstellationen, die Schulverweigerung auslösen bzw. begünstigen können.

Sowohl die internationalen als auch die deutschen Studien machen deutlich, dass schulbezogene Variablen nur bedingt Schulverweigerung erklären können. Hinzu kommen fast immer sozioökonomische und familiäre Hintergrundmerkmale. Allerdings korrelieren die Qualität der Schule und die Schulleistungen in hohem Maß mit Schulverweigerung. Das Schulbesuchsverhalten wird weiter beeinflusst durch Variablen wie das Klima in der Klasse und das Verhältnis zu den Lehrkräften. Insofern kommt der Schule bei der Bekämpfung von Schulverweigerung eine besondere Rolle zu.

2 Untersuchungsdesign und Methoden der DJI-Untersuchungen

2.1 Das Modellprogramm „Arbeitsweltbezogene Jugendsozialarbeit" als Kontext und Rahmen der Untersuchungen

Arbeitsweltbezogene Jugendsozialarbeit bietet seit vielen Jahren ein breites Spektrum an Hilfen für die Integration von benachteiligten Jugendlichen: Schulsozialarbeit zur Vermeidung von Schulversagen und Schulverweigerung, Streetwork, Beratung in Bildungs- und Ausbildungsfragen sowie in wirtschaftlichen und sozialen Notlagen, berufsorientierende und berufsvorbereitende Angebote, arbeits- und ausbildungsbegleitende Hilfen, Ausbildung und Beschäftigung usw.

Die Projekte im Modellprogramm der Jahre 1998–2001 hielten im Rahmen des Handlungsfeldes „Integration in Schule und Berufsschule" jeweils konkrete Angebote für schulmüde Kinder und Jugendliche sowie für Schulverweigerer bereit. Diese Angebote sahen vor, für einen begrenzten Zeitraum schulische Aufgaben zu übernehmen und diese durch sozialpädagogische Begleitung zu ergänzen. Ziel war es, die Jugendlichen sozial zu stabilisieren, sie zu motivieren und wieder an das systematische Lernen heranzuführen, um so ihre Chancen, sozial, schulisch und beruflich Fuß zu fassen, zu erhöhen. Im Vordergrund stand also die soziale, schulische und berufliche Integration der Schulverweigerer, wobei das formale Ziel meist ein qualifizierter Schulabschluss war. Dort, wo Projekte eng mit oder in Schulen arbeiteten, ging es zusätzlich um eine Veränderung der Lehr- und Lernmethoden der Regelschule[68].

In Kapitel 3 werden die Ergebnisse aus den beiden Hauptuntersuchungen, die wir zum Thema Schulverweigerung durchgeführt haben (Expertenbefragung und Befragungen von Schulverweigerern), vorgestellt.

2.2 Design und Methoden der einzelnen Untersuchungen

Die wissenschaftliche Begleitung der Modellprojekte im Rahmen des Modellprogramms „Arbeitsweltbezogene Jugendsozialarbeit"

---

[68] Vgl. Einleitung in diesem Buch.

1998–2001 durch das Deutsche Jugendinstitut war ein interaktiver und offener Forschungsprozess, der durch einen Mix aus qualitativen und quantitativen Methoden gekennzeichnet war. Im Handlungsfeld „Integration in Schule und Berufsschule" mit insgesamt acht Modellprojekten führte die wissenschaftliche Begleitung mehrere Untersuchungen auf verschiedenen Ebenen mit verschiedenen methodischen Verfahren durch. Sämtliche Untersuchungen dienten dazu, Einsichten in Probleme rund um Schulverweigerung zu erhalten, über die noch zu wenig bekannt ist. Um das Phänomen „Schulverweigerung" aus unterschiedlichen Blickwinkeln beleuchten zu können, wurden unterschiedliche Zugänge genutzt. Mithilfe verschiedener Untersuchungsbausteine sollte ein möglichst differenziertes Bild der Schulverweigerer gezeichnet werden. Dieses Bild entsteht aber erst durch ein Nebeneinander von mithilfe quantitativer und qualitativer Methoden gewonnenen Daten und Erkenntnissen, die aufeinander bezogen werden. Damit sollten Aspekte und Facetten beleuchtet werden, die miteinander verflochten sind und den Untersuchungsgegenstand aus verschiedenen Perspektiven darstellen. Das Spannungsverhältnis zwischen unterschiedlichen Perspektiven wird – so hoffen wir – den Erkenntnisprozess fördern, weil die verschiedenen Untersuchungsebenen einander ergänzende Erkenntnischancen beinhalten.

Die Zielgruppen der Erhebungen im Handlungsfeld „Integration in Schule und Berufsschule" waren:

- Mitarbeiterinnen und Mitarbeiter in den Projekten des Modellprogramms,
- Mitarbeiterinnen und Mitarbeiter aus Schulen und Beratungsinstitutionen,
- Schülerinnen und Schüler, die die Schule verweigern.

Grundlage für die Ergebnisse in Kapitel 3 sind die folgenden Untersuchungsteile[69]:

[69] Die wissenschaftliche Begleitung hat über die Untersuchungsbausteine hinaus, die die Grundlage für dieses Buch bilden, noch weitere Untersuchungen durchgeführt: In der „Bibliographie Schulverweigerung" wurde die relevante Literatur zu Schulverweigerung ab ca. 1980 aufbereitet: Maria Schreiber-Kittl, Haike Schröpfer: Bibliographie Schulverweigerung. München/Leipzig: Deutsches Jugendinstitut. Werkstattbericht. Arbeitspapier 2/2000; in jährlichen Erhebungen in den Projekten des Modellprogramms wurden über drei Jahre hinweg mögliche Veränderungen in den Merkmalen der Zielgruppen der Modellprojekte erfasst.

a) Befragung von Expertinnen und Experten zu Schulverweigerung und Schulverweigerern[70]

Befragt wurden Vertreterinnen und Vertreter verschiedener Institutionen (siehe weiter unten), die aufgrund ihres Arbeitsauftrags mit Schulverweigerung und Schulverweigerern zu tun haben. Das Ziel der Befragung bestand darin, das Expertenwissen unterschiedlicher Institutionen für den Umgang mit Schulverweigerern nutzbar zu machen. Die aktuelle Diskussion um das Thema Schulverweigerung sollte so um Beobachtungen und Erfahrungen aus der Praxis bereichert werden.

b) Befragung von Schülerinnen und Schülern, die die Schule verweigert haben

Um zu erfahren, wie und warum Jugendliche zu Schulverweigerern werden, haben wir den Schwerpunkt unserer Untersuchungen darauf gelegt, die Jugendlichen selbst zu ihrem schulischen Werdegang und zu ihrer Abkehr von der Schule zu befragen. Dieser Untersuchungsbaustein bestand aus zwei Teilen:

- einer größeren, quantitativen Befragung von Schulverweigerern in den alten und den neuen Bundesländern, die sich zum Zeitpunkt der Erhebung in Schulen bzw. Projekten für Schulverweigerer in und außerhalb von Regelschulen befanden;
- qualitativen problemzentrierten Intensivinterviews mit Schulverweigerern, um die quantitative Untersuchung zu ergänzen.

Im Zusammenspiel dieser verschiedenen Untersuchungen hoffen wir, ein differenzierteres Bild von Schulverweigerung und Schulverweigerern zeichnen zu können, das die aktuelle und notwendige Diskussion um dieses Thema fördert und bereichert. Hauptquellen für die nachfolgenden Ergebnisse (Kap. 3) sind die Befragungen von Expertinnen und Experten für Schulverweigerung sowie die Befragungen der Schulverweigerer selbst; daneben flossen Erfahrungen und Erkenntnisse ein, die wir über diese Untersuchungen hinaus im Rahmen der wissenschaftlichen Begleitung gewonnen haben. Zum besseren Verständnis werden die Ergebnisse für die jeweiligen Gruppen jeweils getrennt ausgewiesen.

---

[70] Die Ergebnisse dieser Erhebung sind in einem eigenständigen Bericht zusammengefasst: Maria Schreiber-Kittl: Alles Versager? Schulverweigerung im Urteil von Experten. Forschungsbericht. Arbeitspapier 1/2001, Deutsches Jugendinstitut e. V., München/Leipzig 2000.

2.2.1 Die Befragung von Experten

Ein wesentlicher Baustein unserer Untersuchungen war eine qualitative Erhebung bei Expertinnen und Experten für Schulverweigerung, die wir in der Zeit von April bis Juni 1999 durchgeführt haben. Befragt wurden Vertreterinnen und Vertreter verschiedener Institutionen, die aufgrund ihres Arbeitsauftrags mit Schulverweigerung und Schulverweigerern zu tun haben. Themenschwerpunkte waren Merkmale und Typen von Schulverweigerern sowie typische Konstellationen und Bedingungen, die schulverweigernde Verhaltensweisen begünstigen.

2.2.1.1 Methodisches Vorgehen bei der Expertenbefragung

Bei unseren Überlegungen für diesen Untersuchungsteil sind wir davon ausgegangen, dass Fachkräfte verschiedener Disziplinen als Experten für die Arbeit mit Schulverweigerern eine große Rolle spielen (können), da sie zu den (wenigen) Personen zählen, die über dieses Problem etwas wissen. Öffentliche Einrichtungen wie zum Beispiel schulpsychologischer Dienst, Schul- oder Jugendamt sind Beratungsinstitutionen, die zum Teil speziell für die Betreuung junger Menschen geschaffen wurden und die von den Jugendlichen, deren Eltern oder auch der Schule direkt konsultiert werden können, wenn sie Unterstützung bei der Bewältigung ihrer Probleme suchen. Aber auch einzelne Personen wie Lehrkräfte oder Schulsozialarbeiterinnen und Sozialarbeiter in den Schulen sind potenzielle Ansprechpersonen.

Für Schulverweigererprojekte in und außerhalb der Regelschule ist insbesondere die enge Zusammenarbeit mit Lehrkräften aus den Regelschulen ein zentraler, weil notwendiger Aspekt ihrer Programmatik. Dahinter steht zum einen die Überlegung, dass man am ehesten in der Schule selbst und mit Lehrerinnen und Lehrern zusammen Verweigerungstendenzen bei Schülern bereits im Ansatz erkennen kann. Das Konzept der Prävention findet zunehmend Beachtung, da es statt einer nachgelagerten Problembearbeitung eine vorausgreifende Problemverhinderung beabsichtigt. Eine Kooperation mit den Schulen, und hier vor allem mit denen, aus denen insbesondere die „aktiven“ Schulverweigerer stammen („abgebende“ Schulen), ist aber zum anderen notwendig, um die Voraussetzungen für eine eventuelle Rückkehr der (vor allem jüngeren) Schülerinnen und Schüler in die Regelschule zu schaffen, auch wenn diese in der Praxis sehr schwierig ist und nicht immer gelingt. Aus diesen Gründen war es besonders wichtig, Lehrkräfte aus Regelschulen und aus Projekten für Schulverweigerer als Auskunftspersonen zu gewinnen, da sie am ehesten über die aktuellen Verhaltensweisen und die zugrunde liegende Problematik Auskünfte geben können.

Im Umfeld von vier Modellprojekten, die im Rahmen des Modellprogramms „Arbeitsweltbezogene Jugendsozialarbeit 1998–2001“ gefördert wurden (jeweils zwei in den neuen und in den alten Bundesländern), haben wir deshalb eine Reihe von Gesprächen mit Vertreterinnen und Vertretern von Institutionen geführt, die mit Schülerinnen und Schülern zu tun haben, die sich der Schule verweigern. Mit einigen dieser Institutionen unterhalten die Projekte zum Teil intensive Kontakte, andere wiederum gelten als potenzielle Kooperationspartner, zu denen mit der Zeit Arbeitsbeziehungen aufgebaut werden sollen. Ziel dieser Gespräche war es zum einen herauszufinden, ob es aus der Sicht dieser Experten möglich ist, bestimmte Typen von Schulverweigerern zu identifizieren, also Gruppen von Schülerinnen und Schülern mit bestimmten Merkmalen bzw. Merkmalskonstellationen. Zum anderen wollten wir wissen, wie aus ihrer jeweiligen (institutionellen) Sicht Schulverweigerung entsteht.

Aus den Interviews wird deutlich, dass sich das Wissen und der Blickwinkel unserer Gesprächspartner in Bezug auf Schulverweigerer bei wachsender Beschäftigung mit dem Phänomen verändert haben. Hier zeigt sich einmal mehr, wie stark die Problemwahrnehmung von dem Befasstsein mit eben dem Problem abhängt: Je mehr man auf ein wachsendes Phänomen aufmerksam wird und damit zu tun hat, desto differenzierter kann man es analysieren und desto effektiver wird man (hoffentlich) auch damit umgehen (können). Alle Gesprächspartner hatten sich bereits vor dem Kontakt mit uns mit dem Thema bzw. mit Schulverweigerern selbst beschäftigt. Allerdings mussten wir auch feststellen, dass einige Experten sich im Verlauf der Gespräche als weniger sachkundig erwiesen, als wir dies aufgrund der von ihnen vertretenen Institutionen erwartet hatten. Allen gemeinsam war aber das Interesse an Schulverweigerern und das Bemühen, Schulverweigerung „zu verstehen“, um so Wege und Möglichkeiten für ihre wirksame Bekämpfung zu finden.

Neben intensiven Gesprächen mit Sozialpädagoginnen und Sozialpädagogen in den Projekten aus dem Modellprogramm sowie mit den dort arbeitenden Lehrkräften fanden leitfadengestützte Gespräche statt mit:

- Schulsozialarbeiterinnen und Schulsozialarbeitern in Regelschulen,
- Vertreterinnen und Vertretern von Trägern von Modellprojekten,
- Lehrkräften in Regelschulen,

- Lehrkräften in Berufsschulen,
- Schulleiterinnen und Schulleitern in Regelschulen (und falls gegeben: pädagogischen Leitungen),
- Vertreterinnen und Vertretern von schulpsychologischen Diensten,
- Vertreterinnen und Vertretern von Schulämtern,
- Vertreterinnen und Vertretern von Jugendämtern.

Im Erhebungszeitraum April bis Juni 1999 wurden qualitative Interviews mit insgesamt 37 Expertinnen und Experten durchgeführt.

Die Ergebnisse basieren auf Beobachtungen von Fachkräften im Kontext ihrer Institutionen. Ihre Aussagen sind selbstverständlich nicht repräsentativ. Sie zeigen aber unseres Erachtens sehr eindrucksvoll, wie Schulverweigerung entsteht bzw. entstehen kann und welche Folgen längere schulische Fehlzeiten bzw. Schulabbrüche für die betroffenen Schülerinnen und Schüler haben können.

2.2.1.2 Zentrale Fragestellungen der Expertenbefragung

Schulverweigerung wird deshalb zu einem beunruhigenden sozialen Problem, weil der Ausgrenzung aus der Schule sehr häufig auch eine Ausgrenzung aus dem Arbeits- bzw. dem gesellschaftlichen Leben folgt. Die Mechanismen, die zu einer schulischen Ausgrenzung führen, sind – so konnten wir annehmen – komplex. Sie betreffen nicht nur den Bereich Schule, sondern umfassen meist mehrere Lebensbereiche. Im Mittelpunkt der Befragung standen zwei größere Themenbereiche:

a) Was sind die Merkmale von Schulverweigerern und welche Formen von Schulverweigerung gibt es?
b) Worauf wird (die Entstehung von) Schulverweigerung zurückgeführt?

Der erste Themenbereich befasste sich mit den Merkmalen bzw. Merkmalskonstellationen von Schulverweigerern sowie den verschiedenen Stadien von Schulverweigerung: Ab wann spricht man von einem Schulverweigerer, wann und wie fängt Schulverweigerung an, wie sieht ein typischer Schulverweigerer aus, gibt es geschlechtsspezifische Unterschiede, wie verhalten sich ausländische Schülerinnen und Schüler, was machen Schulverweigerer, wenn sie nicht in der Schule sind, aus welchen Verhältnissen kommen Schulverweigerer, welche Schüler mit welchen Merkmalen haben ein überdurchschnittlich hohes Risiko, Schulverweigerer zu werden usw.?

Im zweiten Themenbereich ging es um die Frage, wie es, aus der Sicht unserer Gesprächspartner, überhaupt zu Schulverweigerung kommen kann: Warum fangen Schüler an, sich von der Schule abzuwenden, wie verläuft Schulverweigerung, welche Rolle spielen hierbei Schule und Lehrkräfte, Elternhaus und Peer groups usw.?

2.2.2 Die Befragung von Schulverweigerern

Das Kernstück der Untersuchungen bildete die Befragung von jugendlichen Schulverweigerern. Das Interesse dieser Erhebung bestand darin, die Jugendlichen selbst zu ihrem schulischen Werdegang und zu ihrer Abkehr von Schule zu Wort kommen zu lassen. Dieser Untersuchungsbaustein bestand aus zwei Teilen:

- einer größeren, quantitativen Befragung von Schulverweigerern in den alten und den neuen Bundesländern, die sich zum Zeitpunkt der Erhebung in Einrichtungen für Schulverweigerer in und außerhalb von Regelschulen befanden. Für diese Befragung haben wir ein standardisiertes Erhebungsinstrument entwickelt, mit dessen Hilfe der Verlauf der Schulverweigererkarriere einer größeren Anzahl von Jugendlichen nach einem einheitlichen Verfahren erfasst werden kann;
- qualitativen problemzentrierten Interviews mit Schulverweigerern zur Ergänzung der quantitativen Untersuchung. Befragt wurden Zielpersonen aus der vorangegangenen schriftlichen Befragung, die sich bereit erklärt hatten, an einer qualitativen Nachbefragung teilzunehmen. Diese Interviews fanden im Frühjahr 2001 statt.

Die von uns befragten Jugendlichen sind fast ausschließlich ehemalige aktive Schulverweigerer. Diese Gruppe ist für die Gesamtheit der Schulverweigerer insofern nicht repräsentativ, als es sich bei dieser Teilgesamtheit um eine „Positivauslese“ handelt, denn

- es handelt sich um Schülerinnen und Schüler, die allesamt in Projekten und Maßnahmen für Schulverweigerer gelandet sind, also grundsätzlich noch offen waren für alternative Lernangebote mit dem Ziel eines Schulabschlusses;
- auch die Eltern dieser Jugendlichen haben mehr oder weniger konstruktiv an einer Lösung für die Schulprobleme ihrer Kinder mitgearbeitet: Ohne deren Einwilligung und Mitarbeit ist der erfolgreiche Aufenthalt in Maßnahmen für Schulverweigerer kaum möglich;
- durch die retrospektive Befragung zu ihren Erfahrungen in der Regelschule sind die zum Teil große zeitliche Distanz zwischen

letztem Schulbesuch vor Projekteintritt und Befragungszeitraum und die im Projekt erfolgte sozialpädagogische Arbeit mit den Schulverweigerern zu berücksichtigen.

2.2.2.1 Schriftliche Befragung von Schulverweigerern

Die Projekte, in denen wir die Fragebogenerhebung durchführen konnten, „rekrutierten" wir aus dem Modellprogramm „Arbeitsweltbezogene Jugendsozialarbeit 1998–2001". Ferner bekamen wir Kontakt zu weiteren 28 Projekten, die am Wettbewerb „Fit für Leben und Arbeit" teilgenommen hatten und die wir ebenfalls für die Befragung gewinnen konnten; insgesamt konnten also 36 Praxismodelle als Ausgangspunkt für die bundesweite Erhebung gewonnen werden. Die Projekte streuten über das gesamte Bundesgebiet, 13 in den neuen und 23 in den alten Bundesländern.

Abb. 3 Teilnehmerprojekte Schulverweigererbefragung

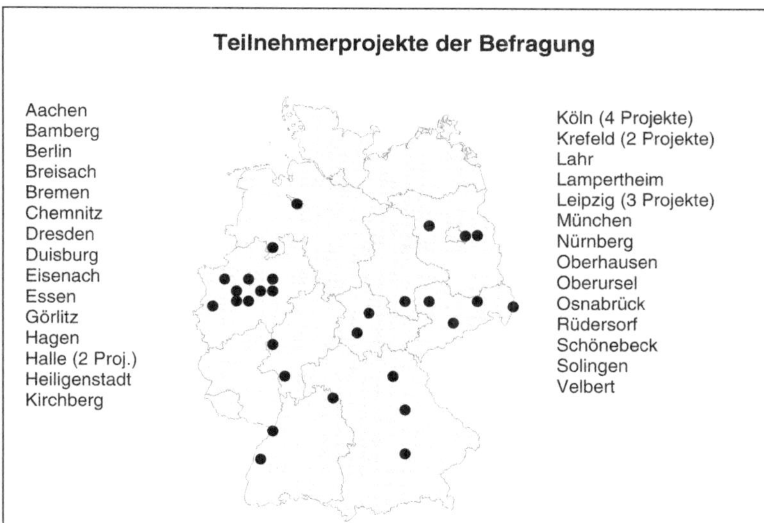

Insgesamt nahmen 346 jugendliche Schulverweigerer aus den oben erwähnten Praxismodellen an der quantitativen Befragung teil, davon 107 in den neuen und 239 in den alten Ländern. Die schriftlichen Interviews selbst fanden in Form von „Klassenzimmerbefragungen" in den Räumlichkeiten der Projekte statt. Befragungsinstrument war ein schriftlicher Fragebogen mit 34 Fragen zu Einstieg und Verlauf von Schulschwänzen und Schulverweigerung. Der Fokus der Erhebung lag also auf der Nachzeichnung des Verlaufs der Schulverweigerungskarrieren[71].

Die wichtigsten Themenblöcke der Untersuchung waren

- der Prozess der Schulverweigerung (Beginn, Verlauf, Ende),
- die Gründe für das Schulschwänzen,
- das „Freizeitverhalten" von Schulverweigerern,
- die Reaktionen der Schule auf die Schulverweigerung,
- die Reaktionen der Eltern/der Familie auf die Schulverweigerung,
- schulische und berufliche Perspektiven,
- Interesse an Politik.

Nachfolgend wird die Untersuchungspopulation anhand einiger ausgewählter Merkmale näher charakterisiert.

2.2.2.1.1 Soziodemografische Merkmale

Geschlecht

Ein Drittel der Befragten war weiblich, zwei Drittel männlich. Nachdem insbesondere außerschulische Lernangebote mit aktiv schulverweigernden Jugendlichen arbeiten, verwundert dieses Ergebnis nicht: Diese Gruppe besteht überwiegend aus männlichen Jugendlichen, während Mädchen die Schule eher passiv verweigern. Insgesamt ist allerdings ein Trend zu beobachten, wonach zunehmend auch Mädchen die Schule aktiv verweigern. Vergleicht man diese Geschlechteranteile mit der amtlichen Statistik, dann scheinen die Mädchen in den Schulverweigererprojekten zunächst unterrepräsentiert: 49,2 % der Schüler an allgemein bildenden Schulen sind Mädchen, wobei der Mädchenanteil in den einzelnen Schularten jedoch unterschiedlich ist. Die Spanne reicht von 36,4 % in Sonderschulen über 43,8 % in Hauptschulen bis zu 54,4 % in Gymnasien[72]. Wenn man allerdings die Schulabgängerstatistik heranzieht im Hinblick auf die Jugendlichen, die mit Beendigung der Vollzeitschulpflicht die Schule ohne Hauptschulabschluss verlassen, dann sind die dortigen Geschlechteranteile ähnlich denen in den Schulverweigererprojekten. Genau diese sollten auch miteinander verglichen werden: Im Schuljahr 1999/2000 verließen 86.601 Schülerinnen und Schüler die Schule ohne Haupt-

---

[71] Die Ergebnisse dieses Untersuchungsbausteins sind in einem eigenständigen Bericht zusammengefasst (Reißig 2001).

[72] Statistisches Bundesamt 2001: Schüler an allgemein bildenden Schulen im Schuljahr 2000/2001.

schulabschluss, davon waren 30.560 Mädchen; dies entspricht einem Anteil von 35,3 %[73]. Die Geschlechterverhältnisse in den Schulverweigererprojekten bilden also ziemlich genau die Anteile in der Schulabgängerstatistik ab.

Alter

Der Schwerpunkt der Altersverteilung in der quantitativen Befragung liegt bei den 14- bis 16-Jährigen: Drei von vier Befragten (76 %) befanden sich zum Zeitpunkt der Erhebung in dieser Altersgruppe; jünger als 14 war lediglich 1 %, 23 % waren älter als 16 Jahre.

Diese Altersstruktur zeigt, dass Projekte und Maßnahmen für Schulverweigerer überwiegend die Zielgruppe ab 14 Jahren im Blick haben, insbesondere, wenn sie Lernangebote außerhalb der Regelschule anbieten.

Abb. 4 Alter der Schulverweigerer zum Zeitpunkt der Befragung

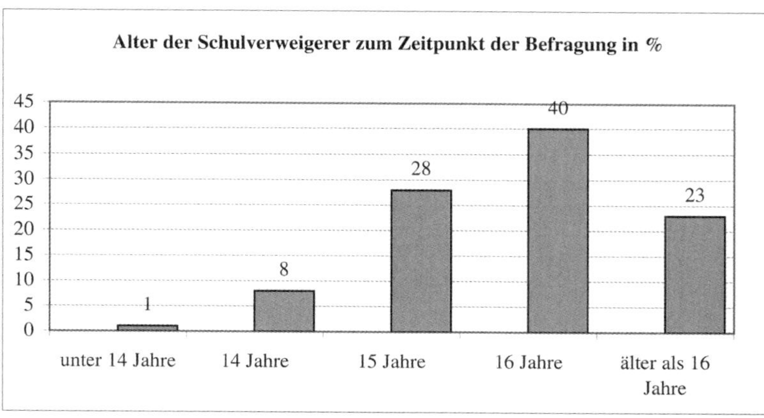

73 Statistisches Bundesamt, Fachserie 11, Reihe 1, 2000/01.

2.2.2.1.2 Familiärer Hintergrund der Schulverweigerer

Das Elternhaus ist für Kinder und Jugendliche das entscheidende Unterstützungssystem auf ihrem Weg in das Erwachsenenleben. Merkmale der Herkunftsfamilie sowie die Lebensumstände der Jugendlichen sind wichtige Indikatoren für ihre Sozialisationsbedingungen.

Herkunft der Schülerinnen und Schüler

16 % der befragten Jugendlichen sind mit ihren Eltern nach Deutschland zugewandert; etwa die Hälfte von ihnen seit Beginn der 1990er-Jahre. Dies bedeutet, dass sie einen Großteil ihres Lebens in einem anderen Land als Deutschland verbracht haben und insofern einen Sozialisationshintergrund haben, der „nicht deutsch" ist. Die andere Hälfte kam in den 1980er-Jahren nach Deutschland; diese Jugendlichen haben also nahezu ihr ganzes Leben hier verbracht.

Herkunft der Eltern

22 % der Jugendlichen haben Eltern, die beide nicht aus Deutschland stammen; bei weiteren 9 % stammt entweder die Mutter oder der Vater nicht aus Deutschland. Nichtdeutsche Eltern konzentrieren sich erwartungsgemäß in den alten Bundesländern (94 %). Ihre häufigsten Herkunftsländer sind die Türkei und Griechenland. Nichtdeutsche Eltern in den neuen Bundesländern (6 %) kommen überwiegend aus dem Gebiet der ehemaligen UdSSR.

Abb. 5 Herkunftsland der Eltern der Schulverweigerer

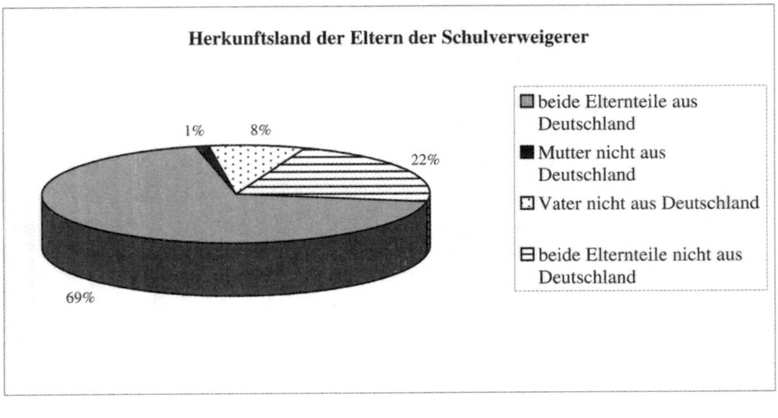

Geschwister

12 % der befragten Schülerinnen und Schüler sind Einzelkinder; die große Mehrheit, nämlich 88 %, hat Geschwister. Von diesen 88 % wachsen 36 % mit einer Schwester oder einem Bruder auf; 27 % haben zwei Geschwister und 16 % drei. Immerhin noch jeder Fünfte (21 %) hat vier Geschwister und mehr.

Abb. 6 Anzahl der Geschwister der Schulverweigerer

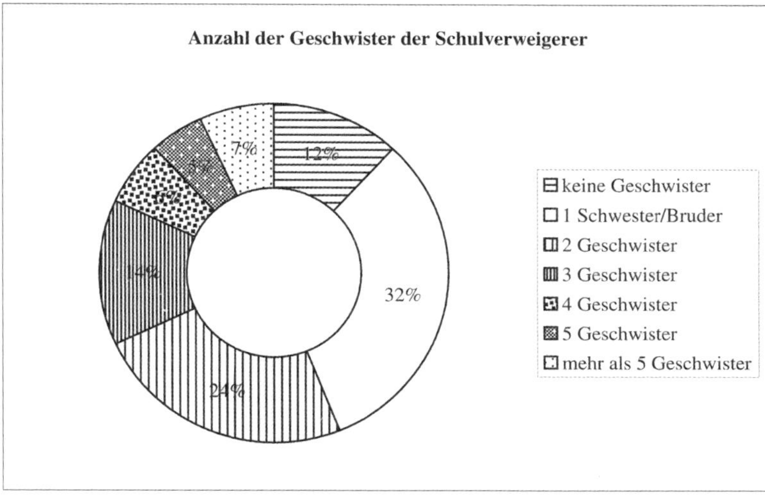

Lebenssituation der Schülerinnen und Schüler

45 % der Befragten leben in Familien mit beiden Elternteilen; 16 % wachsen bei einem Elternteil mit neuem Partner auf und 18 % leben nur bei der Mutter bzw. nur beim Vater. Insgesamt sind es also knapp 80 %, die in einem Haushalt mit mindestens einem Elternteil aufwachsen. 13 % der Schulverweigerer wachsen entweder bei anderen Verwandten auf (2 %), leben in einer Wohngemeinschaft (9 %) oder wohnen mit der Freundin bzw. dem Freund zusammen (2 %). 2 % leben alleine und weitere 2 % leben dort, wo sie „gerade unterkommen“.

Tab. 8 Lebenssituation der Schulverweigerer

	In %
Mit beiden Elternteilen	45
Nur mit Mutter oder Vater	18
Mit einem Elternteil und neuem Partner	16
Mit anderen Verwandten	2
In einer Wohngemeinschaft	9
Mit Freund oder Freundin	2
Allein	3
Ganz verschieden	2
Andere Lebenssituation	4

2.2.2.2 Intensivinterviews mit Schulverweigerern

Ausgangsstichprobe für die qualitative Befragung waren diejenigen Schulverweigerer, die in der quantitativen Erhebung einer nochmaligen Befragung zugestimmt hatten. Mit 37 dieser Jugendlichen aus acht Projekten des Modellprogramms „Arbeitsweltbezogene Jugendsozialarbeit 1998–2001“ wurden im Frühjahr 2001 intensive Einzelgespräche geführt, 14 Interviews mit Mädchen und 23 mit Jungen. Diese Verteilung entspricht in etwa der Geschlechterverteilung in der quantitativen Erhebung: Auch dort bestand die Nettostichprobe zu einem Drittel aus Mädchen und zu zwei Dritteln aus Jungen. In den Neuen Bundesländern fanden 19 Intensivinterviews statt, in den alten Bundesländern 18. Die Dauer der Interviews variierte von einer bis zu drei Stunden.

Die Themenschwerpunkte der qualitativen Befragung, die mithilfe eines Interviewleitfadens durchgeführt wurde, orientierten sich an den Themenbereichen aus der quantitativen Erhebung. Im Mittelpunkt stand die Entwicklung zum Schulverweigerer mit ihren jeweiligen Gründen und Reaktionen der Schule und der Familie. Am Schluss des Interviews wurden die Jugendlichen nach ihren persönlichen Zukunftswünschen und der Einschätzung ihrer Perspektiven gefragt, um einen Einblick in ihre Lebensentwürfe zu erhalten. Der Interviewleitfaden, der lediglich die Themenbereiche vorformulierte, aber nicht die einzelnen Fragestellungen, sollte den Schülerinnen und Schülern eine äußere Struktur und Orientierung geben, ohne sie in ihrem Antwortverhalten „einzuengen". Alle Gespräche wurden aufgezeichnet.

Die Zeit der aktiven Schulverweigerung lag für die meisten Befragten ein bis zwei Jahre zurück, sodass bei der Interpretation der Ergebnisse dieses Untersuchungsbausteins immer zu berücksichtigen ist, dass die Schulverweigerer *retrospektiv* zu den Vorgängen um Schulverweigerung befragt wurden und deshalb Verzerrungen – insbesondere was Zeitangaben anbelangt – nicht auszuschließen sind.

Die Jugendlichen haben sich mit großem Engagement an der Untersuchung beteiligt. Vorbehalte gegenüber den Interviewerinnen gab es – soweit überhaupt – nur am Anfang der Gespräche. Insgesamt haben wir feststellen können, dass die Schülerinnen und Schüler nach anfänglichen Hemmungen ein großes Bedürfnis hatten, über „ihre Geschichte" zu sprechen und es ihnen wichtig war, ihr Verhalten zu erklären.

Jeder „Fall" war einzigartig. Dennoch haben sich bei der Analyse vergleichbare Konstellationen und Abläufe – auch im Vergleich mit den Ergebnissen aus der quantitativen Befragung – ergeben, die wir im Folgenden vorstellen wollen. Die Darstellung von Gemeinsamkeiten der Schulverweigerung, ihres Verlaufs und ihrer Ursachen soll dazu beitragen, das Phänomen Schulverweigerung bzw. die betroffenen Schülerinnen und Schüler besser zu verstehen, um es wirkungsvoller als bisher bekämpfen zu können.

3 Untersuchungsergebnisse

In diesem Kapitel werden die Ergebnisse aus den DJI-Untersuchungen zum Thema Schulverweigerung referiert, die in Kapitel 2 ausführlich vorgestellt wurden. Hauptquellen sind die Befragungen von Expertinnen und Experten in und außerhalb von Schulen sowie die quantitativen und qualitativen Untersuchungen der Schulverweigerer selbst. Darüber hinaus werden weitere Erkenntnisse aus der wissenschaftlichen Begleitung des Modellprogramms „Arbeitsweltbezogene Jugendsozialarbeit" durch das Deutsche Jugendinstitut präsentiert. Dort, wo es nach unserer Meinung sinnvoll erscheint, werden die Ergebnisse getrennt für beide Gruppen (Experten bzw. Schulverweigerer) ausgewiesen, um Vergleiche in den Aussagen zu ermöglichen.

Die Ergebnisse aus den Befragungen der Schulverweigerer sind nicht repräsentativ für die Gesamtheit aller Schulverweigerer in der Bundesrepublik Deutschland. Sie beziehen sich auf Aussagen von ehemaligen aktiven Schulverweigerern, die ihren Verweigerungsprozess mit dem Eintritt in alternative Lernangebote beendet haben. Insofern handelt es sich um eine Gruppe, die pädagogisch erreicht wurde und die bereit war, sich innerhalb anderer Strukturen schulischen Anforderungen zu stellen (vgl. dazu auch Kap. 2.2.2).

3.1 Der Ablauf von Schulverweigerung

Ein Schüler wird nicht von heute auf morgen ein Schulverweigerer, sondern dieses Verhalten entwickelt sich in mehreren Abfolgen. Schulverweigerung ist also ein Entwicklungsprozess und damit das Ergebnis nicht gelungener Bearbeitungsversuche. Dieser Prozess ist am besten als „Wegdriften" zu bezeichnen (also keine Stufen oder ein abrupter Bruch). Eine Entwicklung zum Schulverweigerer ist jedoch keineswegs zwangsläufig, sie kann bei geeigneter Intervention auch beendet werden. Der Verweigerungsprozess kündigt sich mehr oder weniger deutlich an, er schreitet fort, er wird relativiert, er verstärkt sich, er wird unterbrochen – mit anderen Worten: Es gibt intensive und weniger intensive Zeiten des Schwänzens und genau darin liegen nach Meinung vieler auch die Möglichkeiten, helfend einzugreifen, denn meist sind es viele „kleinere" Ereignisse, die zu Schulverweigerung führen. Am Schluss dieses Prozesses steht aber – wenn nicht rechtzeitig erfolgreich interveniert wird – die völlige Abkehr von der Schule.

Schulverweigerung kann verschiedene Formen annehmen: Die deutlichste Form ist sicherlich die physische Abwesenheit des Schülers von der Schule. Die Abkehr von der Schule vollzieht sich häufig aber auch – oft als Vorstufe – innerhalb der Schule: Neben dem inneren Rückzug (insbesondere keine Beteiligung mehr am Unterricht) sind es vor allem Verhaltensauffälligkeiten, mit denen der Schüler auf für ihn schwierige Situationen aufmerksam macht oder aufmerksam machen will. In Kapitel 1.3.2 wurden diese verschiedenen Formen von Schulverweigerung detailliert beschrieben. Hier wollen wir jetzt der Frage nachgehen, mit welchen unterschiedlichen Abläufen diese verschiedenen Formen verbunden sind.

3.1.1 Der zeitliche Beginn von Schulverweigerung

Die Anfänge von Schulverweigerung reichen zum Teil weit zurück in die unteren Klassen. Tendenzen zu Schulverweigerung sind in vielen Fällen bereits in der Grundschule beobachtet worden. Die Untersuchungen zeigen übereinstimmend, dass Gründe für eine spätere aktive Schulverweigerung zum Teil bereits in jungen Jahren entstehen. Retrospektiv werden sowohl von den befragten Fachkräften als auch von den Schulverweigerern selbst Erfahrungen und Erlebnisse aus früheren Klassen mit aktuellen schulverweigernden Verhaltensweisen in Zusammenhang gebracht.

3.1.1.1 Ergebnisse aus der Expertenbefragung

Nach Ansicht der befragten Experten fängt die Entwicklung zum Schulverweigerer manchmal schon damit an, dass Eltern ihre Kinder nicht in den Kindergarten schicken. Gründe hierfür seien in den neuen Bundesländern häufig die Kosten, die im Unterschied zu denen für Kindergärten in DDR-Zeiten enorm sind, und in den alten Bundesländern oftmals der Mangel an Kindergartenplätzen überhaupt. Wenn ein Kind aber nicht in den Kindergarten geht, fehlt ihm eine wichtige soziale Bezugsgruppe und ein wichtiger Lebensabschnitt, in dem es im Kontext mit Gleichaltrigen Sozialkompetenzen erlernen und entwickeln kann. Der spätere Einstieg in die Grundschule erfolgt für diese Schüler ohne die Vorerfahrungen mit Gleichaltrigen, „die man bereits aus dem Kindergarten kennt“ und zu denen bereits Beziehungen bestehen. Sie bleiben für einen längeren

Zeitraum „die Neuen“, bis ein neuer schulischer Einschnitt für die ganze Klasse erfolgt. Werden hier nicht rechtzeitig entsprechende Hilfen gegeben, kann das soziale Abseits in der Klasse zu Tendenzen von zunächst passiver (und später auch aktiver) Verweigerung führen.

Den Beginn der Schulverweigerung exakt zu terminieren, ist schon deshalb schwierig, weil es – wie bereits erwähnt – mehrere Formen von Schulverweigerung gibt, die passive und die aktive, die (sozial) weniger auffällige und die auffällige Schulverweigerung. Die Angaben der außerschulischen Experten beziehen sich in der Regel auf das für Außenstehende sichtbare Verhalten des Schulverweigerers, also das Schuleschwänzen, während insbesondere das Lehrpersonal, aber auch Schulsozialarbeiter den Beginn von Schulverweigerung und der sie begleitenden Symptomatik an Verhaltensweisen der Schüler innerhalb der Schule festmachen.

Eindeutige Symptome stellten die befragten Lehrkräfte häufig bereits in der 4. bzw. 5. Klasse fest. Nach ihren Beobachtungen zeigen etwa 10–15 Prozent der Kinder in diesen Klassen Tendenzen zu Schulverweigerung. Die Erfahrungen sind durchwegs ähnlich. Sie stellten für ihre (überwiegend Haupt-)Schulen fest, dass es nahezu in jeder unteren Klasse mindestens fünf Schüler gebe, die zumindest „schulmüde“ seien. Die Tendenz sei steigend. Bleiben diese Symptome unbearbeitet, ist in vielen Fällen die Negativkarriere vorgezeichnet. Lehrkräfte aus höheren Klassen berichten, dass sie schulverweigernde Verhaltensweisen ihrer Schülerinnen und Schüler mit früheren Erfahrungen und Episoden in der Schule in Zusammenhang bringen konnten. Ob es sich dabei tatsächlich um mögliche Entstehungsbedingungen handelt oder „lediglich“ um kritische Entwicklungsphasen, bleibt zunächst offen.

Diese Befunde der Lehrkräfte werden insbesondere von den Schulpsychologen bestätigt. Bei einem Teil ihrer Klientel stellten sie fest, dass die Gründe, die diese letztendlich veranlassten, nicht mehr in die Schule zu gehen, bereits in früheren Klassen entstanden waren („Der Lehrer X hat mich noch nie gemocht“; „in dem Fach war ich schon immer schlecht“, „mit dieser Clique gab es schon immer Zoff ...“). Ferner haben sie beobachtet, dass viele Schüler, die heute ungern oder gar nicht zur Schule gehen, bereits in früheren Jahren nicht gerne zur Schule gegangen sind. Auch dieses Ergebnis deutet darauf hin, dass das Problem Schule sehr viel früher entstanden ist, als es die aktuelle Schulverweigerung vermuten lässt.

Übereinstimmend wird der Übergang von der 4. Klasse Grundschule in die 5. Klasse bzw. in eine weiterführende Schule[74], die sich häufig auch noch an einem anderen Ort befindet als die bisherige Schule, als zeitlicher Beginn vieler Probleme und Verhaltensauffälligkeiten diagnostiziert. Das Auseinanderreißen von in vier Jahrgangsstufen gewachsenen Klassenverbänden ist von manchen Schülerinnen und Schülern nur schwer zu verkraften. Hinzu kommen häufig neue Lehrkräfte, zu denen erst Beziehungen aufgebaut werden müssen. Diejenigen Schüler, die in die 5. Klasse der Hauptschule wechseln, tun sich unter Umständen ebenso schwer wie Schüler, die in andere Schularten (z.B. Realschule oder Gymnasium) übertreten.

Verstärkt würden die Verhaltensauffälligkeiten der Schüler zu diesem Zeitpunkt durch mögliche Konflikte zwischen Schule und Elternhaus: Insbesondere, wenn es in der Grundschule um die weitere schulische Zukunft der Kinder geht und die Lehrkräfte Empfehlungen für den Besuch weiterführender Schulen aussprechen (oder auch die Einweisung in eine Sonderschule befürworten), kann es zu systembedingten Interessenkonflikten kommen: Die Lehrkräfte sollen die Leistungen der Schüler möglichst objektiv beurteilen und eine Empfehlung für deren (schulische) Zukunft geben, während die Eltern eben wegen der Zukunft ihrer Kinder an möglichst guten Noten interessiert sind. Ein solches Gerangel um die Notengebung zwischen Lehrkräften und Eltern könne sich demotivierend auf die Kinder auswirken und bereits bestehende Fluchttendenzen von der Schule weg verstärken.

Die aktive Phase der Schulverweigerung machen die Experten etwa ab der 6. Klasse aus. In dieser Zeit kommt es zu vermehrten Verhaltensauffälligkeiten innerhalb der Schule (Störungen im Unterricht, aggressives und destruktives Verhalten gegenüber Lehrkräften und Mitschülern) und zu verstärktem Schulschwänzen. Die einsetzende Pubertät im Zusammenhang mit einer zunehmenden Bedeutung Gleichaltriger und einer wachsenden Ablösung der Jugendlichen von Eltern und anderen Erwachsenen sind wichtige Variablen, die ohnehin vorhandene Schulverweigerungstendenzen erheblich verstärken können.

---

[74] Im Laufe der letzten Klasse der Grundschule (in der Regel Jahrgangsstufe 4) wird von der abgebenden Schule ein Votum erstellt, das je nach Länderrecht Grundlage für die Entscheidung über die künftige Schullaufbahn des Kindes ist, die entweder von den Eltern oder von der Schule bzw. der Schulaufsicht getroffen wird.

3.1.1.2 Ergebnisse aus der Befragung von Schulverweigerern

In der Grundschule wird in der Regel selten aktiv geschwänzt. Dies hängt in erster Linie mit dem Alter der Schülerinnen und Schüler zusammen: Kinder unter 10 Jahren akzeptieren noch stärker als ältere Jugendliche die Autorität des Elternhauses und der Schule und trauen sich (noch) nicht, für alle sichtbar der Schule fernzubleiben. Dennoch sind es immerhin 12 % der von uns befragten Schulverweigerer, die bereits im Alter von 9 bis 11 Jahren angefangen haben, die Schule (aktiv) zu schwänzen, also noch in der Grundschulzeit. Ehemalige Schulverweigerer berichten, sie hätten sich „aus Angst vor den Lehrern nicht in die Klasse getraut" und deshalb deren Unterricht geschwänzt.

Vielfach liegen die Anfänge des (späteren) Schuleschwänzens also bereits in der Grundschule: Lernschwierigkeiten, eine problematische Beziehung zur Lehrkraft, schlechte Leistungen und in der Folge Klassenwiederholungen in der Grundschule sind Ereignisse, die die betroffenen Schüler bereits in jungen Jahren häufig aus der Bahn werfen. Ein Teil der Schüler ist nicht in der Lage, mit solchen Ereignissen umzugehen. Typisch für das (passive) schulverweigernde Verhalten in der Grundschule ist die mentale Abkehr von Schule: Der Schüler beteiligt sich nicht mehr am Unterricht, träumt vor sich hin und klinkt sich aus, wie dies ein Schüler sehr anschaulich beschreibt: „Weil ich im Unterricht immer nur Scheiß gebaut habe, saß ich immer hinten und habe nie richtig mitgemacht und hab immer einfach so Walkman gehört." Oft ist dieses Verhalten für solche Schüler mit der Konsequenz verbunden, dass sie den Anschluss an das schulische Leistungsniveau völlig verlieren. Weil sie insgesamt aber kaum verhaltensauffällig sind, wird diese Form der Verweigerung von den Lehrkräften häufig nicht als solche erkannt oder auch ignoriert, um einen ungestörten Unterrichtsablauf zu gewährleisten.

Die aktive Schulverweigerung tritt gehäuft erst ab der 5. bzw. 6. Klasse auf, für die meisten Schüler, die nicht an einer Gesamtschule lernen, also nach Beendigung der Grundschule. Der Übergang von der Grundschule in die Hauptschule oder eine weiterführende Schule markiert einen neuen Lebensabschnitt und ist oft mit Schulwechsel sowie neuen Lehrkräften und Mitschülern verbunden, was für viele Schüler nur schwer zu bewältigen ist. Stellvertretend soll hier ein Schüler über seinen Wechsel in die 5. Klasse, der überdies mit einem Schulwechsel und einem Wohnortwechsel verbunden war, zitiert werden: „Ich kannte dort niemand, auch die Lehrer nicht. Die haben mich so komisch angeguckt, weil ich damals noch ein bisschen dick war und aus dem Allgäu kam ...". Im weiteren Verlauf gerät der

Schüler immer mehr in eine Außenseiterrolle, aus der er sich nicht mehr befreien kann: „Ich hab dann gar nichts mehr gesagt, weil die mich immer ausgelacht haben, weil ich halt anders geredet habe und so. Dann bin ich krank geworden und dann wollte ich auch nicht mehr hin ...". Durch die langen Fehlzeiten werden seine Schulleistungen immer schlechter, was sein Selbstwertgefühl noch mehr beeinträchtigt. Im darauf folgenden Schuljahr wird er nicht mehr versetzt und fängt an, massiv zu schwänzen.

Abb. 7 Alter zu Beginn der Schulverweigerung

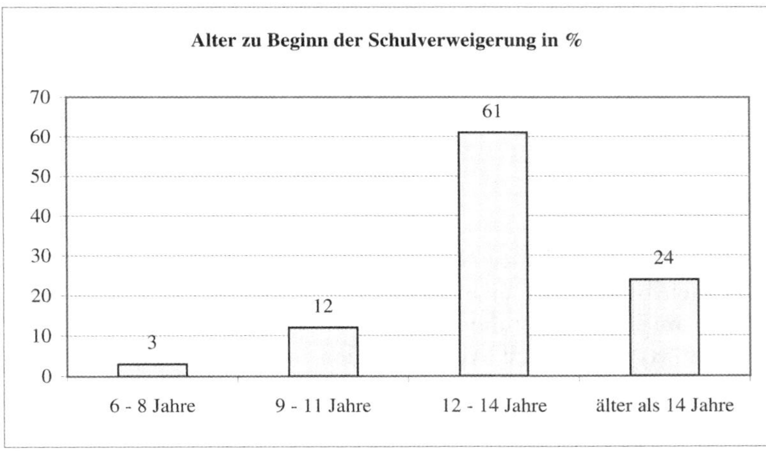

Über 60 % der befragten Schülerinnen und Schüler haben im Alter zwischen 12 und 14 Jahren begonnen, die Schule zu schwänzen. Dass dies das häufigste Einstiegsalter ist, bestätigen auch andere Untersuchungen (Ricking/Neukäter 1997, Thimm 2000). Aber auch Schülerinnen und Schüler, die bis zu ihrem 15. Lebensjahr noch keine Verweigerungstendenzen zeigen, sind jedenfalls teilweise „gefährdet": Fast jeder vierte befragte Schüler fing im Alter ab 15 Jahren an, die Schule zu schwänzen. Der Übergang zum aktiven Schulverweigerer (hier gemeint: das Fernbleiben vom Unterricht bzw. von der Schule) fing für den größten Teil der befragten Schülerinnen und Schüler in der Hauptschule (54 %) bzw. der Grundschule (11 %) oder Sonderschule (10 %) an. Aber immerhin noch fast jeder Fünfte (18 %) gibt an, mit dem Schulschwänzen erst in einer weiterführenden Schule (Realschule, Gymnasium) begonnen zu haben.

Sehr häufig fängt Schulverweigerung mit einzelnen Fehlstunden an: Mehr als ein Drittel (34 %) der befragten Schülerinnen und Schüler gibt an, zunächst einzelne Stunden geschwänzt zu haben. Diese Form

Abb. 8 Besuchte Schultypen zu Beginn des Schwänzens

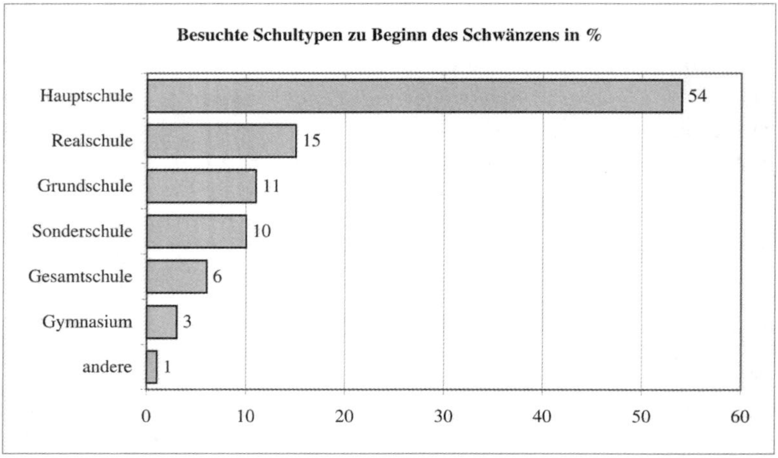

der Verweigerung richtet sich meist gegen ein bestimmtes Unterrichtsfach bzw. gegen eine bestimmte Lehrkraft. Oft sind es auch einfach nur die „Eckstunden“ (erste oder letzte Unterrichtsstunde, Stunden vor bzw. nach Ausfallstunden), die „abgehängt“ werden. Dieses an sich eher harmlose und im Grunde auch „übliche“ Verhalten in einer bestimmten Zeit und einer bestimmten Entwicklungsphase im Schülerdasein kann wieder verschwinden oder sich verfestigen. Insofern sind einzelne Fehlstunden zwar nicht dramatisch, aber dennoch Signale, die nicht übersehen werden dürfen.

Abb. 9 Art des Schwänzens zu Beginn

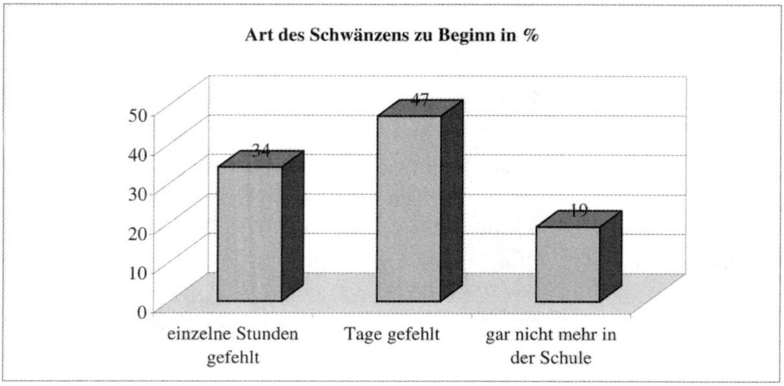

Fast jeder zweite Schüler (47 %) hat dagegen seine Schulschwänzerkarriere gleich mit dem Fehlen ganzer Schultage begonnen. Typisch für diese Gruppe ist, dass sie dazwischen immer wieder auch ganze Tage zur Schule gegangen ist. Dies ist ein Indiz dafür, dass diese Schüler sich noch nicht völlig von der Schule abgekehrt haben und grundsätzlich noch „ansprechbar“ sind. Zu diesem Zeitpunkt können Eltern bzw. Lehrkräfte noch etwas tun, um zu verhindern, dass es zum völligen Abbruch der Schule oder der Klasse kommt. Mehrere Jugendliche berichten, sie hätten immer wieder versucht, erneut einzusteigen, allerdings ohne Erfolg, weil es ihnen auch an Unterstützung durch die Erwachsenen fehlte. Weitere 19 % der Jugendlichen gaben an, sozusagen von einem Tag zum anderen gar nicht mehr in die Schule gegangen zu sein. Letzterer Befund deutet darauf hin, dass diese Schüler bereits über einen längeren Zeitraum den Unterricht passiv verweigert hatten und der endgültige Abschied von der Schule lediglich die logische Konsequenz einer aus ihrer Sicht negativen Entwicklung war. Zu diesem Zeitpunkt vonseiten der Eltern oder der Schule noch zu intervenieren, ist schwierig und häufig ohne Erfolg.

3.1.2 Der weitere Verlauf

Viele Schulverweigerer versuchen zwischendurch, nach einer Zeit der Abwesenheit von der Schule, in ihr wieder Fuß zu fassen. In diesem Zusammenhang berichten die Experten, Lehrkräfte hätten auf das sporadische Auftauchen des Schülers im Unterricht mit Spott und Ironie reagiert. Statt Ermutigung („schön, dass du wieder da bist, so viel hast du gar nicht versäumt“) wurden die Schüler verspottet („was, dich gibt es auch noch …“ oder „hast du dich verlaufen?“). Solche Reaktionen von Lehrkräften, die im Übrigen von den Mitschülern meist mit beifälligem Gelächter quittiert würden, was die „Täter“ auch innerhalb der Klasse isoliert, würden bei den betreffenden Schülern genau das Gegenteil dessen bewirken, was man beabsichtigt: Statt wieder regelmäßig zur Schule zu kommen und den versäumten Unterrichtsstoff nachzulernen, würden diese Schüler immer seltener zur Schule gehen und irgendwann endgültig wegbleiben. Dass die beschriebenen Reaktionen der Lehrkräfte in erster Linie ein Ausdruck ihrer Hilflosigkeit und in Bezug auf das erwünschte Schulbesuchsverhalten ihrer Schüler äußerst kontraproduktiv seien, sei evident. Solche Reaktionen würden auch zeigen, dass diese Lehrkräfte das schulverweigernde Verhalten offenbar als persönliche Kränkung erleben, als einseitigen Abbruch einer Beziehung, wodurch der Jugendliche sich „alle Sympathien verspielt" habe. Durch ein solches Lehrerverhalten werden aber gerade Jugendliche, die gelegentlich schwänzen, in ihrem Verhalten bestärkt. Die Tatsache, dass sie immer mal wieder „auftauchen", signalisiere, dass sie im Grunde zur Schule gehen wollen, aber aus bestimmten Gründen Schwierigkeiten haben und nicht können. Wenn man sie in diesem Stadium der Verweigerung zurückstößt, erschwert dies die Rückkehr in die Klasse.

Die Experten weisen ferner darauf hin, dass der Versuch, wieder in die Schule zurückzukehren, das Ergebnis eines meist schwierigen Prozesses ist. Häufig verlängern Schüler ihre Auszeit, weil sie Angst vor der Rückkehr in die Schule haben. Ein Schüler, der sich „traut" zurückzukommen, hat sich in der Regel intensiv mit den Problemen, die seinem Schulschwänzen zugrunde liegen, auseinander gesetzt. Unabhängig davon, ob die Probleme bereits gelöst sind oder nicht, hat er sich am Ende dazu durchgerungen, wieder zur Schule zu gehen. Negative Lehrer- oder Mitschülerreaktionen können dann dazu führen, dass der Schüler sich zurückgestoßen fühlt und seine Bemühungen zunichte gemacht werden.

Die Beobachtungen der Experten werden von den Schulverweigerern weitgehend bestätigt:

Jugendliche, die zwischendurch in ihre bisherige Schule zurückkehrten, berichten überwiegend von negativen Erfahrungen, wobei sich diese in erster Linie auf die Reaktionen der Lehrkräfte beziehen. Bemerkungen wie: „Ach, das gnädige Fräulein ist ja auch mal wieder da …" oder: „Das ist aber nett, dass du uns wieder beehrst – wie lange denn diesmal?" sind natürlich nicht dazu angetan, einen (ehemaligen) Schulverweigerer zu motivieren. Wenn dann auch noch die Mitschüler negativ reagieren – was besonders dann der Fall scheint, wenn die Lehrkraft mit schlechtem Beispiel vorangeht –, dann ist ein Scheitern dieses Rückkehrversuchs vorprogrammiert. Für die Mitschüler ist der Schulverweigerer der Außenseiter, in aller Regel einer, der „blau" macht, während sie selbst „büffeln" müssen. In dieser Ansicht werden sie durch das Verhalten der Lehrkräfte bestärkt. Negative Reaktionen vonseiten der Lehrkräfte und der Schüler lösen (neuerliche) Fluchttendenzen beim Schulverweigerer aus. Dadurch verschlechtern sich seine Leistungen, und er versucht, sich dieser negativen Entwicklung zu entziehen, indem er – wieder einmal – schwänzt. Dabei möchten viele Schulschwänzer nach einer gewissen Zeit eigentlich lieber wieder zur Schule gehen. Ein Schüler, dessen Mutter immer bereitwillig Entschuldigungen für ihn geschrieben hatte, erzählte, dass es ihm nach einiger Zeit langweilig geworden sei, weil er seine Mutter, die zu der Zeit arbeitslos war, immer begleiten musste

„auf das Arbeitsamt oder in die Stadt oder so". Er wollte, wie er sagt, „... einfach bloß wieder in die Schule". Er war sich bewusst, dass er einen Hauptschulabschluss brauchen würde, um später eine Gärtnerlehre („das wollte ich schon immer, mit der Natur arbeiten") anfangen zu können. Seine Rückkehrversuche in seine alte Schule sind gescheitert. Nach seiner Darstellung wurde er von den Lehrkräften nicht (mehr) akzeptiert („... die haben mir das nicht geglaubt, also dass ich wieder will"), außerdem gab es – wie er sagt – „auf dem Schulhof andauernd Stress, das wurde immer krasser ... ja, dann kamen Messer mit in die Schule und sonst was".

Neben sarkastischen Bemerkungen der Lehrkräfte kam es nach Aussagen von Schulverweigerern in einigen Fällen auch zu verbalen Auseinandersetzungen zwischen ihnen und der Lehrkraft. Einem Schüler wurden zum Beispiel deshalb Vorhaltungen gemacht, weil er während seines Schwänzens schriftliche Arbeiten versäumt hätte und die Lehrkraft nun extra für ihn neue Texte verfassen musste, wozu sie, die Lehrkraft jedoch keine Lust hätte. Das Ende vom Lied war, dass der Schüler die Klasse wieder verließ. Andere Schülerinnen und Schüler berichteten, sie seien von der Lehrkraft überhaupt nicht mehr beachtet worden. Nachdem sich dieser Zustand nicht änderte, seien sie nicht mehr in die Schule gegangen. Negative Reaktionen der Lehrkräfte auf die neuerliche Anwesenheit des Schülers wirken sich also negativ auf dessen weiteres Schulbesuchsverhalten aus. Dies zeigt, wie wichtig die Person der Lehrkraft für den Heranwachsenden ist – in negativer wie in positiver Hinsicht.

Bei den Versuchen, wieder in den schulischen Alltag zurückzukehren, ist zu unterscheiden zwischen Schülern, die dies in der Schule versuchten, der sie sich zuvor verweigert hatten, und solchen Schülern, die die Schule wechselten – sei es durch Umzug oder durch bewusste Entscheidung (der Eltern oder des Schulamts) für eine andere Schule. Gemeinsam ist zunächst beiden Gruppen, dass sie ihr schulverweigerndes Verhalten beenden wollen. Sie signalisieren mit ihrem (gelegentlichen) Erscheinen, dass sie im Grunde zur Schule gehen wollen, dies aber aus bestimmten Gründen nicht schaffen. Dies bestätigt unsere These, wonach Schulverweigerung ein Prozess ist, der zum einen nicht wirklich freiwillig und zum anderen auch umkehrbar ist, wenn man der Schülerin oder dem Schüler die Rückkehr ermöglicht.

Schülerinnen und Schüler, die wieder in ihre alte Schule gehen wollen, tun dies häufig deshalb, weil sie sich durch ihr Schulschwänzen weitgehend sozial isoliert haben. Während am Anfang ihrer Schulverweigererkarriere öfter mal Mitschüler „mitgestreikt" hatten, geraten sie mit zunehmender Dauer des Fernbleibens von der Schule in eine unfreiwillige Isolation: „Es war keiner mehr da, mit dem ich reden konnte. Vormittags war ich alleine und nachmittags mussten die (die anderen Schüler – Anm. d. Verf.) Hausaufgaben machen". Die Kontakte zur Schule nehmen also allmählich ab, Mitschüler distanzieren sich zum Teil vom Außenseiter, neue Freunde gewinnt man – wenn überhaupt – nur noch außerhalb der Schule, und auch dies trifft nur auf einen Teil der Schulverweigerer zu, denn die meisten geben auf die Frage, was sie denn in der Zeit gemacht hätten, in der sie nicht in der Schule waren, an, sie hätten „nichts Besonderes" getan (55 %) bzw. seien „in der Wohnung geblieben" (62 %)[75]. Grund für die Rückkehrwilligkeit ist also auch eine gewisse Langeweile, weil man die Zeit, die man sonst in der Schule verbringen würde, irgendwie totschlagen muss, bis man „legal wieder auftauchen" kann.

Von den Schülerinnen und Schülern, die ihre unfreiwillige Isolation beenden und wieder zurück in die Schule wollten (42 %), ging fast jeder zweite (44 %) in eine neue Schule. Für viele war dies ein Neuanfang: „Da kannte man mich nicht, und ich kannte auch niemanden, ich konnte also noch mal ganz neu anfangen." Dennoch verlief die Rückkehr in das Regelsystem in den meisten Fällen keineswegs ohne Schwierigkeiten, da alte Probleme, die zu dem schulverweigernden Verhalten geführt hatten, meist nach wie vor nicht (ausreichend) bearbeitet waren, weshalb es dann auch wieder zu Fehlzeiten und in der Folge zum endgültigen Bruch mit der Schule kam.

3.1.3 Die Dauer von Schulverweigerung

Die Fehlzeiten, die die aktiven Schuleschwänzer in ihrem letzten Schuljahr (vor Eintritt in ein Projekt oder eine Maßnahme für Schulverweigerer) aufwiesen, sind erschreckend[76]: Knapp jeder Vierte (23 %) gab an, zwischen 5 und 20 Schultagen geschwänzt zu haben; ein weiteres Viertel (27 %) schwänzte in der Größenordnung von 40 bis 60 Schultagen und 6 % bis zu 80 Schultage. Weit mehr als ein Drittel (42 %) gibt an, ein halbes Schuljahr (17 %) und länger (25 %) in der Schule gefehlt zu haben.

---

[75] Vergleiche dazu ausführlich Kapitel 3.3.2.

[76] Bei diesen Ergebnissen ist zu berücksichtigen, dass die Schülerinnen und Schüler retrospektiv zu ihren Fehlzeiten befragt wurden, sodass im Einzelfall mit Verzerrungen gerechnet werden muss. Man kann aber davon ausgehen, dass die angegebenen Größenordnungen in etwa den Tatsachen entsprechen.

Tab. 9 Fehlzeiten in der Regelschule vor Eintritt in die Maßnahme/in das Projekt

Fehlzeiten	In % (gerundet)
Bis zu 5 Schultagen	7
Bis zu 20 Schultagen	16
Bis zu 40 Schultagen	13
Bis zu 60 Schultagen	14
Bis zu 80 Schultagen	7
Bis zu einem halben Schuljahr	17
Bis zu einem Schuljahr	18
Länger als ein Schuljahr	6

Aus diesen langen Fehlzeiten kann geschlossen werden, dass der Schulverweigerer zunehmend vereinsamt. (Es sei denn, er findet Anschluss an außerschulische Gruppen.) Die Bindungen zu Mitschülern oder zu den Lehrkräften lösen sich allmählich auf, weil der gemeinsame Hintergrund (Schule) nicht oder nicht mehr ausreichend gegeben ist. Eventuelle neue Kontakte oder Bindungen außerhalb des schulischen Milieus entfernen ihn noch mehr vom schulischen Kontext. Je länger die Fehlzeiten also dauern, desto schwieriger und auch unwahrscheinlicher wird die Reintegration in die Regelschule. Dieses Ergebnis unterstreicht die Bedeutung, die das frühzeitige Erkennen von Schulverweigerungstendenzen hat: Je schneller Schule und Elternhaus erkennen, dass der Schüler Probleme hat, die zur Abkehr von der Schule führen können, desto wirksamer und nachhaltiger kann noch eingegriffen werden. Haben Schulverweigerungstendenzen sich einmal verselbstständigt, ist eine erfolgreiche Wiedereingliederung in die Schule nur noch schwer möglich.

In diesem Zusammenhang haben wir die Schülerinnen und Schüler auch gefragt, wie sie denn ihre Fehlzeiten in der Schule begründet hätten. Das Ergebnis sollte zu denken geben: Gut jeder Dritte (38 %) hat sich öfters von einem Arzt krank schreiben lassen. Inwiefern es sich hier um tatsächliche oder vorgetäuschte Erkrankungen gehandelt hat, ist im Nachhinein kaum noch zu ermitteln. Allerdings geben verschiedene Schüler in der qualitativen Befragung freimütig zu, dass sie zum Arzt gegangen seien, ohne „echt krank“ gewesen zu sein: „Ich hab mir halt irgend etwas ausgedacht, Migräne oder Magen oder so, und dann hat er mich krank geschrieben.“ Mehr als die Hälfte (57 %) der Antworten entfielen auf die Kategorie, häufig gar keine Entschuldigung vorgelegt zu haben; 47 % sagten aus, sie hätten oft als

Begründung angegeben, dass sie „keinen Bock mehr auf Schule“ hätten. Dass man die Eltern bittet, eine Entschuldigung zu schreiben, kommt verständlicherweise weniger oft vor: Nur jeder Sechste (16 %) gibt an, seine Eltern hätten ihm öfters eine Entschuldigung geschrieben. Äußerst selten wurden andere Verwandte (z. B. Großeltern, ältere Geschwister) herangezogen, um das Fehlen in der Schule zu entschuldigen: Lediglich 5 % haben dies öfter gemacht. 17 % der Befragten geben an, sie hätten sich öfter selbst eine Entschuldigung geschrieben.

Abb. 10 Begründungen für das Fernbleiben von der Schule

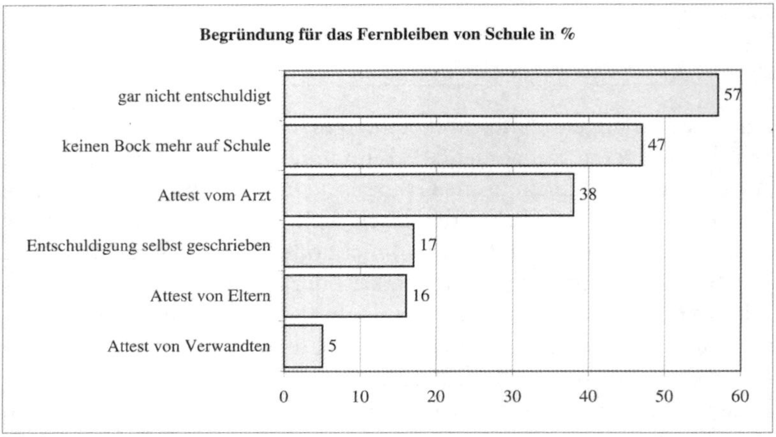

3.1.4 Das Ende der Schulverweigerung

Die Phase der Schulverweigerung selbst zu beenden, ist für den einzelnen Schüler nicht einfach. Insbesondere Schulverweigerer mit längeren schulischen Fehlzeiten schaffen es meist nicht aus eigener Kraft, in die Schule zurückzukehren. Die Schwellen hierfür sind für sie zu hoch: Die Angst, aufgrund des versäumten Unterrichts (möglicherweise wieder) zu versagen, Scham und Angst vor den Reaktionen der Lehrkräfte und Mitschüler, aber auch vor denen von Eltern und Familie verhindern oftmals den schulischen Neuanfang.

Der Höhepunkt des Schuleschwänzens (im letzten Schuljahr vor Eintritt in das Schulverweigererprojekt oder die -maßnahme) lag für 85 % der ehemaligen Schulverweigerer im Alter zwischen 14 und 16 Jahren. Dieser Altersgruppe entsprachen die Klassenstufen 7, 8 und 9. Die meisten Schulverweigerer waren in diesem letzten Schuljahr in der Hauptschule gemeldet (59 %). Aus Sonderschulen kamen 12 %, weitere 17 % hatten eine weiterführende Schule besucht.

Tab. 10 Schultypen vor Projekteintritt

Schultyp	In %
Hauptschule	59
Realschule	15
Sonderschule	12
Gesamtschule	8
Gymnasium	2
Andere Schule	4

Die Dominanz der Hauptschule verwundert nicht: Hier treten Schulverweigerungstendenzen seit vielen Jahren am häufigsten auf. Dies hängt nach den Beobachtungen der Experten eng mit der besuchten Schulform zusammen: Je höher das Bildungsniveau und damit die Ausbildungs- und Beschäftigungsperspektiven, desto geringer ist die (aktive) Verweigerungsquote. Schüler aus dem unteren Qualifikationsbereich tragen demnach ein höheres Risiko, zu Schulverweigerern zu werden als ihre Kollegen aus dem mittleren und höheren Qualifikationsbereich. Konkret bedeutet dies nach Ansicht der Experten: Schulverweigerer sind in erster Linie Haupt- und Sonderschüler. Ferner sind dies Schüler aus dem Berufsvorbereitungsjahr (BVJ) sowie Schüler aus Berufsschulen, die keine Lehrstelle bzw. keinen Ausbildungsplatz gefunden haben, aber noch der Berufsschulpflicht unterliegen – überwiegend also ebenfalls (ehemalige) Haupt- und Sonderschüler.

Der besuchte Schultyp wiederum hängt sehr eng mit den späteren Ausbildungs- und Beschäftigungschancen zusammen. Die Schulart und die erreichten Noten bzw. der Notendurchschnitt im Schulabschlusszeugnis bestimmen weitgehend die Perspektiven für eine Berufsausbildung und/oder einen Arbeitsplatz. Für Schüler unterhalb der mittleren Bildungsqualifikation geht es eher darum, überhaupt einen Schulabschluss zu erwerben, um sich wenigstens theoretisch die Voraussetzungen für einen Ausbildungsplatz zu sichern. Wegen dieser tendenziellen Entwertung des Hauptschulabschlusses ist es nicht immer einfach, eine gleich bleibende Lernmotivation zu entwickeln und über längere Zeit aufrechtzuerhalten, zumal die Konkurrenz um Ausbildungs- und Arbeitsplätze auch aus den weiterführenden Schulen kommt: Auch ein guter mittlerer Bildungsabschluss verspricht zwar heute keineswegs mehr automatisch qualifizierte Ausbildungsmöglichkeiten und nachfolgende (sichere) Arbeitsplätze, aber klar ist auch, dass einem Bewerber mit mittlerem Bildungsabschluss gegenüber einem Hauptschulabsolventen in der Regel der Vorzug gegeben wird. Insofern ist eine Schulbildung im unteren Qualifikationsbereich mitverantwortlich für eine mögliche soziale Ausgrenzung der bzw. des Jugendlichen nach der Schulentlassung. Ihre Hoffnung auf einen Ausbildungsplatz in einem anerkannten Ausbildungsberuf und, in der Folge, auf eine qualifizierte Vollzeitbeschäftigung erweist sich vielfach als trügerische Zukunftsperspektive, denn häufig landen sie – meist ohne Ausbildung – in ungesicherten und schlecht bezahlten Arbeitsverhältnissen.

Schulverweigerung gibt es natürlich nicht nur in Schulen des unteren Qualifikationsbereichs, auch an mittleren und höheren Schulen finden sich Schulverweigerer, allerdings fehle hier – so die befragten Fachkräfte – weitgehend das Motiv berufliche Perspektivlosigkeit. Die Ursachen für Schulverweigerung seien an weiterführenden Schulen vielfach anders gelagert: Neben einer eher politisch motivierten Protesthaltung scheinen insbesondere die Lehrer-Schüler-Beziehung und die Angst, vor allem in den Augen der Eltern zu versagen, eine bedeutende Rolle zu spielen. Der Druck auf die Schülerinnen und Schüler sei hier nicht weniger groß, aber insgesamt gehen die Experten dennoch von einer geringeren Zahl von Schulverweigerern in diesen Bildungsanstalten aus.

Die befragten (ehemaligen) Schulverweigerer haben alle einen schulischen Neuanfang geschafft – allerdings nicht in dem ursprünglichen Schul- oder Klassenkontext. Alle Schülerinnen und Schüler sind in Projekten oder Maßnahmen gelandet, die speziell für Schulverweigerer entwickelt wurden. Die Initiative hierzu ging in vielen Fällen von den Eltern aus: Fast die Hälfte der Eltern (42 %) haben nach Angaben ihrer Kinder als Reaktion auf deren wiederholtes Schwänzen mit den Mitarbeiterinnen und Mitarbeiter in den Projekten bzw. Maßnahmen für Schulverweigerer Kontakt aufgenommen und dafür gesorgt, dass ihre Kinder aufgenommen wurden. Auch die (abgebende) Schule bzw. die Lehrkräfte haben sich in vielen Fällen bemüht, die Schulverweigerer in einer anderen Einrichtung unterzubringen. Dies zeigt, dass es auch der Schule in den meisten Fällen keineswegs egal ist, was aus den Schülerinnen und Schülern wird, die die Schule hartnäckig verweigern. Die Jugendlichen selbst berichteten zum Teil sehr anerkennend von den diesbezüglichen Bemühungen ihrer (ehemaligen) Lehrkräfte: „Also meine Lehrerin war total nett. Obwohl ich ja nicht mehr zu ihr in die Schule wollte, hat sie hier (im Projekt – Anm. des. Verf.) für mich angerufen und hat das irgendwie geregelt ...". Eine andere Schülerin berichtet von ihren Ängsten vor den vielen Menschen in der Regelschule und davon, wie die Lehrkraft ihr geholfen hat. „... also mit der Lehrerin habe ich mich immer gestritten ..., und dann hab ich meiner Lehrerin gesagt, dass sie mich irgendwo hinschicken soll, wo ich nicht so viele Menschen sehe ... Meine Klassenlehrerin von der 8. Klasse hat dann gesagt, dass es eine Mädchenschule gibt ... und dass ich mir das Ganze mal angucken soll ...". Häufig sind es aber die gemeinsamen Bemühungen von Eltern und Schule, für das schulverweigernde Kind eine Lösung zu finden, die ein Weiterlernen und einen eventuellen Schulabschluss ermöglichen soll.

Auch das Jugendamt ist in einigen Fällen aktiv geworden und hat Kontakt zu einem alternativen Lernangebot aufgenommen. Allerdings wurde dies von den betroffenen Jugendlichen nicht immer positiv bewertet: „Die haben gesagt, ich muss dahin gehen, das wäre meine letzte Chance und so, sonst würde ich ins Heim müssen ...". Die Aktivität des Jugendamts wird eher als Einmischung und Bestrafung erlebt, der Vorschlag, sich in einem anderen Lernzusammenhang als der bisherigen Schule auf seinen Abschluss vorzubereiten, wird misstrauisch aufgenommen und als bevormundend empfunden. Stattdessen jedoch wieder in die bisherige Schule zurückzugehen, ist aber ebenfalls nicht akzeptabel, weshalb der Schüler sich dann meist doch den Vorschlägen des Jugendamts fügt: „Dann habe ich denen gesagt, die Schule betrete ich nicht mehr, da kriegt mich keiner mehr rein, dann gehe ich eben dorthin ..." (gemeint ist das alternative Lernangebot).

In den speziell für Schulverweigerer entwickelten Lernangeboten steht die Verbesserung der Lernmotivation im Mittelpunkt. Die dort entwickelten Strategien scheinen zu fruchten: Über 90 % der befragten Schulverweigerer äußern die Absicht, mithilfe des alternativen Lernangebots den Hauptschulabschluss (81 %) bzw. einen anderen Schulabschluss (13 %) machen zu wollen. Die Motivation, zunächst einen Schulabschluss zu erwerben, ist im Übrigen unter Mädchen und Jungen in etwa gleich hoch. Lediglich 5 % der Befragten möchten es ohne direkten Hauptschulabschluss versuchen; der größte Teil von ihnen denkt dabei an das Berufsvorbereitungsjahr (BVJ).

Wie stark der Wunsch nach einem Schulabschluss ist, korrespondiert erfahrungsgemäß mit den Schulleistungen: Je besser meine Leistungen sind, desto eher glaube ich daran, einen Abschluss schaffen zu können. Umgekehrt schwindet das Selbstvertrauen und der Glaube an einen Schulabschluss, wenn ich den Anforderungen in der Schule nicht gerecht werde. Negative Leistungsergebnisse führen häufig zu Selbstzweifeln und Minderwertigkeitsgefühlen (vgl. Kap. 3.2.1.1).

Die schulischen Anforderungen in den alternativen Lernangeboten scheinen für die Jugendlichen zu bewältigen zu sein. Über die Hälfte (55 %) gibt an, die dortigen Anforderungen seien „gerade richtig“, jeder Vierte (26 %) hält sich sogar für schulisch „eher unterfordert“. Dieses Ergebnis ist insofern bedeutsam, als für viele (wenn nicht die meisten) ehemalige Schulverweigerer in der Regelschule schlechte schulische Leistungen (mit) ein Grund waren für ihr Fernbleiben von der Schule.

Die befragten Schulverweigerer fühlen sich überwiegend „eher wohl“ in ihren jeweiligen Projekten (63 %); dies gilt in etwa gleich für Mädchen und Jungen; ein Drittel der ehemaligen Schulverweigerer äußert sich indifferent („weder noch“) und eine ganz kleine Gruppe fühlt sich „eher unwohl“ (4 %). Das Wohlbefinden ist eine wichtige Voraussetzung für die Lernmotivation und den schulischen Erfolg oder Misserfolg: Geht ein Schüler ungern zur Schule, ist es schwierig, ihn zum Lernen zu motivieren – entsprechend sind dann in der Regel seine schulischen Leistungen.

3.1.5 Zusammenfassung

Die Befunde aus den Erhebungen stimmen weitgehend überein: Es besteht ganz offensichtlich ein Zusammenhang zwischen dem Alter des Schülers und seinem Schulbesuchsverhalten. Mit zunehmendem Alter wird der Unterricht bzw. die Schule öfter geschwänzt. Massive Schulverweigerungstendenzen, die nach außen hin sichtbar sind, werden von den Experten mehrheitlich ab etwa dem 12. bzw. 13. Lebensjahr konstatiert. Das Alter, in dem die meisten Schülerinnen und Schüler begonnen hatten, den Unterricht aktiv zu schwänzen, liegt nach eigenen Angaben der Schülerinnen und Schüler zwischen 12 und 14 Jahren. Jüngere Schülerinnen und Schüler in unteren Klassen trauen sich (noch) nicht, offen zu verweigern. Ihr verweigerndes Verhalten ist sozial eher unauffällig und nach innen gerichtet, sie „träumen vor sich hin“ und „klinken sich aus“, kommen aber relativ regelmäßig in die Schule. Schülerinnen und Schüler aus den unteren Klassen entziehen sich der Schule also eher passiv, das heißt, sie bleiben weitgehend unauffällig im Klassenverband, beteiligen sich aber nicht freiwillig am Unterricht, „sie arbeiten einfach nicht mehr mit“. Insbesondere die Schülerbefragungen zeigen, dass diese Form der passiven Leistungsverweigerung in vielen Fällen tatsächlich eine Vorstufe von aktiver Schulverweigerung ist.

Etwa ein Drittel der Schulverweigerer sind Mädchen; damit scheinen die Mädchen in den Projekten und Angeboten für Schulverweigerer zunächst unterrepräsentiert, denn ihr Anteil in den allgemein bildenden Schulen liegt bei 49,2 % (vgl. Kap. 2.2.2.1.1). Die richtige Referenzgruppe sind aber nicht die Mädchen an allgemein bildenden Schulen, sondern diejenigen Schülerinnen, die mit Beendigung der Vollzeitschulpflicht die Schule ohne Hauptschulabschluss verlassen. Ein Vergleich mit dieser Schulabgängerstatistik zeigt, dass die dortigen Geschlechteranteile ähnlich denen in den Lernangeboten für Schulverweigerer sind: Im Schuljahr 1999/2000 beispielsweise waren 35,3 % der Abgänger Mädchen.

Die Ausprägungen von Schulverweigerung unterscheiden sich deutlich zwischen Mädchen und Jungen. Bei Formen der Verweigerung der Teilnahme am Unterricht trotz Anwesenheit neigen die Jungen eher zum Stören des Unterrichts, Mädchen klinken sich eher unauffällig aus. Bei aktiver Verweigerung (also dem expliziten Fernbleiben vom Unterricht) tendieren Mädchen eher zum Rückzug von ihren Peers, Jungen suchen eher gemeinsame Aktivitäten mit Freunden. Die Interviews mit Experten zeigen auch, dass nach ihrer Meinung der Anteil der Mädchen an den aktiven Schulverweigerern zunimmt.

Die Pubertät scheint mit all ihren positiven und negativen Begleiterscheinungen der Lebensabschnitt zu sein, in dem sich die weitere schulische Karriere entscheidet: Entweder der Schüler mit Verweigerungstendenzen fängt sich wieder, oder sein schulisches Scheitern wird mehr und mehr unabwendbar. Dies ist auch die Zeit, in der die innere Ablösung der Jugendlichen von den Eltern beginnt bzw. erfolgt, was oft mit einer erheblichen Verunsicherung auf beiden Seiten einhergeht. Die Eltern verlieren in dieser Phase für den Jugendlichen an Autorität und Beratungskompetenz. Sie selbst wiederum verstehen ihr Kind nicht mehr und haben Schwierigkeiten, mit seiner Entwicklung Schritt zu halten. Die wichtigste soziale Bezugsgruppe für den Jugendlichen sind nunmehr die Peers, an denen er sich orientiert und mit denen er zusammen ein eigenes jugendspezifisches Werte- und Normensystem entwickelt. Aktive Schulverweigerung ist also ein altersabhängiges Phänomen: Bei bereits vorhandenen Verweigerungstendenzen steigt mit zunehmendem Alter die Bereitschaft zum Schuleschwänzen und – in der Folge – eventuell zur totalen Schulverweigerung.

Je länger jedoch die schulischen Fehlzeiten dauern, desto mehr isoliert sich der Jugendliche von seinen Altersgenossen innerhalb der Schule. Wenn überhaupt finden soziale Kontakte überwiegend mit Peers außerhalb des schulischen Bereichs statt. Die Beziehungen zu den Mitschülern nehmen ab, weil der gemeinsame Erfahrungshintergrund schwindet. Insofern führen lange Fehlzeiten häufig zu einer

Vereinsamung des Schulverweigerers, die eine Reintegration in die Regelschule zunehmend schwieriger macht.

Die Phase der Schulverweigerung zu beenden, ist für den Schulverweigerer nicht einfach und hängt auch mit der Dauer der Verweigerung zusammen. Je länger man in der Schule gefehlt hat, desto schwerer fällt es, wieder dorthin zurückzugehen. Der tatsächliche oder vermeintliche Spott der Mitschüler oder auch der Lehrkräfte sowie das Bewusstsein, eine ganze Menge an Unterrichtsstoff versäumt zu haben, wirken sich hemmend auf die Bereitschaft aus, wieder zur Schule zu gehen. Wenn in dieser Phase die Unterstützung von Erwachsenen (Eltern, Lehrkräfte) unterbleibt, ist die Wahrscheinlichkeit groß, dass der Rückkehrversuch mit einer neuerlichen Abwendung von der Schule endet. Demgegenüber können positive Signale insbesondere der Lehrkräfte (z. B. über Anrufe oder Hausbesuche) und Hilfestellung bei der Bewältigung ihrer Alltagsprobleme die Schüler ermutigen, einen schulischen Neuanfang zu wagen, was diese im Grunde ja auch möchten, denn der Verlust des Bezugssystems Schule führt nicht nur in die soziale Isolation, er versperrt den Betroffenen auch die Möglichkeiten auf eine Ausbildung und damit den Weg in die Gesellschaft.

3.2 Die Ursachen von Schulverweigerung

Weshalb fängt ein Schüler an, sich von der Schule abzuwenden? Was passiert im Zeitablauf, das eine so weit reichende Entscheidung aus der Sicht des Schülers rechtfertigt? Welchen Einfluss haben Schule, Familie und andere gesellschaftliche Bereiche auf die Entstehung von Schulverweigerung?

3.2.1 Ergebnisse aus der Expertenbefragung

Es fällt auf, dass im Zusammenhang mit dem Auftreten von Schulverweigerung von den befragten Fachkräften außerhalb der Schule in der Regel soziale bzw. gesellschaftliche Faktoren als Entstehungsbedingungen oder Auslöser für schulverweigernde Verhaltensweisen genannt werden. Begründet wird dies damit, dass die persönliche Entwicklung insbesondere im Jugendalter in hohem Maß abhängig ist von gesellschaftlichen Rahmenbedingungen. Aber auch die familiären Verhältnisse des Schülers sowie er selbst und seine Eigenschaften werden als Erklärungsvariablen für Schulverweigerung herangezogen – allerdings meist nicht isoliert, sondern im Kontext mit anderen Bedingungen.

Fachkräfte, die täglich engen Kontakt mit dem Schüler haben (vor allem Projektmitarbeiter, Schulsozialarbeiter und Lehrkräfte), thematisieren demgegenüber eher den Schüler selbst und sein familiäres Umfeld als verursachende Faktoren für seine Abkehr von der Schule, während Fachkräfte aus Institutionen mit beratenden Funktionen eher schulische Bedingungen und gesellschaftliche Faktoren für die Entstehung von Schulverweigerung ins Feld führen. Dieses Ergebnis ist sicher auch auf die Nähe bzw. die Distanz zurückzuführen, die zu Schülern bzw. zu Schule besteht. Beide Gruppen betonen aber die Interdependenzen bei den Ursachen von Schulverweigerung.

Es wird ferner darauf hingewiesen, dass das Phänomen der Verhaltensauffälligkeit meist nicht isoliert nur in der Schule bzw. nur in der Familie auftritt, sondern im gesamten sozialen Lebensfeld der Schülerinnen und Schüler. Besonders gravierend entwickelt sich das Problem, wenn soziale Auffälligkeiten mit eklatanten Leistungs- und Motivationsdefiziten einhergehen.

Die meisten Schulverweigerer haben – so die Einschätzungen der Experten – sowohl in ihrer Bildungsbiografie als auch in ihrem persönlichen Umfeld Brüche und Instabilitäten erlebt. Mehrfacher Schulwechsel („Wanderpokal“) oder Klassenwechsel („Hauptschultourismus“) aus disziplinarischen oder familiären Gründen sind nicht selten. Ferner sind negative Begleitumstände, die sich aus dem häuslichen und familiären Milieu ergeben, häufig auslösend (wenn nicht gar ursächlich) für die Unfähigkeit des Schülers, den Schulalltag zu organisieren und durchzustehen. Zu den Problemen in der Familie zählen Scheidung, Alkoholismus der Eltern, Stiefväter oder -mütter ebenso wie Arbeitslosigkeit und Überschuldung.

Nach Expertenmeinung versuchen manche Schülerinnen und Schüler durch Fehlzeiten die Erwachsenen (vor allem Lehrkräfte und Eltern) auf ihre für sie schwierige Situation aufmerksam zu machen: Wenn ein Schüler beispielsweise morgens immer zu spät kommt, immer an Freitagen fehlt oder in einem bestimmten Fach bei einer bestimmten Lehrkraft nicht mehr erscheint, dann müsste spätestens hier eine Reaktion der Erwachsenenwelt erfolgen, die nicht aus disziplinarischen Sanktionen bestehen sollte, sondern die versucht, den Ursachen für dieses abweichende Verhalten auf den Grund zu gehen. Die Experten weisen darauf hin, dass Schulverweigerung in diesem Zusammenhang (auch) als Hilferuf zu interpretieren ist, dass es den Schülern (und ggf. auch den Eltern) nicht gut geht, wobei die entsprechenden Verhaltensauffälligkeiten meist nicht isoliert nur in einzelnen Lebensbereichen (beispielsweise nur Schule oder nur Familie) auftreten, sondern die gesamte soziale Lebenswelt der Schülerinnen und Schüler berühren.

3.2.1.1 Schulische Faktoren, die Schulverweigerung begünstigen

Schule ist lebensfremd

Von den Expertinnen und Experten wird übereinstimmend darauf hingewiesen, dass Schülerinnen und Schüler mehr oder weniger explizit beklagen, dass sie ihre außerhalb der Schule gemachten Erfahrungen und Erlebnisse nicht in die schulischen Lernprozesse einbeziehen können. Die Inhalte und Formen schulischen Lernens abstrahieren zu stark von den sozialen und lebensgeschichtlichen Bezügen der Kinder und Jugendlichen außerhalb der Schule. Erfahrungen der Schüler, die nicht unmittelbar den Unterrichtsstoff betreffen und die außerhalb der Schule in einem anderen Kontext gemacht wurden, werden in der Schule ausgeklammert bzw. erst gar nicht thematisiert. Außerschulische Sozialisationsprozesse (in der Familie, in der Gleichaltrigengruppe) laufen ziemlich unverbunden neben der Sozialisation durch die Schule. Wie die Jugendlichen in ihren Familien leben, wie sie mit ihren Eltern zurechtkommen, welche Bezugspersonen sie in- und außerhalb der Familie haben, an denen sie sich orientieren und mit denen sie auch über ihre Probleme reden können, welchen Freizeitbeschäftigungen sie nachgehen und mit wem sie Umgang haben, welche Sichtweisen über Zukunft und Lebensziele bestehen – all dies interessiert die Schule zunächst einmal nicht. Auch wenn die Schule nicht ohne Systematisierung und Strukturierung auskomme, erschweren die Abstraktheit und Lebensferne schulischer Leistungsanforderungen die Persönlichkeitsentwicklung der Schüler. Konkurrenz und Leistung sind in der Schule die vorherrschenden Prinzipien. Vor allem Schüler mit Leistungs- und/oder Verhaltensproblemen distanzieren sich von der Schule und ihren Normen: Schulversagen und Schulverweigerung stehen hier ganz offensichtlich in einem engen Zusammenhang.

Die Experten betonen, dass es zwar auch andere, positive Beispiele gebe, sie aber insgesamt die Erfahrung gemacht haben, dass die Institution Schule nach wie vor „ziemlich unverbunden" neben anderen Lebensbereichen agiere. Im Mittelpunkt ihrer Kritik steht der oft „realitätsferne, uninteressante Unterricht", der mit der Welt außerhalb der Schule nichts oder nur wenig zu tun habe. Insbesondere die starre Trennung von Bildungs- und Beschäftigungssystem verhindere, dass Schule die heranwachsende Generation auf das Arbeitsleben vorbereitet. Mögliche Bedingungen der künftigen Arbeitswelt (wozu auch Arbeitslosigkeit gehören kann) finden in der Schule meist keine Berücksichtigung. Eine Hinführung zur Arbeitswelt, die auch Hilfestellungen bei der Ausbildungs- und Berufsorientierung beinhaltet, finde so gut wie nicht statt.

Diese Einschätzung wird grundsätzlich auch von den befragten Lehrkräften geteilt. Auch sie beklagen die mangelnde Wirklichkeits- und Lebensnähe der Lehrinhalte, und auch sie sehen, dass dies die Schüler nicht als zufriedenstellend erleben können. Sie verweisen allerdings gleichzeitig auf die Rahmenbedingungen und den Lehrplan, den sie „einhalten" müssten. Hinzu kämen die wachsenden Klassengrößen, die das Eingehen auf einzelne Schüler und ihre Welt erschweren und teilweise sogar unmöglich machen. Dies wiederum führe aufseiten der Schüler zu einem Motivationsabfall, der sich negativ auf ihre schulischen Leistungen auswirke.

Angst vor anderen (Gruppen von) Schülern

Es scheint ein Zusammenhang zu bestehen zwischen dem Auftreten von subjektiv empfundenen Problembelastungen und sozialer Exklusion (oder positiv: Integration): Nach den Erfahrungen der Experten verweigern Schüler teilweise die Schule, weil sie z.B. bedroht, erpresst oder verprügelt werden. Dies seien längst keine Einzelfälle mehr, zum Teil herrschten „Zustände wie an amerikanischen Schulen". Es gebe Erzählungen von Schülern, wonach sie über Wochen und Monate ihr Taschengeld an andere (meist größere bzw. ältere) Schüler „ablieferten" aus Angst, von diesen gehänselt, bedroht oder gar misshandelt zu werden. Irgendwann war dann die Situation aus der Sicht der Opfer so verfahren, dass sie keinen anderen Ausweg mehr sahen, als den, nicht mehr in die Schule zu gehen. Den Lehrkräften vertraut man sich in solchen Fällen eher nicht an. Die Angst, als „Petzer" bloßgestellt und dann doch wieder schikaniert oder gar verprügelt zu werden, ist meist größer als die (aus ihrer Sicht eher unwahrscheinliche) Möglichkeit, durch die Intervention der Lehrkräfte den oder die Peiniger loszuwerden. Die Lehrkräfte selbst erkennen entweder nicht, was in ihren Klassen los ist, oder sie „drücken beide Augen zu", weil sie nicht in der Lage sind, mit der Situation umzugehen und adäquat auf solche Aggressionen zu reagieren. Auch die Eltern werden in solchen Fällen nur selten von ihren Kindern über die Vorfälle in der Schule informiert oder gar um konkrete Hilfe gebeten.

„Mobbing“ unter Schülern („Bullying“) scheint nach Aussagen der Experten zuzunehmen. Mobbing ist eine besondere Ausprägungsform von Gewalt. Dabei werden Schülerinnen und Schüler, die nicht dem „Trend“ entsprechen, von anderen, meist körperlich Überlegenen kollektiv ausgegrenzt, indem sie über einen längeren Zeitraum schikaniert und gedemütigt werden. Die verwendeten Methoden sind vielseitig: Körperliche Angriffe gehören dazu ebenso wie Beschimpfungen, Gerüchte verbreiten und der Ausschluss aus schulischen Gruppenbeziehungen. Bekämpft wird „Andersartigkeit“: körperliche und/oder soziale Auffälligkeiten, Auffälligkeiten in Bezug auf ihre schulischen Leistungen usw. Nach Expertenurteil seien die betroffenen Schülerinnen und Schüler einer „traumatisierenden Form von Gewalt im Schulalltag“ ausgesetzt und reagierten hierauf zum Teil mit Verweigerungstendenzen, was sie wiederum in eine neue Außenseiterposition bringe.

Die befragten Lehrkräfte äußern sich überwiegend skeptisch in Bezug auf ihre Möglichkeiten, in solchen Fällen den betroffenen Schülern zu helfen: „Natürlich unternehmen wir etwas, wenn wir so was mitbekommen, aber einfach ist das nicht. Oft verhalten die Täter sich dann ein paar Tage ruhig, aber dann geht es wieder von vorne los.“ Die Experten betonen, dass der Terror an manchen Schulen Ausmaße angenommen hat, die vielen Erwachsenen nicht bewusst seien. Es habe sogar Suizidversuche von Schülern gegeben, die mit der Situation nicht fertig wurden. Die versuchte Selbsttötung sei eine aggressive Handlung, die als stumme Anklage zu verstehen sei. Der Schüler wolle damit sagen: „Schaut her, was ihr aus mir gemacht, wozu ihr mich getrieben habt“[77]. Die oft problemlose Verfügbarkeit von Schlafmitteln oder auch (Schuss-)Waffen würden solche destruktiven Handlungen erleichtern.

Ein anderes (wenn auch zahlenmäßig kleines) Problem in diesem Zusammenhang sei die zu beobachtende Tendenz unter Schülern zu so genannten Mitnahmesuiziden. Zahlreiche Beispiele hierfür findet man vor allem in den USA, aber auch in der Bundesrepublik Deutschland hat es schon mehrere Fälle gegeben, über die auch in den Medien berichtet wurde. Die Aggression des Schülers richtet sich

---

[77] Suizidgedanken bei Jugendlichen kommen leider sehr häufig vor. In einer breit angelegten Befragung von Teilnehmern am Freiwilligen Sozialen Trainingsjahr (FSTJ) gaben über 30 % der Befragten an, sie hätten in den letzten beiden Jahren vor Eintritt in das FSTJ einmal (13 %) bzw. mehrmals (18 %) daran gedacht, mit dem Leben Schluss zu machen. Förster, H. u. a.: Das Freiwillige Soziale Trainingsjahr – Ergebnisse der Ausgangsanalysen, Deutsches Jugendinstitut e. V., München und Leipzig, September 2001.

in solchen Fällen zunächst gegen die Person oder die Personen – vor allem Mitschüler, Lehrkräfte, Eltern –, die für die eigene negative Situation und Verzweiflung verantwortlich sind (oder gemacht werden); danach versucht man, sich selbst zu töten[78]. Obwohl solche Fälle bisher nur vereinzelt auftreten, stellen die Experten insgesamt eine zunehmende Gewaltbereitschaft unter den Jugendlichen fest, die sich sowohl gegen die eigene Person als auch gegen andere richte. Es sei deshalb sehr wichtig, dass Anzeichen für die Bereitschaft zur Gewalt bei Schülerinnen und Schülern frühzeitig erkannt werden. Die Schulpsychologen weisen in diesem Kontext allerdings darauf hin, dass sie eine Vielzahl von Schülerinnen und Schülern zu betreuen haben, was es sehr schwer mache, sich jeweils auf die Probleme Einzelner einzustellen. Umso wichtiger sei in diesem Zusammenhang eine erhöhte Aufmerksamkeit der Lehrkräfte.

Die Angst zu versagen

Jedes Verhalten ist zunächst einmal subjektiv problemlösend. Folgt man dieser These, dann nimmt Schulverweigerung dem Schüler vordergründig den Leistungsdruck. Schulverweigerung ist also Ausdruck nicht bewältigter Probleme, schafft gleichzeitig aber neue Schwierigkeiten: Schulischer Misserfolg, Notendruck, Erwartungsdruck der Eltern, Stress, Schwierigkeiten mit Lehrkräften, mit anderen Schülern usw. sind negative Erlebnisse, die zu Schulangst führen können. Es besteht nach Ansicht der befragten Experten ein enger Zusammenhang zwischen Angst in und vor der Schule und Schulverweigerung: Schulangst sei immer auch die Angst, in den Augen anderer (Mitschüler, Lehrkräfte, Eltern) zu versagen. Typische Vermeidungsstrategien der Schüler seien beispielsweise körperliche Beschwerden wie z. B. Bauch-, Kopf- oder Magenschmerzen, deretwegen man die Schule dann nicht besuchen kann, und die auf der Seite

---

[78] Jüngstes Beispiel ist der Amoklauf eines Jugendlichen in Erfurt, der am 26. April 2002 am Erfurter Gutenberg-Gymnasium zwölf Lehrkräfte, zwei Schüler, eine Sekretärin und einen Polizisten tötete, bevor er sich selbst erschoss. Im Februar 2002 war er wegen Schulschwänzens und gefälschter Atteste von der Schule verwiesen worden. Damit wurde er zum zweiten Mal nicht zur Abiturprüfung zugelassen. Weitere Fälle in den letzten Jahren in Deutschland: Im November 1999 wird im sächsischen Meißen eine Lehrerin erstochen; im März 2000 stirbt ein Internatsleiter in Brannenburg an schweren Schussverletzungen; im Februar 2000 wird ein Schuldirektor im oberbayerischen Freising von einem Schüler erschossen, der zuvor von der Schule verwiesen worden war. Ein Lehrer, mit dem der Jugendliche ebenfalls Probleme gehabt hatte, und nach dem er auf der Suche war, entging nur deshalb dem Blutbad, weil er sich an diesem Tag krank gemeldet hatte (vgl. Süddeutsche Zeitung vom 27./28. April 2002).

der Erwachsenen Mitgefühl und Anteilnahme auslösen. Oft bleiben entsprechende ärztliche Untersuchungen ohne organischen Befund, was darauf hindeutet, dass die Schmerzen eher psychosomatischer Natur sind, was ihre Behandlung allerdings nicht einfacher macht – im Gegenteil. In der Folge führe die Schulangst dann häufig zu stärkeren Fluchtreaktionen oder massiver Verweigerung, wobei der Konflikt des Kindes mit jeder gefehlten Schulstunde oder jedem gefehlten Schultag größer wird. Der schulische Leistungsstand werde durch die Fehlzeiten mehr und mehr gefährdet. Dies wiederum vermehre die Schulangst und führe zu weiterem Leistungsversagen, was wiederum zu Schulverweigerung führen könne ... Schulverweigerung: ein Circulus vitiosus!

Die Bedeutung von Erfolg und Misserfolg

Die Experten sind sich einig, dass Erfolgs- und Misserfolgserlebnisse nachhaltig das Leistungsverhalten, die Lernmotivation und das Selbstvertrauen der Schülerinnen und Schüler prägen. In einer Gesellschaft, in der Selbstwert- und Sicherheitsgefühle in hohem Maße abhängig sind vom Leistungserfolg, führen negative Leistungsergebnisse nahezu zwangsläufig zu Selbstzweifeln und Minderwertigkeitsgefühlen. Die Experten halten es für sehr wahrscheinlich, dass die während der Schulzeit gemachten Lernerfahrungen die Entwicklung notwendiger Bewältigungsstrategien und -chancen für eine krisenhafte Ausbildungs- und Arbeitsmarktsituation beeinflussen. Wer seine Schulzeit als problemvoll und konfliktreich erlebt, wird nach Expertenmeinung spätere Krisen weniger gut bewältigen können als derjenige, der die Schule positiv erfahren hat. Entsprechend entwickelt sich auch das Selbstwertgefühl: Häufige Misserfolge und Versagenserlebnisse in der Schule führen zu einer negativen Selbsteinschätzung, die über die Schulzeit hinaus andauert und verhindert, dass die Jugendlichen die Herausforderungen der modernen Gesellschaft einigermaßen meistern können. Mangelndes Selbstvertrauen in der Kindheit und Jugendzeit bleibt häufig als negative Persönlichkeitsressource ein Leben lang weiterbestehen und beeinflusst die Entwicklung der sozialen und beruflichen Biografie.

Die Beziehung Lehrer – Schüler

Die Beziehungen zwischen Lehrkräften und Schülern spielen nach Meinung aller befragten Experten eine sehr wichtige Rolle – sowohl hinsichtlich der Entstehung von Schulverweigerung als auch hinsichtlich des Umgangs mit Schulverweigerern. Manche Fachkräfte sind sogar der Meinung, dass die Qualität der Lehrer-Schüler-Beziehung ausschlaggebend für den schulischen Erfolg oder Misserfolg eines Schülers sei.

Lehrkräfte sind aber – darin sind sich die Fachleute einig – mindestens eine entscheidende Variable für das Verhalten von Schülern. Eine negative Lehrer-Schüler-Interaktion ist gekennzeichnet durch die Angst des Lehrers, den Schüler und damit möglicherweise die Klasse nicht im Griff zu haben, und die Angst des Schülers, kritisiert, abgewertet, bloßgestellt oder gar lächerlich gemacht zu werden. Der Unterricht mit seinen Leistungsanforderungen wird von diesen Schülern als bedrohlich und angstauslösend erlebt. Eine positive Lehrer-Schüler-Interaktion dagegen basiert auf gegenseitiger Wertschätzung, beide Parteien nehmen sich gegenseitig ernst und erleben ihre Beziehung im Idealfall als vertrauens- und verständnisvoll.

Das Verhältnis zwischen Lehrern und Schülern mit Verweigerungstendenzen wird faktisch von den Fachkräften außerhalb der Schule negativer beurteilt als von den Fachkräften, die unmittelbar in der Schule arbeiten. Schulverweigerer haben nach den Beobachtungen unserer Gesprächspartner, deren Aufgabengebiet außerhalb der Schule liegt, eher selten ein gutes Verhältnis zu ihren Lehrkräften. Es fehle am gegenseitigen Verständnis, und die Schülerinnen und Schüler erwarten mehr oder weniger zwangsläufig, dass sie von ihren Lehrkräften negativ beurteilt werden – weitgehend unabhängig davon, wie sie sich tatsächlich verhalten. Das Verhältnis zur Lehrkraft wird als wenig oder gar nicht vertrauensvoll erlebt, der Schüler erwartet Kritik und Demütigung. Darüber hinaus stellen die Schüler fest, dass so gut wie kein Interesse an ihnen als Personen besteht und die Lehrkräfte nicht selten mit Erleichterung auf ihre Abwesenheit von der Schule reagieren und sogar insgeheim hoffen, dass diese schwierigen Schüler auf Dauer wegbleiben, da sie den Unterricht stören und in der Klasse für Unruhe sorgen. Typisch ist in diesem Zusammenhang auch die Art der Schulverweigerung, mit der die Schüler auf gestörte Lehrer-Schüler-Beziehungen reagieren: Es sind zuallererst die Schulstunden bzw. Schulfächer der betreffenden Lehrkraft, die von den Schülern boykottiert werden. Häufen sich gestörte Beziehungen auch zu anderen Lehrkräften, ist der Schritt zur völligen Abkehr von der Schule nicht mehr sehr groß.

Gute schulische Leistungen sind häufig der Schlüssel zu einem guten Lehrer-Schüler-Verhältnis. Der Lehrer sieht, dass seine Arbeit Früchte trägt und belohnt den Schüler mit einer positiven Reaktion (Lob, gute Noten, emotionale Zuwendung usw.). Indem die Schüler die Erwartungen erfüllen und gute Leistungen zeigen, verhalten sie sich so, wie es von den Erwachsenen gewünscht wird. Entsprechend erhalten sie gute Zensuren, die sie als Belohnung des Lehrers empfinden und die ihnen die Anerkennung der Eltern und vielleicht auch noch die Bewunderung (oder den Neid) der Mitschüler einbringen. Schüler mit schlechten schulischen Leistungen hingegen stellen bewusst oder unbewusst die fachlichen und pädagogischen Fähigkeiten ihrer Lehrkräfte und hier insbesondere die Fähigkeit, Wissen zu vermitteln, infrage. Dies wiederum kann zu einer Verunsicherung der Lehrkräfte führen, die dann mit negativen Sanktionen reagieren. In solchen Fällen entwickeln die Schülerinnen und Schüler nur selten eine Lernmotivation. Schüler, die sich nur unter Androhung von Strafe um ausreichende Zensuren bemühen, geben irgendwann auf. Ihr Verhalten schlägt dann möglicherweise in offenen oder passiven Widerstand gegen die Schule um, was wiederum zu noch schlechteren Leistungen und Zensuren führt, die aber über den Schulerfolg entscheiden und – weitergehend – über berufliche Perspektiven.

Tendenziell wird diese Einschätzung von den befragten Lehrkräften geteilt, allerdings betonen sie, dass die meisten ihrer Kollegen sich insbesondere im Vorfeld von Schulverweigerung sehr ernsthaft mit den Problemen ihrer Schüler auseinander setzen und viel Zeit aufwenden, um eine Lösung zu finden: „Es lässt keinen von uns kalt, wenn wir merken, dass ein Schüler unglücklich ist und immer häufiger fehlt." Allerdings wird relativierend angemerkt, dass Lehrplan und Schulbetrieb der einzelnen Lehrkraft wenig Zeit lassen, sich adäquat um Problemschüler zu kümmern. „Wachsende Schülerzahlen und gleichzeitiger Lehrerabbau aufgrund von Sparmaßnahmen im Schul- und Bildungsbereich führen zu einer Überlastung der Lehrkräfte an allen Schulformen." Die Verschlechterung der Arbeitsbedingungen der Pädagogen bewirke zudem eine „Demotivation vieler Lehrerinnen und Lehrer". Aufgrund „dauernder Anspannung" seien viele Lehrkräfte „emotional erschöpft", während gleichzeitig die gesellschaftlichen Anforderungen an die Schule steigen, wie es eine Lehrkraft treffend formulierte: „Wir sollen die Schüler erziehen, den Unterrichtsstoff vermitteln, den Lehrplan einhalten und uns um Problemschüler kümmern – und das alles möglichst so, dass Schüler, Eltern, Schulleitung und Schulbehörde gleichermaßen zufrieden sind." Den manchmal sehr widersprüchlichen Erwartungen der verschiedenen Parteien könne eine Lehrkraft unter den heutigen Bedingungen kaum noch gerecht werden. „Gestresste und belastete Lehrkräfte finden Sie inzwischen an jeder Schule." Ein adäquater Umgang mit schwierigen Schülern bzw. Schülern mit Schulverweigerungstendenzen sei durch die „Verschlechterung der Rahmenbedingungen äußerst schwierig" geworden. Es sei „menschlich verständlich", wenn viele Lehrkräfte sich auf die „guten" und „gutwilligen" Schülerinnen und Schüler konzentrieren würden. Vermeintlich sachliche

Fachurteile durch Lehrkräfte können in diesem Zusammenhang auch Verurteilungen im Sinne einer negativen (oder auch positiven) Zuschreibung sein (zum Beispiel: „mein schlechtester bzw. mein bester Schüler"). Mit Beurteilungen wird aber immer auch Macht ausgeübt. Soziale und/oder berufliche Entwicklungsmöglichkeiten werden so eröffnet oder verbaut (vgl. Lieberherr 1998)[79]. Manchmal bestehen unterschiedliche Sichtweisen darüber, ob ein Schüler gut oder schlecht, verhaltensauffällig oder einfach nur lebhaft ist. Lehrer X sieht das Verhalten eines Schülers ganz anders als Lehrer Y, weil der Schüler ein bestimmtes Verhalten möglicherweise nur bei Lehrer X oder bei Lehrer Y zeigt, oder aber dasselbe Verhalten eines Schülers von den Lehrkräften X und Y unterschiedlich interpretiert wird. Dennoch, so die einhellige Meinung der Experten, sind Beurteilungen in einem bestimmten Maß erforderlich, um dem Kind bzw. dem Jugendlichen Hilfestellung für seine weitere Entwicklung zu geben. Allerdings müsse man mit diesem Instrument behutsam umgehen und um größtmögliche Objektivität bemüht sein. Wichtig sei es, das Ergebnis der eigenen Beobachtungen unter Umständen auch von anderen Fachkräften (z.B. von Schulsozialarbeitern oder Schulpsychologen) überprüfen zu lassen, um dem Schüler wirksame und seriöse Hilfen geben zu können.

Lehrkräfte sind häufig zu alt

Ein weiterer Umstand, der von den meisten Fachkräften als Problem benannt wird, ist der vielerorts hohe Altersdurchschnitt der Lehrkräfte, der oftmals eine verständnisvolle Lehrer-Schüler-Beziehung erschwert. Die zeitliche Nähe bzw. Distanz zur eigenen Schulzeit sowie die Kenntnis oder Unkenntnis jugendkultureller Stile, Werte, Normen und Interaktionsformen begünstigen oder erschweren den Zugang zur Jugend. Dies ist nicht neu. Aber bei aller Bereitschaft zu Verständnis und Hilfestellungen scheint es sogar für jüngere oder junge Lehrkräfte heute manchmal fast unmöglich, generationsspezifische Lebensstile und andere Besonderheiten zu erkennen, geschweige denn, diese adäquat bei der Beurteilung bestimmter Verhaltensweisen der Schüler zu berücksichtigen. Pauschalierend wird von den Fachkräften in und außerhalb der Schule festgestellt: Je älter die Lehrkraft, desto schwerer fällt es ihr, sich auf die Schüler ein-

---

[79] Catherine Lieberherr, Hilfe, ich bin ein Schulversager! Leistungsdruck in der Schule: Hintergründe und mögliche Auswege, Berlin 1998, S. 94ff. Lieberherr verweist auf einige interessante Forschungen aus der Sozialpsychologie, die den Zusammenhang von Beurteilung und Verurteilung eindrucksvoll bestätigen.

zustellen und auf ihre Bedürfnisse einzugehen. Lehrkräfte, die mehr oder weniger kurz vor ihrer Pensionierung stehen, haben überwiegend auch nicht mehr die Lust, die Kraft und die Motivation, sich in für sie extrem junge Menschen hineinzuversetzen. Die Welt, das Verhalten und die Anschauungen der Schülerinnen und Schüler sind meist diametral entgegengesetzt zu denen von älteren Lehrkräften. Es kommt nicht von ungefähr, wenn wir in den Interviews immer wieder hörten: „In meiner Schulzeit war das ganz anders ...“ oder „wir hätten uns das damals nicht erlauben können ...“ – der zeitliche Abstand zwischen den beiden Gruppierungen bedingt eben auch völlig andere Schul- und Lebensverhältnisse, und es bedarf großer Anstrengungen vonseiten der älteren Lehrkräfte, die Diskrepanz zwischen ihren beruflichen Idealen „aus einer anderen Zeit“ und der Alltagsrealität zu bewältigen. An diesem Altersproblem wird sich auch so schnell nichts ändern: In vielen Regionen, sowohl in den neuen als auch in den alten Bundesländern, gibt es aus Spargründen für Lehrkräfte einen Einstellungsstopp, sodass jüngere Lehrkräfte nicht nachrücken können, womit der Altersdurchschnitt der vorhandenen Lehrkräfte in den betroffenen Schulen weiterhin steigen dürfte[80].

Das Alter der Lehrkräfte wirkt sich auch auf ihre Bereitschaft aus, an Fortbildungsveranstaltungen teilzunehmen. „Je älter der Lehrer und je näher seine Pensionierung, desto geringer ist seine Lust, sich erzieherisch weiterzubilden ...“. Diese Einschätzung wurde immer wieder geäußert. Neben einer gewissen Überheblichkeit („mir kann doch keiner mehr was Neues erzählen ...“) kommt hier auch Resignation zum Ausdruck: Das Selbstverständnis insbesondere der Hauptschullehrer scheint sich mit zunehmendem Alter weniger an der pädagogischen Funktion ihres Berufes zu orientieren als vielmehr verstärkt an der fachlichen Qualifikation, die es zu vermitteln gilt. Dies ist weniger mühsam und macht auch – gerade angesichts widersprüchlicher Anforderungen der Gesellschaft – weniger angreifbar. Die erzieherische Komponente würde dadurch zunehmend in den Hintergrund treten, während der Rückzug auf die bloße Vermittlung von Wissen und auf „den Dienst nach Vorschrift“ die passive Rolle des Lehrers verstärke.

---

80 1995 wurde davon ausgegangen, dass das Durchschnittsalter der Lehrkräfte in den alten Bundesländern „bald“ bei 50 Jahren liegen werde (vgl. dazu: Klaus-Jürgen Tillmann, Schulentwicklung und Lehrerarbeit. Nicht auf bessere Zeiten warten, Bergmann+Helbig Verlag Hamburg 1995, S. 7). Dieser Wert dürfte inzwischen erreicht, in einigen Regionen sogar überschritten sein.

Dieser Zustand wird insbesondere von den Sozialpädagogen und Schulsozialarbeitern kritisiert. Nach ihrer Meinung kümmern sich die Lehrer zu wenig um den Einzelfall, eben weil sie sozialpädagogisch nicht genügend kompetent seien. In diesem Zusammenhang wären Fortbildungsveranstaltungen hilfreich. Vor allem für den Umgang mit problematischen Schülern bzw. Schülern, die Schulverweigerungstendenzen zeigen, sei die Lehrerfortbildung unerlässlich. Es bestehe jedoch die paradoxe Situation, dass heutzutage in nahezu allen Berufen Fortbildung notwendiger Bestandteil der Erwerbsbiografie ist, um die eigenen Beschäftigungsmöglichkeiten zu erhalten, es aber in den Lehrerberufen durchaus möglich sei, bis zur Pensionierung ohne Fortbildung auszukommen. Von den Experten wird deshalb auch mehrheitlich eine Verpflichtung für Lehrkräfte befürwortet, sich im Laufe des Berufslebens kontinuierlich fortzubilden. Es seien eben in erster Linie die Lehrkräfte, die rechtzeitig zum Beispiel Verweigerungshaltungen von Schülern erkennen und auf sie reagieren müssten, um diese eventuell noch positiv korrigieren zu können. Die zunehmende Überalterung der Lehrkräfte mit den oben geschilderten Konsequenzen stehen aber einer solchen gewünschten Entwicklung entgegen. Wünschenswert sei eine „gesunde Mischung“ in der Altersstruktur der Lehrkräfte, sodass auch unterschiedliche Generationseinflüsse auf die Schüler wirken können, die eine positive Auseinandersetzung ermöglichen.

3.2.1.2 Außerschulische Faktoren, die Schulverweigerung begünstigen

Schulverweigerung „just for fun“

Vereinzelt wird von den Expertinnen und Experten die Meinung vertreten, dass Schulverweigerung für manche Schüler gar nicht in erster Linie eine Reaktion auf schulische oder andere Probleme sei, sondern einfach nur eine Möglichkeit, sich angenehmeren Dingen zuzuwenden: Man trifft sich, meist gemeinsam mit Freundinnen oder Freunden, um Spaß zu haben. Das Fernbleiben von der Schule sei in diesem Kontext eher zu verstehen als Schulschwänzen und weniger als eine bewusste Ablehnung oder Verweigerung von Schule. In unserer heutigen Gesellschaft, die häufig als „Fun-Gesellschaft“ bezeichnet wird, werde ein solches Verhalten insbesondere von den Medien geradezu stimuliert, wobei die Jugend die bevorzugte Zielgruppe darstellt. Relativierend wird aber hinzugefügt, dass ein Schüler nicht so ohne weiteres die Schule schwänzen würde, sondern dass insbesondere negative Erfahrungen in der Schule ein solches Schulschwänzen, das mit positiven Erwartungen verbunden sei (Freunde treffen – Spaß haben), begünstige. Schulschwänzen oder längerfristige Schulverweigerung „just for fun", „einfach nur so", scheint es also nicht zu geben; es müssen schon gewichtige Gründe vorliegen, die einen Schüler dazu veranlassen, sich „freiwillig" aus der sozialen Instanz Schule in eine letztlich doch weit reichende soziale Isolation zu begeben[81].

Angst – ein ständiger Begleiter

Als charakteristische Problemlage von Schulverweigerern oder von Schülern mit Verweigerungstendenzen wird eine „psychische Bedrücktheit" angeführt. Immer wieder wurde berichtet, dass Schüler Tendenzen zu Depressionen aufweisen. „Anfälle von wochenlanger Depression, die unterbrochen werden von kurzen Hochstimmungen", seien keine Seltenheit. Pharmazeutische Hilfsmittel oder Stimmungsaufheller, Tranquilizer, Psychopharmaka oder Schlafmittel werden von vielen dieser Jugendlichen „ganz selbstverständlich" genommen, zumal diese in vielen Haushalten offen zugänglich in den Medizinschränkchen enthalten seien und die Eltern diese ebenso hemmungslos konsumieren würden.

Angst ist der Hauptgrund für das Fernbleiben von der Schule und ein wesentlicher Risikofaktor für Schulverweigerung: Experten erzählen von Jugendlichen, die „schon anfangen zu heulen, wenn man sie nur auf Schule anspricht". Andere berichten von Schülern, die auf Aufrufe der Lehrkräfte im Unterricht mit vermehrten Toilettengängen und teilweise mit Brechreiz reagieren. Schulverweigerung im Sinne von Fernbleiben von der Schule über einen längeren Zeitraum werde häufig durch massive Ängste (Leistungsangst, Angst zu versagen, Angst vor Eltern, Lehrkräften und/oder Mitschülern) ausgelöst[82].

---

[81] In den Interviews mit (ehemaligen) Schulverweigerern fand sich kein einziger „Just-for-Fun"-Fall. Zwar hat Schuleschwänzen mit einzelnen Fehlstunden anfangs zum Teil auch den Anlass gehabt, dass man mit Freunden etwas unternehmen wollte, aber auf Nachfragen ergaben sich vielfach noch weitere Gründe, die auf massive Probleme in und außerhalb von Schule hindeuteten (vgl. ausführlich Kap. 3.2.2).

[82] Diese Tendenz wird auch durch anderen Studien bestätigt. Holler-Nowitzki beispielsweise fand heraus, dass psychosomatische Beschwerden wie Kopfschmerzen, Schwindelgefühle und Nervosität bei 20–30 % der untersuchten Jugendlichen häufig auftreten; mit jenen, die dies manchmal erleben, stieg die Zahl sogar auf ca. 50 %. Diese Beschwerden traten insbesondere in Verbindung mit Klassenarbeiten und schulischen Prüfungssituationen auf. Holler-Nowitzki, Birgit: Psychosomati-

Auffallend sei auch ein gewachsenes Aggressionspotenzial unter den Schülerinnen und Schülern, das immer (auch) dann hervorbricht, „wenn sie nicht mehr weiter wissen und sich mit ihrem oder dem Verhalten anderer auseinander setzen sollen". Fehlende Konfliktbereitschaft oder Selbstkritik einerseits und mangelnde Fähigkeiten, sich verbal auseinander zu setzen andererseits würden oftmals zu gewalttätigen Aktionen führen, die letztlich Ausdruck ihrer Hilflosigkeit seien.

In diesem Zusammenhang wird immer wieder berichtet, dass viele Kinder und Jugendliche auch „physisch nicht gesund" seien[83]. Gründe seien eine ungesunde Ernährung (insbesondere Fast Food), zu wenig Schlaf und zu wenig Bewegung bzw. Sport (insbesondere aufgrund von Fernsehen und Computerspielen). Diese Faktoren zusammen führen zu einer körperlichen Verfassung, in der ein konzentriertes Arbeiten im Unterricht nicht möglich sei. Ein Großteil der Schüler sei zudem „zu dick": Die Experten schätzen, dass etwa jeder vierte Schüler übergewichtig ist (Ursachen: zu viel und zu fettes Essen, Süßigkeiten, zu wenig Sport und zu viel TV), was sich auch negativ auf das Selbstwertgefühl dieser Jugendlichen auswirke.

Gesundheit setzt sich aus psychischen und physischen Komponenten zusammen, die sich wechselseitig beeinflussen. Insgesamt wird von den Fachkräften ein Bild gezeichnet, das nachdenklich stimmen muss: Trotz allen medizinischen Fortschritts, trotz des gewachsenen Bewusstseins der Bevölkerung in Bezug auf gesunde Umwelt und – als Folge – gesunde Ernährung, trotz der wachsenden Bedeutung von Sport und Spiel für eine positive physische und psychische Entwicklung ist nach den Erfahrungen der Experten ein Teil unserer Kinder massiv krank. Das Jugendalter scheint im schulischen Zusammenhang für manche Schüler eine krankmachende Lebensphase zu sein, wobei die psychischen und physischen Beeinträchtigungen von den befragten Expertinnen und Experten insbesondere auf den gewachsenen Leistungsdruck in der Schule und die damit verbundenen Erwartungen der Erwachsenenwelt zurückgeführt werden. Häufiger Lehrerwechsel innerhalb der Klassen sei in diesem Zusammenhang ebenfalls negativ für das psychische und physische Befinden der Schülerinnen und Schüler, für die personelle Kontinui-

---

sche Beschwerden im Jugendalter. Schulische Belastungen, Zukunftsangst und Stressreaktionen. Weinheim/München 1994.

83 Vgl. dazu auch die Ergebnisse aus dem Freiwilligen Sozialen Trainingsjahr (FSTJ): Dort gaben 30 % der befragten Jugendlichen an, sie hätten in den beiden letzten Jahren vor Eintritt in das FSTJ ernsthafte gesundheitliche Probleme gehabt. Förster, H. u. a., a. a. O., S. 35.

tät gerade dann sehr wichtig sei, wenn ansonsten große Unsicherheit herrsche.

Ausbildungs- und Beschäftigungschancen

Bei vielen Schülern besteht – bewusst oder unbewusst – Angst und Verunsicherung hinsichtlich der Perspektiven und der Realisierungschancen für die individuellen schulischen und beruflichen Ausbildungs- und Berufsziele. Auch wenn sie noch nicht unmittelbar durchschlägt, so ist doch die weitgehende Chancenlosigkeit auf dem Ausbildungs- und Arbeitsmarkt für viele Schülerinnen und Schüler insbesondere der Hauptschule und deren tendenzielle Entwertung eine Tatsache, der sie sich mehr oder weniger bewusst sind und die nicht gerade motivierend auf die Schüler wirkt. Gleichwohl sind Schulabschlüsse notwendige Voraussetzungen für jeglichen beruflichen Werdegang, auch wenn man heute beispielsweise mit einem Hauptschulabschluss weit weniger Chancen auf einen Ausbildungs- oder einen Arbeitsplatz hat als früher: Insbesondere im gewerblich-technischen Bereich, aber auch in vielen kaufmännischen und Dienstleistungsberufen ist ein mittlerer Bildungsabschluss schon fast obligatorisch, Abitur erwünscht. Der Anteil derer, die mit einem Hauptschulabschluss in diesen Bereichen eine Ausbildung beginnen können, wird immer kleiner.

Dennoch überwiegt bei unseren Gesprächspartnern die Einschätzung, dass diese eingeschränkten Chancen nicht oder nur selten bewusst oder gar der Grund für Schulverweigerung sind. Sie würden allenfalls bereits bestehende Verweigerungstendenzen verstärken oder sozusagen im Nachhinein als (möglicherweise durchaus plausible) Erklärung für das deviante Verhalten herangezogen. Wenn aber das Wissen um die späteren schlechten Ausbildungs- oder Arbeitsmöglichkeiten korreliert mit drohender oder bereits bestehender Erwerbslosigkeit in der Familie (insbesondere des Vaters), dann vergrößert diese individuelle Betroffenheit die Unsicherheit hinsichtlich der eigenen Zukunft. Wenn die stabile Einbindung der Eltern oder eines Elternteils in das Erwerbsleben bedroht ist oder wegfällt, verändert sich die bisher erfahrene soziale Welt mit ihren Spielregeln und Chancen. Bei längerer Arbeitslosigkeit entfällt in der Folge meist auch die positive Motivation der Jugendlichen durch die Eltern bzw. die Familie – sofern eine solche überhaupt vorhanden war.

In diesem Zusammenhang ist den Experten ferner aufgefallen, dass Schüler mit unsicheren oder gar schlechten Ausbildungs- und Beschäftigungsperspektiven auch nicht besonders zuversichtlich sind hinsichtlich der künftigen allgemeinen gesellschaftlichen Entwicklung. Der Pessimismus im persönlichen Bereich scheint also einher zu gehen mit pessimistischen Einstellungen hinsichtlich der Zukunft der Gesellschaft. Die eigene soziale und berufliche Entwicklung wird dabei in Abhängigkeit von der allgemeinen (wirtschaftlichen) Entwicklung gesehen: Je schlechter diese verläuft, desto schlechter sind auch die eigenen Möglichkeiten. Ein solcher Zusammenhang lässt sich nach Expertenmeinung sowohl in den neuen als auch in den alten Bundesländern feststellen, wobei die Schüler in Ostdeutschland insgesamt pessimistischer sind als ihre Altersgenossen im Westen.

Schulverweigerung ist nicht politisch motiviert

Schulverweigerung insbesondere in den Haupt- und Sonderschulen ist nach Meinung der Experten überwiegend nicht politisch motiviert. Zwar werde manchmal im Nachhinein versucht, bestimmte Verweigerungstendenzen politisch zu begründen, aber dies sei eher ein Ablenken von anderen Sachverhalten. Schulverweigerer seien – wie viele ihrer Mitschüler auch – nur rudimentär politisch interessiert. Soweit ein solches Interesse überhaupt vorhanden sei, komme es allerdings eher aus der politisch rechten Ecke und würde dann häufig mit den schlechten Ausbildungs- und Beschäftigungschancen zusammenhängen. Dies gelte insbesondere für Hauptschüler, die für ihre schlechten Perspektiven in erster Linie Ausländer verantwortlich machen, die ihnen die Lehr- und Arbeitsstellen wegnehmen würden. Besonders häufig sei eine solche Einstellung in den neuen Bundesländern festzustellen, wo es allerdings (bisher) nur wenige Ausländer gibt. Die konjunkturelle Entwicklung in Ostdeutschland bleibt auch weiterhin – trotz stützender Maßnahmen der Arbeitsmarktpolitik – hinter Westdeutschland zurück, was zu einem Anwachsen oder bestenfalls zu einem Stagnieren der Zahl der Arbeitslosen auf hohem Niveau führen wird. Insbesondere Hauptschüler mit und ohne Schulabschluss werden zum Teil bereits an der Schwelle zur Ausbildung scheitern oder nach der Ausbildung die Auswirkungen dieser negativen Entwicklung zu spüren bekommen, indem sie keinen Arbeitsplatz finden oder ausbildungsfremd eingesetzt werden. Unter solchen arbeitsmarktpolitischen Bedingungen nehmen rechte Orientierungen vor allem an Hauptschulen zu. Als organisierende Strukturen für diese jugendliche Protestbereitschaft kommen dann nach den Beobachtungen der Experten hauptsächlich extrem konservative oder rechtsextremistische Gruppierungen oder Parteien zum Zuge, die die Perspektivlosigkeit dieser Jugendlichen geschickt für ihre Zwecke ausnutzen und die für diese entsprechend disponierten Jugendlichen eine gewisse Attraktivität besitzen. Die Jugendlichen würden oft unter einem Gefühl diffuser Bedrohung leiden. Sie haben massive Selbstwert- und Identitätsprobleme und reagieren mit Aggressionen und einer latenten Gewaltbereitschaft auf alles, was ihnen fremd ist und bedrohlich erscheint.

Diese Zusammenhänge seien den Schülerinnen und Schülern aber nur teilweise bewusst: Eine Lehrkraft dazu: „Ohne wirklich zu wissen, was los ist, haben sie das dumpfe Gefühl, dass sie irgendwie keine Chance haben." Dieses „dumpfe Gefühl" führe dazu, dass sie aggressiv auf alles reagieren, was sie als ursächlich für ihre eigene, missliche Lage ansehen. Insbesondere Ausländer werden für die eigene relative Chancenlosigkeit verantwortlich gemacht. Sie seien für diese Schüler wie ein „rotes Tuch", da sie nach ihrer Meinung die Arbeitsplätze besetzen, die eigentlich ihnen, den deutschen Jugendlichen, zustehen würden.

3.2.2 Ergebnisse aus der Befragung von Schulverweigerern

Die Befragung der ehemaligen Schulverweigerer zu den Gründen ihres schulverweigernden Verhaltens hat erwartungsgemäß nicht die Differenziertheit gebracht wie die Befragung der Experten. Dennoch lassen sich ähnliche Felder identifizieren, auf denen die Gründe für das Fernbleiben von der Schule liegen.

3.2.2.1 Schulische Faktoren, die Schulverweigerung begünstigen

Die Ursachen für Schulverweigerung liegen zu Beginn der „Karriere" für viele Schülerinnen und Schüler in der Schule selbst: 59 % geben an, sie seien mit einer oder mehreren Lehrkräften nicht zurechtgekommen. Weitere Gründe, die direkt mit der Schule zusammenhängen, sind schlechte Schulleistungen (31 %) oder auch Ärger mit Mitschülern (29 %), wobei dieser Grund von den Mädchen häufiger genannt wird (38 %). Ähnliche Ergebnisse bringt die Auswertung der offenen Antwortmöglichkeiten: Bis auf wenige Ausnahmen gehören die dort angegebenen Begründungen ebenfalls in den schulischen Bereich, wenn auch unspezifischer: Äußerungen wie „ich hatte keinen Bock mehr auf Schule" oder „der Unterricht war langweilig" sind zwar nicht besonders konkret, sie signalisieren aber Probleme und Unbehagen im schulischen Kontext. Die Ergebnisse zeigen, dass die konkrete schulische Situation der Schüler als eine wichtige Determinante für ihr abweichendes Verhalten wahrgenommen wird. Insbesondere Schulerfolg oder Misserfolg ist ein wesentliches Element, das das Ansehen in der Altersgruppe bestimmt. Er beruht weitgehend auf intellektueller und hier verbaler Leistungsfähigkeit. Die Interviews zeigen, dass mangelnder Schulerfolg die Neigung verstärkt zu schwänzen. Man geht den Situationen aus dem Weg, in denen man vermutlich negative Erlebnisse haben wird.

Abb. 11 Ursachen für Schulverweigerung in % (MFN)

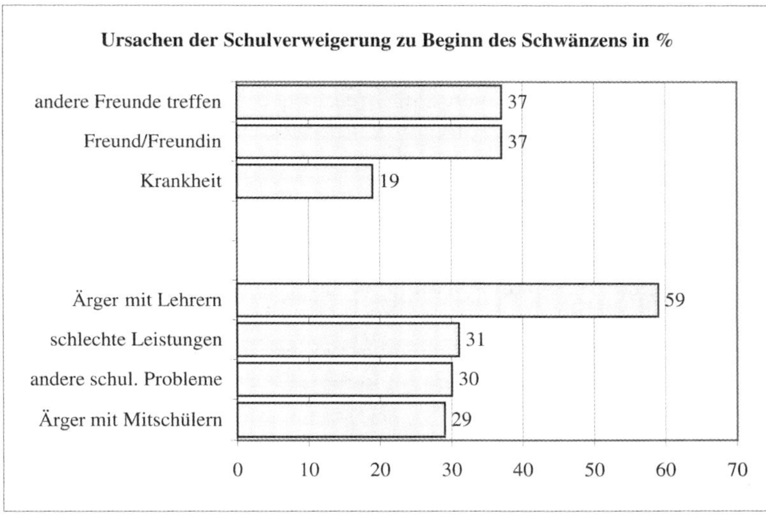

Das Verhalten der Lehrkräfte spielt eine wesentliche Rolle für das Selbstwertgefühl der Schüler. Leistungsbewertungen und das Verhalten der Lehrkräfte sowie die soziale Wertschätzung, die damit einhergeht, können Schüler motivieren oder demotivieren, kränken oder aufbauen, mit anderen Worten: Lehrer können Schülern den Schulalltag erträglich oder schwer machen, wie das folgende Beispiel anschaulich belegt: „Mit manchen Lehrern bin ich nicht gut klar gekommen, mit manchen nicht, nee … Zum Beispiel die Frau D., die hat halt immer mit mir geschimpft, nur weil ich das nicht richtig konnte … Wir hatten da in der Schule auch einen Garten und da mussten wir ein bisschen umgraben und so was, und das konnte ich noch nicht so richtig, da wurde ich halt angemeckert. Aber einen Tag, da war es gut, da mussten wir so ein Gesteck oder so was basteln, und das hatte ich sehr gut gemacht, da hab ich eine Eins gekriegt und da war sie auch nicht so streng mit mir …“. Schulleistungen sind das Produkt der Zusammenarbeit von Schülern und Lehrern (und im Idealfall auch der Eltern). Wenn ein Lehrer mit den Leistungen eines

Schülers nicht zufrieden ist, hat er mehrere Möglichkeiten, zu reagieren: Er kann sachlich und ermutigend reagieren, indem er dem Schüler ruhig erklärt, was und warum er was falsch gemacht hat, und wie er es besser machen kann; er kann ihn trösten und aufbauen („beim nächsten Mal kannst du es bestimmt"), oder er kann ihm Vorwürfe machen, ihn kränken und vor der Klasse demütigen. Ein solches verletzendes Lehrerverhalten („Du bist ja so dumm!" „Nicht mal das kannst du"; „Du kapierst ja gar nichts") kann die Schulleistung eines Schülers nachhaltig negativ beeinflussen, wie eine Schülerin eindrucksvoll schilderte: „Eigentlich wollte ich ja lernen, aber ich hatte total Angst vor dem, oft habe ich geweint, und dann ging echt nichts mehr." Die negativen Zuschreibungen vonseiten einer Lehrkraft bedeuten das Gegenteil von Fördern, sie demotivieren und entmutigen. Frustration und schlechte Leistungen sind die Folge und können wiederum zu Schulverweigerung führen und die Versetzung gefährden.

Bemerkenswert ist in diesem Zusammenhang, dass 79 % der befragten Schülerinnen und Schüler in ihrer Schulzeit einmal (53 %) bzw. zweimal (42 %) oder sogar öfter als zweimal (6 %) eine Klasse wiederholen mussten. Lediglich 21 % haben bis zu ihrem Eintritt in das Schulverweigererprojekt noch keine „Ehrenrunde" drehen müssen.

Abb. 12 Klassenwiederholungen

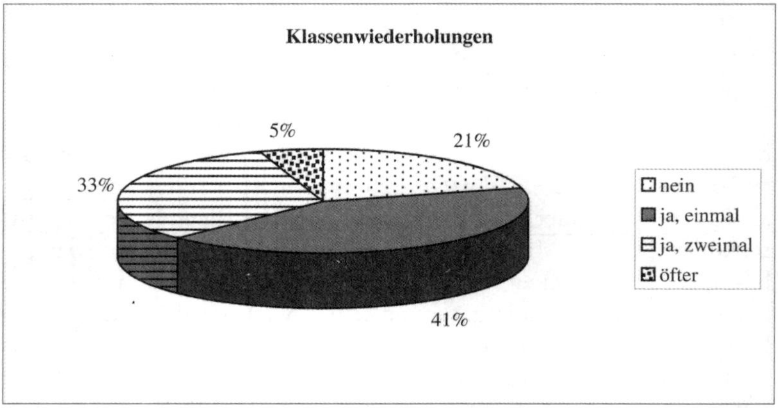

Basis: alle befragten Schülerinnen und Schüler = 100 %

Damit weisen Schulverweigerer eine deutlich höhere Quote auf als der Durchschnitt der Schülerschaft. Nachdem Klassenwiederholungen in den meisten Fällen einschneidende negative Erlebnisse für die Schulverweigerer waren, die offenbar in Zusammenhang stehen mit der Schulverweigerung (vgl. weiter unten), wollen wir uns an dieser Stelle etwas genauer damit befassen:

Das Wiederholen von Jahrgangsklassen als Maßnahme zur Korrektur von Leistungsschwächen oder Leistungsversagen ist im deutschen Schulsystem weit verbreitet. Bis auf wenige Ausnahmen (u.a. Gesamtschule: Umstufung im Kursniveau, wodurch das Sitzenbleiben in aller Regel überflüssig wird; Freie Waldorfschulen) ist es im Regelsystem üblich, dass Schülerinnen und Schüler bei Lernschwierigkeiten eine Klasse wiederholen müssen. Die Intention von Klassenwiederholungen ist die Hoffnung, dass der betroffene Schüler durch eine längere Lernzeit schulische Defizite ausgleichen kann.

Die Frage, ob Klassenwiederholungen tatsächlich geeignet sind, die Leistung des Schülers zu fördern, wird seit Jahren kontrovers diskutiert. Gegner dieser Maßnahme betonen, dass „... es keineswegs wissenschaftlich erwiesen sei, dass das Verfahren der (zwangsweisen, angeratenen oder freiwilligen) Wiederholung einer Klasse die Leistungsfähigkeit unserer Schulen erhöht“[84]. Nach ihrer Meinung leiden die Schülerinnen und Schüler des dreigliedrigen Schulsystems insbesondere bei Klassenwiederholungen unter Schulangst und Stress. Sie müssen die vertraute Gruppe verlassen und kommen unter Umständen in eine nicht altersgemäße neue Gruppe. Der Verlust von persönlichen Beziehungen kann die fachliche Leistungsfähigkeit beeinträchtigen.

Die Gewerkschaft Erziehung und Wissenschaft (GEW), in der bundesweit 250.000 Lehrkräfte organisiert sind, fordert die Abschaffung des Sitzenbleibens in der Schule schon lange, ebenso wie Schülervertretungen und viele Bildungsforscher. Der Vorsitzende der GEW in Bayern, Schorsch Wiesmaier, fasst die diesbezügliche Position der Gewerkschaft wie folgt zusammen: „Sitzenbleiben beeinträchtigt häufig das Selbstwertgefühl von Kindern und erhöht deswegen die Lernmotivation nicht. Im Gegenteil: Die Lernunlust steigt, wie sich an ‚Schulkarrieren‘ vom Gymnasium über die Realschule an die Hauptschule zeigen lässt. Noch dazu kostet das Sitzenbleiben den Staat viel Geld. Und das ließe sich sinnvoller verwenden: Für rechtzeitige individuelle Lernunterstützung. Dann wäre Sitzenbleiben kein Thema mehr. Und das wäre gut so.“[85]

---

[84] Rainer Opitz, Jürgen Theis: Sieben Thesen über das Sitzenbleiben, in: GGG aktuell 1997.

[85] GEW Bayern, Pressemitteilung 7/2001 vom 24. Juli 2001: „Sitzenbleiben – pädagogisch fragwürdig und noch dazu teuer“.

Nach den katastrophalen Ergebnissen in der PISA-Studie, wonach in Deutschland die bisherige Regelung des Sitzenbleibens für das schlechte Abschneiden deutscher Schüler (vgl. Kap. 1.4.1.2) mitverantwortlich sei, werden auch in den Kultusministerien der Länder Stimmen laut, die das Sitzenbleiben abschaffen wollen, allen voran die niedersächsische Bildungsministerin Renate Jürgens-Pieper (SPD). Sie hält das Sitzenbleiben für ein „wenig effektives Förderungsinstrument". Allerdings reiche das bloße Abschaffen nicht aus, um unser international wenig konkurrenzfähiges Schulsystem voranzubringen. Vielmehr müsse man schwache Schüler gezielter fördern, zum Beispiel durch zusätzlichen Unterricht oder durch Ferienkurse[86]. In die gleiche Kerbe schlägt ihr Amtskollege aus Sachsen-Anhalt, Gerd Harms. Nach seiner Meinung werde mit dem Sitzenbleiben „wertvolle Zeit vergeudet", ohne dass die Leistungen der meisten betroffenen Schüler tatsächlich besser würden. Diese Position wird u. a. unterstützt von zwei weiteren Ministern, Klaus Bögner, Berlin (SPD) und Ute Erdsiek-Rave, Schlesweg-Holstein (SPD), die die Hoffnung äußerten, das Sitzenbleiben könne überflüssig werden, wenn die Förderung schwacher Schüler verbessert werde[87].

Auch der Berliner GEW-Vorsitzende Ulrich Thöne hält Sitzenbleiben für „pädagogisch unsinnig" und zitiert eine Studie des europäischen Forschungsprojekts EURYDICE, wonach „die negativen Folgen des Sitzenbleibens gegenüber den erwartenden Vorteilen bei weitem überwiegen". Er verweist ferner auf die Ergebnisse anderer Länder, in denen es (zunächst) kein Sitzenbleiben gibt: „Die skandinavischen Länder sowie Japan, die die Klassenwiederholung abgeschafft haben, weisen in der Regel im internationalen Vergleich überdurchschnittliche Ergebnisse auf."[88]

Der Deutsche Lehrerverband (DL) dagegen hat sich strikt gegen die Forderung ausgesprochen, das Sitzenbleiben in der Schule abzuschaffen. Nach den Angaben seines Präsidenten, Josef Kraus, liegt die Wiederholungsrate bei den Schülerinnen und Schülern bundesweit bei jährlich 2–2,5 %. In absoluten Zahlen ausgedrückt wiederholen demnach von den insgesamt ca. 12 Mio. Schülern rund 250.000 pro Schuljahr eine Jahrgangsstufe[89]. Andere Befürworter der Ehrenrun-

---

[86] Vgl. Süddeutsche Zeitung vom 5.2.2002.

[87] Vgl. Leipziger Volkszeitung vom 5.2.2002.

[88] Cleeves Communication für Goethe-Institut Inter Nationes e.V., August 2001 (www.inter-nationes.de).

[89] dpa-Meldung vom 16.7.2001.

den wie zum Beispiel Sachsens Kultusminister Matthias Rößler[90] (CDU) argumentieren klar für Leistung und sind gegen „zu viel Kuschel-Pädagogik“[91]. Ähnlich äußert sich der hessische Philologenverband: Da die Schule auf das Berufsleben vorbereiten müsse, könne nur der bestehen, der seine Leistungen realistisch einschätzt[92].

Eine neuere Auswertung durch das Statistische Bundesamt über das Schuljahr 2000/2001 ergibt im Hinblick auf Klassenwiederholungen sogar noch höhere Werte als die des Deutschen Lehrerverbandes: Danach gab es bundesweit in diesem Schuljahr 281.471 Schülerinnen und Schüler, die eine „Ehrenrunde“ drehten. Bei einer Schülerschaft von insgesamt 9.960.781 entspricht dies einem Bundesdurchschnitt von 2,83 %. Die meisten Sitzenbleiber gab es in Bremen (4,63 %) und in Bayern (3,75 %). In Brandenburg gab es mit 0,89 % die wenigsten Klassenwiederholer – jeweils gemessen an der Schülerzahl des Bundeslandes[93].

Betrachtet man die Quoten derer, die das „Klassenziel“ einer Jahrgangsstufe nicht erreicht haben, genauer, so zeigt sich ein differenziertes Bild nach Schulformen: In der Grundschule ist die Quote der Klassenwiederholungen am geringsten: Im Schuljahr 1998/99 haben bundesweit von 3,6 Millionen Schülerinnen und Schülern 65.000 die Klasse wiederholt; dies entspricht einem Anteil von 1,8 %. Unter den Schulformen der Sekundarstufe I weisen die Hauptschule für das Schuljahr 1998/99 3,9 %, die Realschule 5,5 % und das Gymnasium 3,1 % Jahrgangswiederholer aus. Eine überdurchschnittliche Quote innerhalb der Grundschule – wenn auch auf sehr niedrigem Niveau – hat die 2. Klasse, nämlich 2,4 %, d.h. die meisten Klassenwiederholungen finden im Anschluss an die 2. Klasse statt. Für die Hauptschule sind die „kritischen“ Klassen die 7. und die 8. Klassenstufen: Hier beträgt der Anteil an Wiederholern jeweils 5,2 %. In der Realschule liegt die kritische Phase in der 7., 8. und 9. Klasse: Der Anteil der Klassenwiederholer steigt von der 7. bis zur 8. Klasse von 6,8 auf 8 % an. Im Gymnasium sind es die 8. und 9. Klassenstufe, die für das Gymnasium überdurchschnittlich viele Wiederholer aufweisen, nämlich 3,8 bzw. 4,2 %[94].

---

[90] Matthias Rößler war von September 1994 bis April 2002 Sächsischer Staatsminister für Kultus. Seit dem 2. Mai 2002 ist er Sächsischer Staatsminister für Wissenschaft und Kunst.

[91] Münchner Abendzeitung vom 5.2.2002.

[92] Ebenda.

[93] Statistisches Bundesamt, Wiesbaden, zitiert in Süddeutsche Zeitung vom 7.2.2002.

[94] Rolff, Bos, Klemm, Pfeiffer, Schulz-Zander (Hrsg.): Jahrbuch der Schulentwicklung, Band 11, Juventa Verlag Weinheim und München 2000.

Für die Schülerinnen und Schüler selbst ist eine Klassenwiederholung unter Umständen bestimmend für die weitere schulische Laufbahn: Für die Wiederholer in der Grundschule wird der direkte Zugang zur Realschule oder zum Gymnasium zumindest schwieriger; der Übergang in die Hauptschule wahrscheinlicher. Aber auch in der Sekundarstufe I ist die Wiederholung einer Jahrgangsstufe für das Weiterkommen nicht unproblematisch.

Die befragten Schülerinnen und Schüler empfanden „Sitzenbleiben" durchwegs als Makel, als eine soziale Diskriminierung: In ihren eigenen Augen und denen der anderen hatten sie versagt. Sie mussten die vertraute Gruppe verlassen und fanden sich in fremden Lerngruppen und zwischen jüngeren Schülern wieder. Der Verlust gewachsener persönlicher Beziehungen kann die fachliche Leistungsfähigkeit beeinträchtigen, und es besteht die Gefahr, dass der Klassenwiederholer in einer nicht altersgemäßen Gruppe zum Außenseiter wird. „Sitzenbleiben" kann demnach Schulangst hervorrufen bzw. verstärken.

Klassenwiederholungen haben offensichtlich einen Großteil der von uns befragten Schüler erheblich belastet. Zu einer gewissen Scham, die man empfindet, weil man sitzen geblieben ist, kommt die Tatsache, dass der Schüler es in der neuen Klasse in aller Regel mit neuen Lehrkräften und neuen Mitschülern zu tun hat. Letztere sind meist jünger; die Integration in den neuen Klassenverband gestaltet sich nicht immer problemlos.

Diese Befunde werden gestützt und verbalisiert durch die Angaben der Jugendlichen in den Intensivinterviews. Sitzenbleiben ist ein einschneidendes Ereignis, das unter Umständen weit reichende Folgen für die gesamte Schulzeit haben kann. Es zeigt sich, dass es offenbar einen Zusammenhang zwischen Schul- bzw. Klassenwechsel und Schulverweigerung gibt, da bei mehreren Schülerinnen und Schülern vor dem Einsetzen des Schwänzens ein Klassen- bzw. Schulwechsel stattgefunden hatte. Stellvertretend für diese Gruppe soll hier ein Schüler zitiert werden: „In der Hauptschule war die 5. Klasse noch ganz normal. In der 6. Klasse bin ich dann sitzen geblieben. Und dann war ich eben nicht mehr mit meinen Freunden zusammen, sondern da bin ich in so eine dumme Klasse gekommen, da hatte ich keine Lust mehr, da hatte ich auch Streit mit Lehrern ...". Falls dann noch ein Schulwechsel dazukommt, kann es, wie in diesem Fall, zu völliger Abkehr von der Schule kommen: „... dann bin ich nach M. auf eine andere Schule gekommen, und da hat es mir gar nicht gefallen, dann bin ich irgendwann gar nicht mehr hingegangen, hab geschwänzt und so ...". Ein ähnliches traumatisches Erlebnis beschreibt eine Schülerin so: „... Weil ich halt die Schwierigkeiten hatte, musste ich die 8. Klasse nochmal wiederholen. So und das hat mir sehr weh getan, weil ich den Stoff eigentlich konnte, und nur wegen so was musste ich sitzen bleiben. Das tat mir sehr weh und ich konnte damit irgendwie nicht leben, deswegen bin ich nicht mehr hingegangen ... wo ich hingeguckt habe, nur Kinder in der Klasse. Dann war ich total traurig und bin nicht mehr in die Schule gegangen ...“[95].

Der Wechsel von der Grundschule in eine weiterführende Schule kann ebenfalls eine negative Zäsur bedeuten: Insbesondere dann, wenn bisherige Klassenverbände aufgelöst wurden und im neuen Schuljahr Schulgebäude, Lehrkräfte und Mitschüler neu sind, kann dies zu Unsicherheiten führen, die sich negativ auf das Wohlbefinden und die schulischen Leistungen auswirken können. Gelingt die Integration in den neuen Klassenverband nicht oder nicht rechtzeitig, kann Schulverweigerung die Folge sein. Ein Schüler beschreibt seine diesbezüglichen Erfahrungen so: „Ich hab die alle nicht gekannt und die kannten mich nicht. Die wohnten auch nicht in meinem Dorf. Die waren so doof und der Lehrer wollte mich auch nicht, da bin ich dann nicht mehr hingegangen.“

Auch der „Abstieg“ von einer höheren Schulform in die nächstniedrigere kann dazu führen, dass der Jugendliche sich von der Schule abwendet. Das Zurückstufen wird als Degradierung und Strafe empfunden; nur wenige begreifen dies als Chance, doch noch einen Abschluss, wenn auch auf einem niedrigeren Niveau, zu erreichen. Eine Schülerin erzählt: „Nur weil ich mal ab und zu frech war, wollten die mich nicht mehr haben (in der Realschule – Anm. d. Verf.), aber in der anderen Schule (Hauptschule – Anm. d. Verf.) war es mir einfach zu blöd, die haben doch nix gerafft ...“.

Im Zusammenhang mit Schulverweigerung stellt sich zum Schluss die Frage, inwieweit Sitzenbleiben eine Folge der Fehlzeiten war oder umgekehrt die Fehlzeiten eine Folge des Sitzenbleibens. Dass in vielen Fällen ein kausaler Zusammenhang bestanden hat, scheint sicher. Die Intensivinterviews mit den Jugendlichen deuten darauf hin, dass die (endgültige) Abkehr von der Schule nach einer (oder mehreren) Klassenwiederholung(en) erfolgte.

Das Erlebnis des Sitzenbleibens bedeutet für manche Schüler einen einmaligen Ausrutscher in ihrer Bildungslaufbahn, der bei geeigneter flankierender Hilfe ohne größere negative Auswirkungen bleiben

---

[95] Die Frage nach den möglichen Wechselwirkungen zwischen Klassen- oder Schulwechsel und Schulverweigerung darf nicht verkennen, dass der Zusammenhang auch umgekehrt sein kann: Schulschwänzen kann natürlich auch zum Klassen- oder Schulwechsel führen.

kann. Für andere markiert es aber eine sich fortsetzende „Fehlpassung" (Hurrelmann u. a. 1985) zwischen Schüler und Schule, die über Schulschwänzen irgendwann zum endgültigen Bruch mit der Schule im Sinne von Schulversagen und Schulabbruch führen kann.

Neben dem Sitzenbleiben ist es der Schulwechsel, der Schülerinnen und Schüler aus der Bahn werfen kann, wie die folgende Geschichte eines Mädchens zeigt. Zunächst ist sie in der 8. Klasse in ein Heim gekommen, weil ihre Eltern nicht mehr mit ihr fertig wurden: „Das hat das Jugendamt gemacht, weil ich immer von zu Hause abgehauen bin, weil meine Eltern mir nicht meine Freiheiten gelassen haben ...". Mit den „Freiheiten" meint die Schülerin in erster Linie das Weggehen: „Ja, erst haben sie gesagt, am Wochenende darf ich in die Disco ... und dann durfte ich nicht, durfte auch nicht bei meiner Freundin schlafen, obwohl sie es gesagt hatten." Das Heim befindet sich in einer anderen Stadt, also musste die Schülerin die Schule wechseln. Sie verlor ihren alten Bezugsraum, wobei sie neben ihren Eltern vor allem ihre alten Freundinnen vermisste: „Da war ich dann sehr allein und musste viel weinen ... und die haben mich auch ausgelacht in dem Heim und so ... die mochten mich auch gar nicht." Sie kam in der Mitte des Schuljahres in eine neue Schule und eine neue Klasse. Dort gefiel es ihr nicht, weil sie die Mitschüler nicht kannte und diese sie auch nicht annahmen: „Da waren ganz neue Leute und so, und die hatten keinen Bock auf mich, und da bin ich dann total abgesackt, und dann bin ich halt wieder abgehauen." Die Schülerin wird wieder nach Hause geschickt, hat aber inzwischen solche Wissenslücken, dass sie auch in ihrer alten Schule nicht mehr zurechtkommt. Ihre Leistungen werden immer schlechter und sie fängt wieder an zu schwänzen, bis sie irgendwann endgültig von der Schule verwiesen wird.

3.2.2.2 Außerschulische Faktoren, die Schulverweigerung begünstigen

Neben schulischen Ursachen für das Schuleschwänzen spielen auch nichtschulische Faktoren eine Rolle: Gut ein Drittel (37 %) der Schülerinnen und Schüler geben als Grund für den Beginn des Schulschwänzens an, sie hätten sich lieber mit Freunden bzw. mit Freund oder Freundin getroffen. Dies trifft vor allem für die Jugendlichen aus den neuen Bundesländern zu: Fast jeder Zweite gibt an, dass Freunde oder Freund/Freundin der Grund für das Schulschwänzen gewesen zu sein. Für einen Teil der Schülerinnen und Schüler scheint Schulschwänzen zumindest zu Beginn eine Art soziale Angelegenheit zu sein, eine Möglichkeit, gemeinsam mit Freunden oder einem Freund bzw. einer Freundin während der Schulzeit etwas zu unternehmen. Ein ehemaliger Schulverweigerer formuliert es so: „Schuleschwänzen war verboten, und deshalb hat es uns Spaß gemacht ... Während alle anderen in der Schule waren und lernen mussten, sind wir in die Stadt gegangen oder haben ferngesehen." Der Freundeskreis nimmt allmählich an Bedeutung zu, während man gleichzeitig anfängt, sich vom Elternhaus zu lösen.

Die einsetzende Pubertät macht Mädchen und Jungen zu schaffen. Darauf haben die Schülerinnen und Schüler uns immer wieder hingewiesen. Nach ihrer Meinung würde die Schule auf „so was" ebenso wie die Eltern überhaupt keine Rücksicht nehmen. Wechselnde Gefühlslagen verwirren die Jugendlichen und lenken sie von der Schule ab. In diesen Momenten ist alles andere wichtig, nur nicht Schule, die mit ihrem Lernangebot dieser spezifischen Jugendphase mit all ihren Höhen und Tiefen nicht oder nicht genug Rechnung trägt. Entsprechend groß ist auch die Bereitschaft der Schülerinnen und Schüler, zu schwänzen. Dieses Schwänzen richtet sich aber nicht in erster Linie gegen die Schule, sondern das Bedürfnis nach etwas anderem ist einfach größer: „... (Ich habe geschwänzt), weil ich einen Freund hatte, ich wollte dann immer zu dem und so, das ist bei mir meistens so, wenn ich einen Freund habe, dass ich dann immer bei dem sein möchte und so, weil ich eben tierisch am Freund hänge ...."

Jeder Fünfte (19 %) gibt an, er habe deshalb die Schule geschwänzt, weil er krank geworden sei. Dieser Anteil steigt zum Ende der Schulschwänzerperiode an: Nahezu jeder vierte Schüler (24 %) sagt aus, während der Fehlzeit krank gewesen zu sein. Die Frage, inwieweit die Krankheit (mit) ein Grund war, die Schule zu schwänzen, oder die Krankheit aufgrund des Schulschwänzens entstanden ist, kann anhand der quantitativen Befunde nicht beantwortet werden[96]. Das Ergebnis in dieser Frage deutet aber darauf hin, dass die betroffenen Schüler nach ihrer Krankheit in der Schule oft massive Probleme hatten (z. B. schlechtere Leistungen, Konflikte mit Lehrkräften/Mitschülern). Die Analyse der Intensivinterviews hat ergeben, dass ehemalige Schulverweigerer in der Schule häufig krank gewesen sind. Dieser Befund deckt sich mit Ergebnissen aus anderen Untersuchun-

---

[96] Dass viele Schüler psychisch und/oder physisch krank sind, wird vonseiten der befragten Expertinnen und Experten thematisiert. Sie beklagen, dass viele Schülerinnen und Schüler „psychisch bedrückt" seien, Tendenzen zu Depressionen aufweisen und auch „physisch nicht gesund" zu sein scheinen (vgl. dazu Kap. 3.2.1.2).

gen des Deutschen Jugendinstituts[97] und mit den Aussagen der Experten, die in ihrer Praxis oft mit physisch und psychisch kranken Schülerinnen und Schülern konfrontiert wurden.

Familienbedingte Gründe für das Schuleschwänzen werden hingegen kaum genannt: Lediglich 5 % der Befragten geben an, sie hätten sich um ihre Familie kümmern müssen und deshalb die Schule nicht besuchen können. Hierbei ist jedoch zu berücksichtigen, dass das Antwortitem „Familie" eines von mehreren geschlossenen Vorgaben und neutral formuliert war. Es ist davon auszugehen, dass unter Umständen zerrüttete Familienverhältnisse, Arbeitslosigkeit oder Alkoholismus der Eltern für den einzelnen Schüler nicht unbedingt als Gründe für das Fernbleiben von der Schule gesehen werden. Dennoch spielen die familiären Verhältnisse offensichtlich direkt oder indirekt eine große Rolle für das Schulbesuchsverhalten, und zwar insbesondere dann, wenn sie mit schulischen Schwierigkeiten einher gehen: Die Intensivinterviews mit Schulverweigerern ergaben, dass die Jugendlichen zu einem großen Teil in desolaten Familienverhältnissen mit Merkmalen wie Scheidung, Alkoholproblemen und Arbeitslosigkeit vor allem des Vaters oder Stiefvaters lebten. Solche schwierigen Familienverhältnisse spielen jedoch in der Wahrnehmung der Jugendlichen als (Mit-)Ursache für ihr Schuleschwänzen so gut wie keine Rolle.

Was aber in der Wahrnehmung von Schulverweigerern eine Rolle spielt und von ihnen auch häufig thematisiert wurde, ist der Umstand, dass vor allem Schülerinnen und Schüler ab einem Alter von etwa 13 Jahren verstärkt ihre „Freiheit" suchen, die ihnen von den Eltern nicht gewährt würde. Aussagen wie „ich hatte zu Hause große Probleme, weil meine Eltern mir nicht meine Freiheit gelassen haben", wiederholen sich nahezu in jedem Interview. Auch hier scheint es die einsetzende Pubertät zu sein, die kollidiert mit elterlichen Vorstellungen und schulischen Anforderungen. Den Jugendlichen erscheinen die Verhaltensregeln der Eltern antiquiert und nur dazu angetan, die Bewegungsfreiheit der Schüler einzuschränken: „Ich hörte immer nur Vorwürfe, tu dies, tu das, aber was ich wollte, durfte ich nicht, das habe ich dann echt nicht mehr ausgehalten".

Im letzten Schuljahr in der Regelschule (vor Eintritt in das Projekt oder die Maßnahme für Schulverweigerer) nehmen schulische Faktoren als Gründe für das schulverweigernde Verhalten in zweierlei Hinsicht ab: Fortgesetzter Ärger mit Lehrkräften wird als Ursache

---

97 Insbesondere Ergebnisse aus dem Freiwilligen Sozialen Trainingsjahr (FSTJ): Förster, H. u. a., a. a. O.

„nur“ noch von 44 % der Befragten angegeben (gegenüber 59 % zu Beginn der Schulschwänzerphase); dass man mit seinen Mitschülern überhaupt nicht mehr zurechtgekommen sei, sagen lediglich noch 18 % (gegenüber 30 %). Diese Ergebnisse sind natürlich plausibel, denn je länger ein Schüler nicht zur Schule geht, desto weniger Ärger hat er mit seinen Lehrkräften oder Mitschülern. Erwartungsgemäß vergrößert sich aber die Gruppe derer, deren Schulleistungen im Zeitablauf immer schlechter wurden, und die diese Tatsache auch als Grund für ihr Schulschwänzen angeben. Gut jeder Zweite (51 %) nennt als Begründung für das Schulschwänzen die Leistungen in der Schule, die „immer schlechter“ wurden. Dieses Ergebnis ist ebenfalls plausibel, denn je länger ein Schüler in der Schule fehlt, desto schlechter werden auch seine Schulleistungen, wenn er nicht in der Zwischenzeit durch Nachhilfe gestützt wird.

Abb. 13 Ursachen der Schulverweigerung zum Ende des Schwänzens

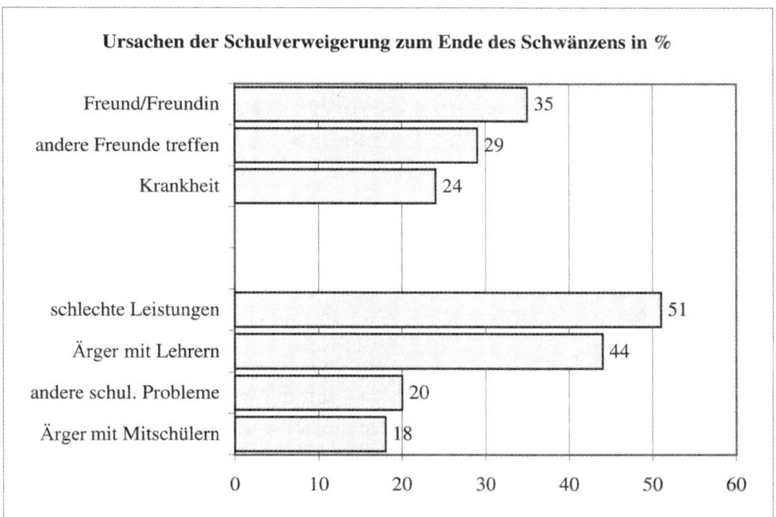

Aber auch der Wunsch, sich mit Freunden außerhalb der Schule zu treffen, nimmt im Verlauf des Verweigerungsprozesses als Grund für das Schwänzen ab. Soziale Kontakte als Begründung für das Fernbleiben von der Schule spielen nicht mehr die Rolle wie noch zu Anfang des Schulschwänzens (von 37 auf 29 %), die Quote sinkt. Dies scheint unsere These zu bestätigen, wonach Schulverweigerung auf Dauer zu schulischer und sozialer Ausgrenzung und Isolation führt.

Die Meinung der Experten, wonach die Einschätzung der eigenen Perspektiven von den schulischen Voraussetzungen abhängt, wird durch die Befragung der Schulverweigerer nicht bestätigt. Obwohl für die meisten der Hauptschulabschluss Endstation sein wird, der heutzutage zwar eine Voraussetzung, aber nicht mehr zwangsläufig eine Garantie für eine spätere Berufsausbildung und, nachfolgend, für einen Arbeitsplatz ist, beurteilen drei Viertel der Befragten ihre persönlichen Zukunftsaussichten als „eher gut" (34 %) bis „sehr gut" (42 %). Lediglich 7 % der Jugendlichen halten ihre Zukunftsaussichten für „eher schlecht" (4 %) bzw. für „sehr schlecht" (3 %). Mädchen sehen ihre Zukunft insgesamt etwas positiver als ihre männlichen Kollegen; die Zuversicht ist in den neuen Bundesländern jedoch insgesamt wesentlich schwächer ausgeprägt als in den alten.

Der Optimismus der meisten Schülerinnen und Schüler mag auch damit zusammenhängen, dass man nach den Misserfolgen in der Regelschule an den alternativen Lernorten erstmals wieder Erfolgserlebnisse hat und dieses positive Gefühl auf die Einschätzung der Zukunft überträgt. In den Intensivinterviews wurde schließlich deutlich, dass die Lernangebote für Schulverweigerer tatsächlich zu einer psychischen Stabilisierung beitragen, die sich positiv auf die Erwartungen hinsichtlich der eigenen Zukunft auswirken. Ein ehemaliger Sonderschüler, der in der Regelschule fast ein ganzes Schuljahr geschwänzt hatte, und der – wie er sagt – „sich am liebsten ganz verkrochen" hätte, schöpft in seinem neuen schulischen Kontext erstmals Mut: „Wenn ich so weitermache, kann ich vielleicht doch Schreiner werden ... Die Frau S. hat gesagt, dass ich das schaffen kann."

Ausbildungs- und Beschäftigungsperspektiven spielen in den Begründungen der Jugendlichen für ihr Schuleschwänzen vordergründig keine Rolle. Zwar wissen sie, dass schlechte Schulleistungen ihre Chancen mindern („Mit den Noten brauche ich mich gar nicht erst zu bewerben"), aber trübe Zukunftsaussichten führen nicht zu Schulverweigerung – jedenfalls nicht bewusst. Indirekt wird ein Mangel an Ausbildungsplätzen und wachsende Arbeitslosigkeit in der Bundesrepublik Deutschland zwar registriert, sie werden aber nicht als Einflussgrößen auf die eigene Zukunft gesehen. Auch eine eventuelle Arbeitslosigkeit der Eltern oder eines Elternteils führt nicht zu einer negativeren Beurteilung der eigenen Perspektiven.

Schulverweigerung ist in den wenigsten Fällen politisch motiviert. Dieses Ergebnis aus den Schülerbefragungen deckt sich mit dem Eindruck der Experten. Überhaupt ist das Interesse an Politik äußerst gering: Lediglich 11 % der Befragten halten sich für politisch interessiert. Das einzige politische Thema, das die Jugendlichen gleichermaßen interessierte, war das Thema Ausländer und Zuwanderung. Die Intensivinterviews zeigten durchgehend eine äußerst ablehnende Haltung gegenüber Ausländern, die „in Deutschland nur absahnen“ wollten und „uns die Arbeitsplätze wegnehmen“. Erstaunlich war jedoch, dass die meisten Befragten gute Beziehungen unterhielten zu einzelnen Ausländern, die „anders“ seien als die Mehrheit der Ausländer. Vereinzelt sind Ausländer für diese Jugendlichen also auch „gute“ Ausländer, zu denen man freundschaftliche Kontakte pflegt. Das politische Interesse ist aber insgesamt gering. Soweit die Jugendlichen sich überhaupt politisch äußerten, waren diese Äußerungen tendenziell rechts gerichtet und eher konfus.

Zum Schluss möchten wir noch auf einen Umstand hinweisen, der uns in den Intensivinterviews immer wieder begegnet ist: Ein erheblicher Teil der Befragten gibt sich selbst die Schuld am Scheitern in der Regelschule und leidet unter dieser „Schuld“ zum Teil noch heute. Sätze wie „ich war ja nicht besonders nett“, „ich kann den Lehrer heute schon verstehen, weil ich war damals so blöd ...“, „meine Mutter konnte nichts mit mir anfangen, ich wollte immer nur raus ...“, „ich hab halt immer gleich geprügelt ...“, „viel Blödsinn hab ich damals gemacht“, oder „die hatten alle Angst vor uns“, bezeichnen ein abweichendes Verhalten, das nach Meinung dieser Jugendlichen sozusagen mit Recht geahndet wurde. Weshalb es zu dem je spezifischen Verhalten gekommen ist, können sie zwar auf Nachfragen mehr oder weniger schlüssig erklären, aber die Verbindung, nämlich dass ein bestimmtes Verhalten in der Regel auch bestimmte Ursachen hat (ohne dass man deshalb das Verhalten gut heißt), diese Verbindung wird von den Jugendlichen nur selten erkannt und führt dazu, dass sie sich selbst für ihr schulisches Scheitern verantwortlich machen. Schuldgefühle dieser Art spielen auch heute noch eine Rolle. Statements wie „meine Eltern haben viel mitgemacht mit mir, deshalb reiß ich mich jetzt zusammen“ oder „mein Lehrer damals, also der tut mir heut noch Leid ...“ oder „hätt ich halt besser aufgepasst“ zeigen, dass man sich noch heute „schuldig“ fühlt und das Scheitern in der Regelschule als eigenes individuelles Versagen erlebt hat.

3.2.3 Zusammenfassung

Auch wenn Lehrkräfte eher die Persönlichkeit des Schülers und sein Leistungsvermögen sowie sein familiäres Umfeld als verursachende Faktoren für Schulverweigerung annehmen und andere Fachkräfte (außerhalb der Schule) eher von sozialen und gesellschaftlichen Bedingungen ausgehen, haben die Befragungen insgesamt doch ergeben, dass es in der Regel nicht eine einzige Ursache für schulverweigerndes Verhalten gibt, sondern meist mehrere Faktoren zusammenkommen müssen, die für den Schüler zu unerträglichen Belastungssituationen führen, aus denen er sich nur mit fortgesetztem Schulschwänzen befreien zu können glaubt. Ursachen im Kontext mit Schule spielen dabei offensichtlich eine große Rolle[98]. Schlechte Schulleistungen, Schwierigkeiten mit Lehrkräften oder Mitschülern sowie Klassenwiederholungen können einem Schüler den Halt nehmen und Ängste verursachen, die nicht mehr bewältigt werden können. Falls dann noch andersgelagerte Schwierigkeiten hinzukommen (z. B. gesundheitliche Beeinträchtigungen oder Probleme in der Familie), dann wächst die Gefahr, dass der Schüler mit Schulschwänzen reagiert, weil er keinen anderen Ausweg sieht. Die Ergebnisse lassen den Schluss zu, dass die Schule für die Entstehung von Schulverweigerung nicht nur mitverantwortlich ist, sondern sogar sehr viel dazu beiträgt. Werden die Schwierigkeiten in der Schule zu groß für den Schüler, leistet er massiven Widerstand gegen den Schulbesuch und versucht alles zu meiden, was mit Schule zusammenhängt. Schulverweigerung und – später – Schulabbruch führen dann zu schulischer und sozialer Ausgrenzung.

Schulverweigerung geht fast immer einher mit schlechten schulischen Leistungen. Das Leistungsniveau an sich ist das Produkt einer Zusammenarbeit zwischen Lehrkraft und Schüler (und – abgeschwächt – den Eltern). Ist diese Zusammenarbeit gestört, verschlechtern sich auch die Schulleistungen. Die entsprechenden Reaktionen der Lehrkräfte werden von den Schülerinnen und Schülern meist als aversiv erlebt. In diesem Zusammenhang beklagen die Lehrkräfte zu Recht die Verschlechterung ihrer Rahmenbedingungen, die es zunehmend schwieriger machen würden, sich um leistungsschwache Schüler und andere Problemkinder zu kümmern.

Auf Verletzungen und Kränkungen durch Lehrkräfte reagieren die Jugendlichen zum Teil mit heftigen Emotionen, die sich ebenfalls nachhaltig auf die Schulleistungen und die weitere schulische Laufbahn auswirken können. Das Lehrerverhalten wird als Willkür erlebt, der der Schüler hilflos ausgeliefert ist. Die negativen Zuschreibungen durch die Lehrkräfte nähren sein negatives Selbstbild. („Die

[98] Die Erkenntnisse von Kaiser (1983), Chouquet und Ledout (1994) gehen dahin, dass schulische Faktoren weitaus maßgebender sind für das Schulbesuchsverhalten als familiäre oder soziodemografische Faktoren. Vgl. dazu Kaiser, H.: Schulversäumnisse und Schulangst, Frankfurt am Main 1983, und Chouquet, M., Ledoux, S.: Adolescents Enquete Nationale, Paris 1994.

haben mir ständig erzählt, wie dumm ich bin, da muss wohl was dran sein".) Diese Art von Self-Fulfilling-Prophecy bestärkt die von den Lehrkräften vorhergesagte Entwicklung. Beim Schüler entsteht das Gefühl, dass jede weitere Anstrengung von seiner Seite überflüssig und sinnlos ist. An der pädagogischen Kompetenz dieser Lehrkräfte darf mit Recht gezweifelt werden, denn ihr Verhalten ist das Gegenteil von Förderung. Gerade auf Schüler, die in ihrem sozialen Umfeld oder in ihren Familien nicht den nötigen Rückhalt und die emotionale Sicherheit finden, wirkt sich negatives, verletzendes Lehrerverhalten besonders gravierend aus und begünstigt Schulverweigerung und Schulabbruch.

In diesem Zusammenhang macht sich besonders die Altersstruktur der Lehrkräfte bemerkbar, die einen Überhang an relativ alten Lehrkräften aufweist. Abhilfe kann hier nur geschaffen werden, wenn die Einstellungspraxis für Lehrerinnen und Lehrer grundlegend verändert wird. „Die ungute Altersstruktur in fast allen Schulen der Bundesrepublik haben wir einer Einstellungspolitik zu verdanken, die an Haushaltszwänge gebunden nur kurzfristig reagieren konnte auf die Schülerzahlen, die Jahr für Jahr erhoben und nach unten oder oben geringfügig korrigiert vorgelegt wurden. Dieses Stop and Go zwischen massenhafter Einstellung und Einstellungsstopp lässt keine gesunde Altersmischung mehr zu, entmutigt ganze Ausbildungsjahrgänge und führt letztlich auch zur Qualitätsminderung im Lehrerberuf ... Nötig ist eine Einstellungspraxis, die nicht nur auf den tatsächlich zu versorgenden Schülerkopf zielt, sondern zeitlich bedingte und wohl überlegte Ausstattungsvorsprünge nutzt für pädagogische Verbesserungen und die konsequente Umsetzung der notwendigen Reformschritte[99]."

Selbstkontrolle und Selbstvertrauen sowie Sozialkompetenzen werden im Sozialisationsprozess erworben. Sie sind in hohem Maß abhängig von den entsprechenden Reaktionen des Umfeldes und sind Voraussetzung für leistungsfähiges Handeln. Restriktionen und Repressionen schränken die Mündigkeit ein und führen zu einem negativen Selbstbild, das häufig bei Schulverweigerern vorherrscht.

Soziale Kontakte zu Gleichaltrigen sind Jugendlichen in der Pubertät besonders wichtig, vor allem dann, wenn diese Jugendphase mit all ihren Implikationen in der Schule und im Unterricht nicht genügend Berücksichtigung findet; die Motivation zum Schul-

---

[99] Klaus Böger, Senatsverwaltung für Schule, Jugend und Sport. Rede auf dem Kongress des Forum Bildung am 14. und 15. Juli 2000 in Berlin: Der Wandel der Schule gestalten.

schwänzen geht anfangs häufig von solchen Schülerfreundschaften aus. Gemeinsame Aktivitäten während der Schulzeit sorgen für Solidarität und intensivieren die Beziehungen untereinander, sie schaffen – zunächst jedenfalls – soziale Anerkennung und verbinden. Auch Schulerfolg oder -misserfolg hängt von den Verhaltensorientierungen der Gruppierungen Gleichaltriger ab. Längere Schulverweigerungsphasen führen letztendlich aber zu einer sozialen Isolation der Betroffenen, weil viele „Mitstreiter" irgendwann nicht mehr mitmachen und in die Schule zurückkehren.

Anhaltendes Schulverweigern führt zu Misserfolgen (oder umgekehrt). Diese Misserfolge halten viele Jugendliche für selbst verursacht. Zusammenhänge mit schulischen Bedingungen oder familiären Faktoren werden zwar manchmal erkannt, aber das hält sie nicht davon ab, sich selbst die Schuld für das schulische Scheitern zu geben.

3.3 Die schulfreie Zeit

Schulverweigerung – einzelne Stunden abhängen, ganze Tage schwänzen oder gar Wochen bzw. Monate – verlangt von den Schülern eine Energieleistung, die nicht unterschätzt werden darf. Neben der Entscheidung, nicht in die Schule zu gehen, und neben der Überlegung, ob und wie man das Fernbleiben von der Schule begründet (vgl. Kap. 3.1.3), steht die Frage, wie und wo verbringe ich diese „freie" Zeit. Wenn Schüler in der Schule fehlen, sind sie gezwungen, die Zeit, in der sie sich normalerweise in der Schule aufhalten würden, an einem anderen Ort als Schule zu verbringen. Folgende Fragen stellen sich in diesem Zusammenhang: Mit wem sind sie in dieser schulfreien Zeit zusammen und wo halten sie sich auf? Geht man davon aus, dass der Schulschwänzer in aller Regel die Begegnung mit bestimmten Erwachsenen meiden muss, die nicht wissen dürfen, dass er die Schule schwänzt (Eltern, Nachbarn, Lehrkräfte), dann sind die Aufenthaltsmöglichkeiten zumindest eingeschränkt.

Was wissen die Erwachsenen darüber, mit wem und wie die Jugendlichen ihre Zeit außerhalb der Schule verbringen? Auch dazu haben wir Lehrkräfte und andere Experten befragt, die mit Schule bzw. mit Schulverweigerung zu tun haben. Ihre Aussagen über das (vermutete) Freizeitverhalten von Schulschwänzern wollen wir im zweiten Teil dieses Kapitels mit den Angaben der Schulverweigerer selbst zur Gestaltung ihrer schulfreien Zeit vergleichen.

3.3.1 Ergebnisse aus der Expertenbefragung

Was tun Schüler eigentlich, wenn sie nicht zur Schule gehen? Wo sind sie und mit wem verbringen sie diese Zeit? Was machen sie, während sie sich „frei nehmen"? Die Aussagen hierüber sind größtenteils Vermutungen, so richtig weiß keine der befragten Fachkräfte, wo Schulverweigerer sich aufhalten und was sie tun. „Die schlafen erst mal aus", ist eine gängige Meinung, die impliziert, dass der Jugendliche zunächst einmal alleine schwänzt. Sie bedeutet ferner, dass der Jugendliche für einige Stunden „nichts von Schule wissen und hören kann" – eben, weil er ja schläft. Diese Art von Verdrängung setzt sich nach Meinung der Erwachsenen fort über das Fernsehen: „Einige hängen vor dem Fernseher rum und zappen sich so durch den Tag." Auch diese Meinung beinhaltet indirekt die Vermutung, dass der Schulverweigerer ein Einzelgänger ist, der sich mehr oder weniger langweilt und die Zeit, in der er sonst in der Schule wäre, irgendwie totschlagen muss, bis er sozusagen legal wieder auftauchen kann.

Es wird ferner angenommen, dass ein Teil der Schulverweigerer (und hier vor allem die männlichen) sich in der Zeit, in der sie sonst im Unterricht sitzen würden, mit anderen Jugendlichen treffen. Dabei kann es sich um Schulverweigerer aus der eigenen Klasse bzw. Schule oder um Schüler aus anderen Schulen ebenso handeln wie um Jugendliche, deren Schulzeit bzw. Schulpflicht bereits offiziell beendet ist. Alle geäußerten Vermutungen und Spekulationen implizieren die Annahme, dass der Schulverweigerer die Zeit, in der er in der Schule fehlt, „irgendwie rumbringen muss". Diese schulischen Fehlzeiten als „Frei"-Zeiten haben also eine andere Qualität als die reguläre Freizeit nach der Schule: Im Gegensatz zu diesem eher knappen Gut, das man eben wegen seiner Knappheit sinnvoll gestalten und optimal ausnutzen müsse, sei nach Meinung der Experten für die erzwungene Freizeit kennzeichnend, dass sie nicht wirklich genossen werden könne und häufig als Langeweile empfunden würde. Die Schulverweigerer hätten also gar nicht wirklich etwas davon, wenn sie den Unterricht schwänzen. Sollte diese Annahme stimmen, wäre dies auch ein Hinweis darauf, dass Schüler nicht just for fun den Unterricht verweigern, sondern für sie schwer wiegende Gründe vorliegen müssen, die sie veranlassen, das familiäre Umfeld sowie die Lehrkräfte zu täuschen und den sozialen Bezugsraum Schule temporär oder endgültig aufzugeben.

Auch die Frage, wo man sich trifft, ist abhängig davon, in welcher der beiden Freizeiten dies passiert. Für Schulverweigerer sind die Treffpunkte – so die Experten – wahrscheinlich eher dort, wo man nicht von bestimmten Personen, die das Schulschwänzen melden oder gar negativ sanktionieren könnten (z.B. Eltern, Lehrkräfte, Nachbarn), gesehen werden kann. In kleineren Städten oder auf dem Land sei dies sicherlich schwieriger als in der Großstadt, wo es vor allem die Bahnhöfe, Einkaufszentren, Internetcafés und Fast-Food-Restaurants sind, wo man sich trifft.

Es ist eine Binsenweisheit, dass Freizeit Geld kostet – und zwar unabhängig davon, ob man sich die Freizeit nimmt oder sie einem zusteht. Wie finanzieren Jugendliche ihr Fernbleiben von der Schule? Insbesondere jene Aktivitäten, die außerhalb von Schule und Elternhaus stattfinden, kosten Geld: Öffentlicher Personennahverkehr, Telefonate, Mobiltelefone, Videospiele, Kinobesuche, Getränke, Snacks und Zigaretten werden mit wachsender Freizeit vermehrt konsumiert. Auch hierzu gibt es vonseiten der Fachkräfte keine gesicherten Erkenntnisse, sondern lediglich Annahmen, die allerdings der Realität durchaus nahe kommen dürften. Ein Teil der Jugendlichen verfügt heute über ein mehr als großzügiges Taschengeld. Vor allem dann, wenn beide Elternteile berufstätig sind, wird ein eventuelles schlechtes Gewissen häufig besänftigt durch großzügige finanzielle Unterstützung. Andere Schüler wiederum „schnorren" sich durch: Insbesondere in Großstädten kann man immer wieder beobachten, dass Jugendliche Passanten um etwas Geld „für den Bus" oder „für ein dringendes Telefongespräch" bitten. Diese Art der Geldbeschaffung scheint sich inzwischen zu einer Art Sport entwickelt zu haben, der manchmal auch von solchen Schülerinnen und Schülern betrieben wird, die nicht der Schule fernbleiben.

Immer wieder werden in der Öffentlichkeit und in den Medien Befürchtungen geäußert, dass Schulverweigerung ein Einstieg sein kann oder höchstwahrscheinlich sein wird in delinquentes Verhalten. Ein solcher Zusammenhang muss sicher nicht zwangsläufig und in jedem Fall bestehen, aber in der Praxis werden die befragten Fachleute immer wieder mit – meist kleineren – Delikten der Schüler konfrontiert. Dabei handelt es sich überwiegend um kleinere Diebstähle oder Sachbeschädigungen, die aber wahrscheinlich (auch) damit zusammenhängen, dass die Schüler viel Zeit auf der Straße verbringen und diese Zeit muss finanziert werden. Auch wenn man nach Meinung der Fachleute nicht pauschal behaupten könne, dass Schulverweigerer verstärkt zu delinquentem Verhalten neigen, so scheint Schulverweigerung doch ein Risikofaktor zu sein[100]. Insofern scheint

---

[100] Im Rahmen des Nürnberger Schulschwänzerprojekts wurden im Schuljahr 1998/99 in der Nürnberger Innenstadt 70 Schulschwänzer aufgegriffen, von denen

es einen, wenn auch schwachen, Zusammenhang zu geben, vor allem dann, wenn die (neue) soziale Bezugsgruppe des Schulverweigerers, die dann in der Regel aus Personen besteht, die nicht zum Lebensbereich Schule gehören, die Hemmschwellen gegenüber Kleinkriminalität allmählich verringert. Eine Gruppe, deren Mitglieder zu einer Tageszeit verfügbar sind, zu der andere in der Schule oder in der Arbeit sind, ist häufig sozial ausgegrenzt und damit anfälliger für kriminelles Verhalten.

3.3.2 Ergebnisse aus der Befragung von Schulverweigerern

Die oben erwähnte „Energieleistung", die Schulverweigerer aufbringen müssen, fängt für viele bereits am frühen Morgen an: Fast die Hälfte der befragten Schülerinnen und Schüler hat angegeben, dass ihre Eltern nichts von ihrem Schwänzen gewusst (24 %) haben bzw. sie – die Schüler – nicht wüssten, ob ihre Eltern Bescheid gewusst hätten (24 %). In jedem Fall aber musste der Schulschwänzer einen völlig normalen Tagesablauf suggerieren: Zur üblichen Zeit morgens aufstehen, frühstücken, die Schultasche packen und rechtzeitig vor Schulbeginn das Haus verlassen. Am Nachmittag oder am Abend setzt sich das Vorspiegeln falscher Tatsachen fort. Eventuelle Nachfragen der Eltern nach dem abgelaufenen Schultag, nach Mitschülern oder nach Klassenarbeiten und Noten müssen ebenso beantwortet werden wie Fragen nach möglichen Hausaufgaben. Die Intensität der elterlichen Nachfragen bestimmt den Aufwand, den der Schüler treiben muss, um sein wahres Schulbesuchsverhalten zu kaschieren.

In den Intensivinterviews wurde immer wieder darauf hingewiesen, wie „stressig" diese Situation für viele gewesen sei. Ein Schüler erzählt: „Na ja, meine Mutter wusste ja von nichts ... Ich habe jeden Tag in der Früh meinen Rucksack aufgesetzt und hab gesagt, ich geh jetzt in die Schule, und dann war ich hinten am Kanal". Das Belügen der Eltern und das Vortäuschen von normalen Tagesabläufen ist den meisten nicht leicht gefallen: „Das war schon blöd, ich hätte es ihnen gerne gesagt, aber es ging halt nicht, irgendwie konnte ich mit ihnen nicht darüber reden." Eine solche Haltung war kein Einzelfall, immer wieder versicherten uns die Jugendlichen, dass sie ein „blödes Gefühl" dabei gehabt hätten, ihre Familie so zu belügen, aber dass es

---

jeder Zweite bereits eine Straftat begangen hatte und jeder Dritte durch Ladendiebstahl aktenkundig geworden war. Manfred Schreiner: Die Grenzen der Belastbarkeit. Umgang mit Schulverweigerern (Schulschwänzern) in Nürnberg, in: SP BL:ATT Nr. 1, Juli 2000. Schul- und Unterrichtsabsentismus.

aus ihrer Sicht eben nicht möglich gewesen sei, mit den Eltern oder Erziehungsberechtigten darüber zu sprechen. Vor allem wenn die Eltern oder ein Elternteil nicht erwerbstätig waren, bestand für die Schüler auch nicht die Möglichkeit, die schulfreie Zeit in der Wohnung zu verbringen. Sie sind in der Regel morgens zur üblichen Zeit aus dem Haus gegangen und mussten sich dann bis zum Schulende außerhalb der Wohnung aufhalten. Dies wurde von den Jugendlichen durchaus als negativ empfunden: „Ich bin immer draußen rumgehockt, eigentlich war es verschwendete Zeit dann, weil man ja dann sechs Stunden nicht heimgehen konnte und sich irgendwo aufhalten musste, wo einen wirklich keiner sieht." Dass die Entscheidung zu schwänzen in solchen Fällen nicht gerade lustbetont ist, verdeutlicht eine ehemalige Hauptschülerin: „Ich habe in der Zeit viel gefroren da draußen, ich konnte ja nicht nach Hause gehen, ich war im Park ... und habe dann später auch eine Blasenentzündung gehabt, da war ich dann krank geschrieben." Je älter übrigens Schulschwänzer sind, desto seltener wissen die Eltern in der Regel über das schulische Fernbleiben Bescheid. Dies deutet auch auf eine (beginnende) Ablösung der Jugendlichen vom Elternhaus hin. Bei jüngeren Schülerinnen und Schülern funktioniert die elterliche Kontrolle offensichtlich noch eher.

Aber auch für die Jugendlichen, deren Eltern von ihrem Schulschwänzen wussten, verlief diese Zeit nicht stressfrei. Dies betrifft einen ähnlich großen Teil der befragten Schülerinnen und Schüler, nämlich 53 %. Ihren Angaben zufolge stellte sich die Situation so dar: Die Eltern haben zwar von ihrem Schwänzen gewusst; hier entfiel also die Notwendigkeit, einen normalen schulischen Ablauf vortäuschen zu müssen, dafür berichteten die Schüler aber von zum Teil heftigen Auseinandersetzungen mit ihren Eltern. Auch hier ist zunächst einmal ein nicht unbeträchtlicher Aufwand vonseiten der Schüler notwendig, bis sie ihr eigentliches Ziel, nämlich nicht zur Schule zu gehen, erreichen. Mädchen nehmen im Übrigen wesentlich häufiger an als Jungen, dass ihre Eltern über ihr Schulschwänzen Bescheid wussten (63 gegenüber 47 %). Eine mögliche Erklärung hierfür könnte sein, dass die Mädchen in den Intensivinterviews eine deutlich höhere Bereitschaft zeigten, mit ihren Eltern über ihre Schulverweigerung zu sprechen als ihre männlichen Kollegen. Anzunehmen ist ferner, dass Mädchen nach wie vor behüteter aufwachsen als Jungen und deshalb die Elternkontrolle bei ihnen stärker greift. Auch dafür, dass Mädchen deutlich häufiger alleine schwänzen als Jungen (vgl. weiter unten), mag die (stärkere) Bindung an die Eltern ein Grund sein.

Auf dem Weg zum Schulschwänzen ist neben dem Problem Eltern eine zweite Hürde zu nehmen, und zwar die Frage, ob und wie Schulverweigerer ihr Fehlen in der Schule begründen werden. An anderer Stelle wurde auf die einzelnen Begründungen bereits eingegangen (vgl. Kap. 3.1.3). Für den vorliegenden Zusammenhang wollen wir aber einige markante Ergebnisse herausgreifen. Über die Hälfte der Befragten gibt an, sie haben sich öfter von einem Arzt krank schreiben lassen (38 %) bzw. sich selbst eine Entschuldigung geschrieben (17 %). Auch dies ist aufwendig und erfordert Energie: In der Arztpraxis anrufen, einen Termin ausmachen, hingehen und u. U. dem Arzt vortäuschen, dass man krank ist und ein Attest braucht bzw. sich selbst eine Entschuldigung schreiben, die Unterschrift fälschen usw. – dies alles auf sich zu nehmen, „nur“ um nicht in die Schule gehen zu müssen, spricht ebenfalls dagegen, dass man die Schule „just for fun“ schwänzt. Dies kann im Einzelfall sicherlich auch einmal zutreffen, aber gerade längere schulische Fehlzeiten deuten auf schwer wiegendere Probleme hin, die der Schüler offenbar nicht anders zu lösen vermag als dadurch, dass er sich aus der schulischen Bezugsgruppe zurückzieht.

Wir sind ferner der Frage nachgegangen, ob die Schulverweigerer eher allein oder eher gemeinsam mit Schulfreunden die Schule geschwänzt haben. Die Ergebnisse zeigen sowohl geschlechtsspezifische als auch altersabhängige Unterschiede. Grundsätzlich zeigt das Verhältnis von Schülern, die „meist alleine“ geschwänzt haben und denen, die dies „meist mit Schulfreunden“ taten, ein leichtes Übergewicht zugunsten der letzten Gruppe (45 gegenüber 55 %). Fast umgekehrt dagegen ist die Verteilung nach Geschlechtern: Es sind eher die Mädchen, die alleine schwänzen (53) gegenüber „nur“ noch 40 % bei den Jungen. Mädchen scheinen sich also eher zurückzuziehen, wenn die Situation für sie untragbar wird, während Jungen eher den Kontakt zu Gleichgesinnten suchen. Deren nach außen gerichtetes Verhalten ist demonstrativer und deshalb auch öfter im Blickpunkt der Öffentlichkeit.

Je älter der Schulverweigerer ist, desto eher schwänzt er allein. Die Jugendlichen berichten, dass das Schwänzen am Anfang ihrer „Karriere“ eher ein Spiel gewesen sei, wozu sie häufig von Freunden animiert worden seien: „Ich hatte eh keinen Bock mehr und der K. sagte, komm lass uns gehen, der S. kommt auch mit.“ Bei diesen Jugendlichen überwiegt die Tendenz, erfahrene Kränkungen oder Unzufriedenheit offensiv zu wenden, indem man sich in losen Gruppen zusammenschließt und das Schulschwänzen zum Ausdruck gemeinsamen Empfindens wird. Bei fortgesetztem Verweigerungsverhalten aber gerät man meist zunehmend mehr in die Isolation, wie

Abb. 14 Schwänzen allein oder mit Schulfreunden

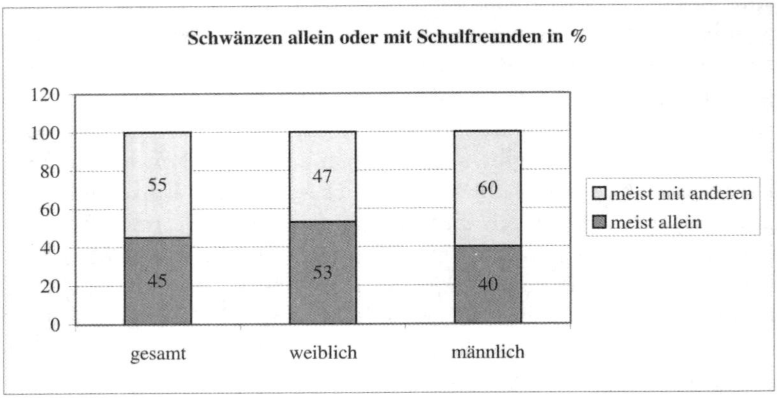

die Äußerung eines „Ehemaligen“ zeigt: „Meine Freunde bekamen Angst, wegen der Eltern und so, und sind dann wieder in die Schule gegangen, aber bei mir war das anders, ich wollte da nicht mehr hin.“ Der Schulverweigerer wird zum Außenseiter, was mit zunehmender Dauer des Schwänzens die Rückkehr in die Regelschule nahezu unmöglich macht: „Ich war schon so lange nicht mehr da gewesen (in der Schule, Anm. d. Verf.), dass ich Angst hatte, die würden mich gar nicht mehr wollen ..., und da wollte ich dann auch nicht mehr.“

Was macht nun ein Schulverweigerer, wenn er nicht in der Schule ist? An erster Stelle wird von den Betroffenen „ausschlafen“ genannt: 70 % der Nennungen entfielen auf diese Antwortkategorie. Dieses Ergebnis korrespondiert mit der Angabe, anstelle des Schulbesuchs einfach tagsüber zu Hause gewesen zu sein (62 %). Dies lässt darauf schließen, dass die betreffenden Jugendlichen eher allein waren. Mädchen gaben öfter als Jungen an, ausgeschlafen zu haben (74 gegenüber 68 %) und sie sind es auch, die häufiger tagsüber zu Hause („in der Wohnung“) geblieben sind (76 gegenüber 54 %). Schlafen spielt bei den Jugendlichen eine große Rolle. Einer von ihnen formuliert das so: „Gar nix hab ich gemacht, nur geschlafen. So wie ich jetzt meinen Tag verlebe, nur ohne Schule eben. Ganz normal, ich bin also um zwölf oder ein Uhr aufgestanden, und dann habe ich nicht irgendwie irgendwas geklaut oder Scheiben eingeschlagen oder so, nee ganz normal den Tag gelebt, nur ohne Schule eben.“ Schlafen bedeutet auch, dass man sich in dieser Zeit mit seinem Verhalten (Schulverweigerung) und den zugrunde liegenden Problemen nicht auseinander setzen muss. Eine Schülerin berichtete: „Ich wollte nichts mehr sehen und hören ... ich hatte echt die Schnauze voll ... Die haben doch nur an mich hingelabert, die hatten doch echt keine Ahnung ..., deshalb habe ich manchmal so lange geschlafen, bis meine Mutter von der Arbeit nach Hause kam." In diesem Fall wurde also versucht, das Problem und die Auseinandersetzung mit ihm zu verdrängen, indem man sich in die Isolation schläft. Dieses Beispiel zeigt, wie hilflos und alleine die Betroffenen oft sind. Die Vorstellung, dass jeden Tag viele Kinder und Jugendliche im Bett bleiben, weil sie sich vor ihrem Schulalltag fürchten, ist schrecklich und ein Armutszeugnis für unsere Gesellschaft und unser Bildungssystem.

In etwa gleich häufig wird das Zusammensein mit Freunden genannt: „Freunde besucht" zu haben oder „mit dem Freund/der Freundin zusammen" gewesen zu sein, wird mit 69 bzw. 65 % als häufigste Aktivitäten der Jugendlichen während des Schulschwänzens genannt. Das Alter spielt hier offenbar eine Rolle: Jugendliche bis zu 14 Jahren sind während ihrer Abwesenheit von der Schule häufiger mit Freunden zusammen als ältere Schülerinnen und Schüler. Dies könnte ein weiteres Indiz dafür sein, dass Schulverweigerung den Jugendlichen mit der Zeit isoliert, weil die Freunde möglicherweise „abgesprungen" sind und wieder den Unterricht besuchen. Geschlechtsspezifische Unterschiede hinsichtlich des Zusammenseins mit Freunden zeigten sich nicht. Das Computerspielen in Einkaufszentren oder Spielhallen ist dagegen nach wie vor eine Domäne der männlichen Jugendlichen: 52 % der Jungen geben dies als Beschäftigung während ihres Fernbleibens von der Schule an gegenüber lediglich 26 % der Mädchen.

Dass Schulschwänzen eventuell ein Einstieg in (Klein-)Kriminalität sein kann, wird in der Öffentlichkeit immer wieder als Befürchtung geäußert[101]. Auch die befragten Experten sehen einen – wenn auch schwachen – Zusammenhang. Die Befragung der Schulverweigerer selbst gibt ebenfalls erste Anhaltspunkte für einen möglichen Zusammenhang: 33 % der Jugendlichen geben an, während des Schuleschwänzens „Dinger gedreht"[102] zu haben, wobei erwartungsgemäß die Jungen dies häufiger angeben als die Mädchen. Interessanterweise sind es eher die jüngeren Schulverweigerer im Alter bis zu 14 Jahren, die in dieser Zeit anfällig sind. Danach gehen die unerlaubten

[101] Das „Nürnberger Schulschwänzermodell" einer Zusammenarbeit zwischen Schule und Polizei ist nicht zuletzt wegen dieses vermuteten Zusammenhangs entstanden: Obwohl nicht jeder Schulschwänzer Straftaten begehe, habe man umgekehrt aber bei Straftätern festgestellt, dass viele von ihnen zuerst die Schule geschwänzt hätten.

[102] In der geschlossenen Abfrage hieß das Antwortitem: „Dinger gedreht". Eine Spezifizierung dieser wahrscheinlich unerlaubten Handlungen war nicht vorgesehen.

Abb. 15 Aktivitäten während des Schulschwänzens

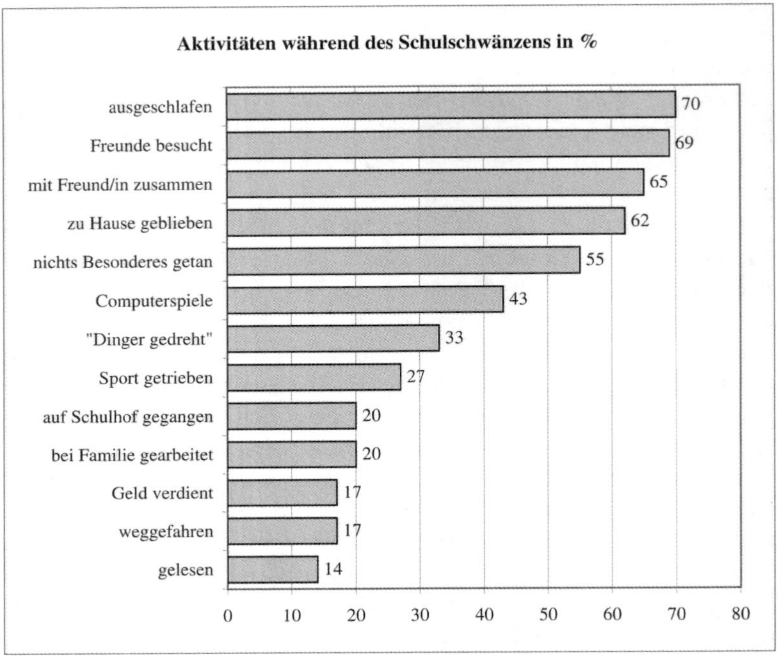

Aktivitäten spürbar zurück. Die Befragten aus den neuen Bundesländern gaben wesentlich häufiger an als ihre Altersgenossen aus den alten Ländern, dass sie „Dinger gedreht“ hätten (51 gegenüber 24 %). Hier scheint ein „Nachholbedürfnis“ vorhanden zu sein, das mit der gesellschaftlichen und politischen Entwicklung in Ostdeutschland zusammenhängt.

Was sind es nun für Delikte, die diese Jugendlichen begangen haben? Aus den Intensivinterviews wird deutlich, dass es sich in erster Linie um (kleinere) Diebstähle handelt, die mit der Finanzierung der Freizeit zu tun haben. Freizeit kostet Geld, insbesondere für Aktivitäten, die außer Haus stattfinden. Genussmittel wie Alkohol und Zigaretten sind begehrte Objekte: „Wenn ich keine Kippen und kein Bier mehr hatte, bin ich halt irgendwo hingegangen und hab welche geklaut“, so ein Schulverweigerer, der die meiste Zeit auf der Straße verbrachte, während er die Schule schwänzte. Das Aufbrechen von Zigaretten- und Fahrkartenautomaten, das Stehlen von Getränken in Supermärkten und der Diebstahl von CDs, Kosmetika und Kleidung sind die bevorzugten Handlungen der Schülerinnen und

Schüler. Insgesamt handelt es sich aber eher um Bagatelldiebstähle, die häufig aus Langeweile und akutem Geldmangel begangen werden und die die meisten Schülerinnen und Schüler nach einiger Zeit auch wieder lassen.

Mädchen geben öfter als Jungen an, sie hätten in ihrer Zeit des Schwänzens „nichts Besonderes“ getan (Mädchen 67; Jungen 48 %), was auf Nachfragen ein Mädchen so erklärt: „Teils bin ich zu Hause geblieben, ich bin morgens rausgegangen und wenn meine Mutter arbeiten war, bin ich wieder reingegangen und ansonsten war ich halt immer in der Stadt und bin da rumgelaufen und so“, und ein Junge ergänzt: „Also wir sind in der Stadt rumgegangen – aus Langeweile, da sind wir Playstation spielen gegangen und so, mal nen Joint geraucht oder so ....“ Gemeinsam ist diesen und weiteren Äußerungen der Befragten, dass die unerlaubte Freizeit offensichtlich nicht richtig „genossen“ werden kann und man sich mehr oder weniger langweilt. Der Schulverweigerer wartet darauf, dass die reguläre Schulzeit endet, damit er sich wieder „normal“ verhalten kann: „Ich wusste ja, wann die Schule aus war, und da habe ich immer gewartet, bin halt rumgelaufen und wenn es geregnet hat, bin ich in die Kaufhäuser ... und danach konnte ich dann wieder nach Hause gehen.“

Aus den Intensivinterviews wurde aber auch deutlich, dass sich viele Schulverweigerer gerade am Anfang ihrer „Karriere“ in oder in der Nähe der Schule aufhalten. Die Schule und das Schulgebäude bleiben zumindest eine Zeit lang für den Schwänzer noch wichtige Sozialräume, zu denen der Kontakt (noch) aufrechterhalten wird. Die „Attraktion“ von Schule beschränkt sich auf die Möglichkeit, gleichaltrige Freunde und Bekannte zu treffen und sich sozial austauschen zu können. Bevorzugte Aufenthaltsorte in der Schule sind der Schulhof, die Raucherecken oder Aufenthaltsräume, wo sie auf Schüler treffen, die Freistunden haben oder auch mal eine Stunde „abhängen“. Im Zeitablauf nehmen die Kontakte zur Schule dann immer mehr ab, was in erster Linie damit zu tun hat, dass die Gemeinsamkeiten allmählich weniger werden.

3.3.3 Zusammenfassung

Schulschwänzen ist aufwendig und erfordert ein gewisses Maß an Energie und Fantasie aufseiten des schwänzenden Jugendlichen: Eltern und Lehrkräfte müssen getäuscht werden; die Zeit, bis die Schule aus ist, muss irgendwo und irgendwie verbracht werden ..., und das alles nur, um nicht in die Schule gehen zu müssen. Ein weiteres wichtiges Ergebnis ist, dass – im Gegensatz zur landläufigen Meinung – die Mehrheit der Schulverweigerer sich offenbar nicht wohl fühlt in ihrer schulfreien Zeit. Die meisten bezeichnen das Schulschwänzen als eine Zeit, die man irgendwie und irgendwo „rumbringen“ muss, bis man sich wieder in das Heer und in die Aktivitäten der Schüler einreihen kann, die ihren Schulalltag regulär begonnen und beendet haben – sofern man zu ihnen noch Kontakte hat. Die Interviews ergaben ferner, dass das, was eher als Spiel begann, für die meisten bitter endete: Am Anfang betrachtete man das Schulschwänzen zusammen mit Freunden als eine Art Spiel, eine Mutprobe, die es zu bestehen galt. In der Folgezeit verstärkten sich bei einigen die Verweigerungstendenzen, während ehemalige Mitstreiter absprangen und sich wieder in den schulischen Alltag eingliederten. Am Ende steht die soziale Isolation, die Kontakte zum Ort Schule und zu den Mitschülern nehmen ab.

Darüber, wie, wo und mit wem ein Schulverweigerer seine selbst geschaffene Freizeit verbringt – so das Fazit der Expertengespräche – weiß die Erwachsenenwelt – und hier besonders die Fachwelt – so gut wie nichts. Es werden Spekulationen angestellt, die möglicherweise zutreffend sind, aber Informationen aus erster Hand, nämlich von den Schulverweigerern selbst, liegen den Fachleuten nicht vor. Dies deutet darauf hin, dass entsprechende Fragen von den Fachleuten nicht gestellt werden, deren Antworten jedoch wichtige Hinweise auf die Ursachen für das schulverweigernde Verhalten geben könnten. Es zeigt ferner, dass die Fachkräfte, die beruflich mit Schulverweigerung zu tun haben, wenig von Schulverweigerung und ihren Implikationen wissen und ihre Angaben dazu größtenteils Vermutungen sind. Dennoch decken sich die Aussagen der Experten zur schulfreien Zeit der Schulverweigerer und deren Aussagen selbst in weiten Bereichen. Unterschiede zeigen sich eher in der Bewertung: Während die Experten den meisten Schulverweigerern unterstellen, sie würden die unerlaubte Zeit eher genießen, machen die Interviews mit den Jugendlichen deutlich, dass das für die meisten von ihnen nicht der Fall ist.

Die Befragung der Schulverweigerer selbst hat ergeben, dass mit zunehmendem Alter „eher allein“ geschwänzt wird, auch wenn immer noch gut jeder Zweite dies zusammen mit Freunden tut. 62 % verbrachten die Zeit zu Hause[103]. Während das Agieren in der Grup-

[103] Dieses Ergebnis macht auch deutlich, dass mit dem „Nürnberger Modell“ nur ein kleiner Teil der Zielgruppe Schulverweigerer erreicht werden kann, nämlich eher die jüngeren Schülerinnen und Schüler, deren Schulverweigerung noch nicht so ausgeprägt ist und die sich zusammen mit Freunden an den bekannten öffentlichen

pe überwiegend eine nach außen gerichtete Problemverarbeitung darstellt, ist das Agieren alleine eher eine nach innen gerichtete rückzugsorientierte Form der Problembewältigung, die offenbar mit wachsendem Alter zunimmt, was unter Umständen auch als Hinweis auf eine wachsende soziale Isolierung gelten kann. Aber gerade Jugendliche, die sich den Leistungsanforderungen des Elternhauses und der Schule durch Schulverweigerung entziehen, brauchen verstärkt Orientierung und Bestätigung – also Kontakt –, weil sie sich ja von den üblichen Zielen (Versetzung, Schulabschluss) und Gratifikationen (gute Noten und Zeugnisse, Lob) absetzen. Unter solchen Umständen bekommt die Gleichaltrigengruppe als eine neue tragende Orientierung eine besonders große Bedeutung. Die Gruppe der Peers mit ihrer jeweiligen Subkultur schafft sich eigene Normen und Werte, die für die Jugendlichen wichtig sind auf dem Weg zur Selbstfindung. Fehlt dieser Halt für die ohnehin schon verunsicherten Jugendlichen, geraten sie immer mehr in eine Außenseiterposition.

Schulverweigerung scheint ein Risikofaktor für delinquentes Verhalten zu sein – sicherlich nicht für alle, aber doch für einige. Andererseits scheinen die meisten nach ihrem 14. Lebensjahr damit aufzuhören, möglicherweise auch, weil ihnen die Konsequenzen ihres Verhaltens nun eher bewusst sind, wie es ein Jugendlicher sehr einleuchtend formuliert: „Das Jugendamt hat gesagt, dass ich in ein Heim komme, wenn ich noch mal was klaue, aber ich wollte bei meiner Mutter bleiben, und da habe ich gedacht, du bist ja eigentlich blöd …"

Insgesamt ist festzuhalten, dass die meisten Schulverweigerer nicht einfach aus Jux und Tollerei der Schule fernbleiben. Mag dies am Anfang des Schuleschwänzens noch ein Motiv sein, so haben insbesondere Schülerinnen und Schüler mit längeren Fehlzeiten schwer wiegende Gründe, die sie dazu veranlasst haben, irgendwann der Schule endgültig den Rücken zu kehren.

3.4 Schule und Schulverweigerung

3.4.1 Reaktionen der Schule

Bereits während der passiven Phase von Schulverweigerung (Präsenz in der Schule, aber keine aktive Teilnahme mehr am Unterricht), die

---

Plätzen aufhalten. Das Modell hat dort seine Grenzen, wo es um diejenigen geht, die sich zurückziehen und eher zu Hause bleiben.

in vielen Fällen der aktiven (Stören im Unterricht bis zum Fernbleiben von der Schule) vorangeht, sind es vor allem die Lehrkräfte, die das weitere Schulbesuchsverhalten des Schülers entscheidend beeinflussen können. Natürlich ist es für eine Lehrkraft wesentlich befriedigender, mit Schülern zu arbeiten, die im Unterricht mitmachen und durch ihre Teilnahme ihre Motivation und ihr Interesse am Unterricht bekunden. Schüler, die psychisch nicht anwesend sind, sich geistig ausklinken und vor sich hin träumen, tun dies aber in der Regel nicht, weil ihnen der Unterricht oder die Schule egal wäre, sondern weil es ihnen aus bestimmten Gründen nicht möglich ist, sich zu äußern und sich zu beteiligen. Wenn Lehrkräfte solche Verweigerungstendenzen bei ihren Schülern feststellen, sind die eher negativen Sanktionsmöglichkeiten des Schulsystems genauso wenig geeignet, diesem Verhalten zu begegnen, wie das Ignorieren des Schülers. Die Jugendlichen berichteten von Äußerungen, wie „was tust du überhaupt noch hier?" oder „träumen kannst du zu Hause in deinem Bett". Andere wiederum erzählten, sie seien im Unterricht „überhaupt nicht mehr drangekommen", die Lehrkräfte hätten sie „einfach übersehen". So angenehm Letzteres vielleicht in bestimmten Situationen für den Schüler sein mag (z.B. bei nicht gemachten Hausaufgaben), so wurde doch im Verlauf der Interviews deutlich, dass ein solches Lehrerverhalten als sehr verletzend empfunden wird und es vorhandene Schulverweigerungstendenzen insgesamt eher verstärkt als diese eindämmt.

Gut jeder zweite aktive Schulverweigerer erinnert sich aber auch, dass Lehrkräfte versucht hätten, mit ihm oder ihr (59 %) bzw. mit den Eltern (53 %) Gespräche zu führen, um den Schulverweigerer so zur Rückkehr in die Schule zu bewegen. Manche berichten, dass die Schule bzw. die Lehrkräfte ihnen eine „zweite Chance" geben wollten und sich sehr um sie bemüht hätten. Die Lehrkräfte hätten auch immer wieder bei ihnen zu Hause angerufen, einige seien sogar „abends bei uns vorbei gekommen, um mit mir und meiner Mutter zu sprechen". Der persönliche Besuch einer Lehrkraft wird von den Schülern als etwas Besonderes empfunden, wie ein heute 16-Jähriger erzählt: „Dem lag wirklich was an mir, der kam eigens den langen Weg zu uns nach Hause – das hat mir imponiert". Ein Teil der Schulschwänzer sei auf solche und ähnliche Reaktionen auch wieder öfter zur Schule gegangen. Dieses durchaus positive Ergebnis darf aber nicht darüber hinwegtäuschen, dass in knapp der Hälfte der Fälle die Schule offensichtlich keinerlei Versuche unternommen hat, mit dem Schulverweigerer oder dessen Eltern über die missliche Situation zu sprechen. Stattdessen wurden in vielen Fällen Maßnahmen vonseiten der Schule durchgeführt, die einen eher negativ sanktionierenden Charakter haben: Mithilfe von Verweisen (22 %), Bußgeldbescheiden für die Eltern (22 %), zeitweiligem Schulausschluss (16 %), über das Einschalten des Schulamtes (10 %) bis hin zu Vorführungen durch die Polizei (4 %) versuchte die Schule, die Schulpflicht zu erzwingen. Am Ende stand für 14 % der Schulschwänzer der endgültige Rausschmiss aus der Schule. Bemerkenswert ist in diesem Zusammenhang, dass diese negativen Maßnahmen vonseiten der Schule gegenüber männlichen Jugendlichen weit häufiger angewendet wurden als gegenüber den Mädchen. Umgekehrt war die Bereitschaft der Schule, mit den betroffenen Schülern über ihre Situation zu sprechen, im Falle der Mädchen höher als in Bezug auf die Jungen.

Abb. 16 Reaktionen der Schule

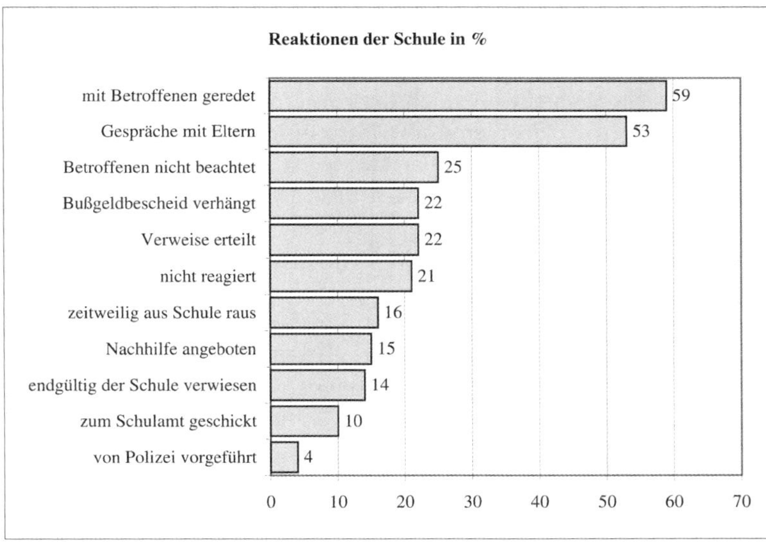

All diese Maßnahmen sind im Hinblick auf Schulverweigerung in hohem Maß kontraproduktiv. Ganz besonders unbegreiflich sind jedoch die Ordnungsmaßnahmen „zeitweiliger Schulausschluss" (16 %) und der „endgültige Rausschmiss" (14 %). Man bestraft einen Tatbestand, nämlich Schulverweigerung durch den Schüler, mit Schulverweigerung durch die Schule. Zuerst entscheidet der Schüler, dem Unterricht fernzubleiben, danach entscheidet die Schule, dass der Schüler dem Unterricht fernbleiben muss und gibt ihm dies auch noch schriftlich. Aus unseren Gesprächen mit den Schulverweigerern wissen wir, dass sie durch diese Reaktion der Schule geradezu in ihrem Verhalten bestärkt wurden, zumal sie mit ihren Schulleistungen durch den Ausschluss noch mehr ins Hintertreffen gerieten.

Weder positiv motivierend noch negativ sanktionierend reagierte die Schule nach Aussagen der Jugendlichen in 21 % der Fälle – von schulischer Seite kam schlechthin keinerlei Reaktion. Die Tatsache, dass in diesen Fällen die Verstöße gegen die Schulpflicht vonseiten der Schule nicht einmal wahrgenommen wurden, ist in hohem Maß bedenklich. Indem nämlich Verletzungen der Schulpflicht einfach nicht zur Kenntnis genommen werden, weicht man den Problemen aus und drückt sich vor der Verantwortung. Auch das Ignorieren von zeitweiligen Rückkehrern scheint nach Angaben der Befragten eine häufige Reaktion der Lehrkräfte zu sein: Jeder Vierte gibt an, er sei von den Lehrkräften in der Schule einfach nicht mehr beachtet worden. Eine Schülerin berichtete, dass es den Lehrkräften „irgendwie egal" war, mit welchen Erklärungen (Ausreden) sie ihr Fernbleiben von der Schule begründete, und für sie sah das so aus, „als wenn sie sich gar nicht für mich interessieren würden". Ein anderer Schüler, der große Probleme mit Mitschülern hatte und deswegen öfter die Schule schwänzte, hat sich nach seinen Aussagen einige Male an seine Lehrerin gewandt, wurde jedoch von ihr zurückgewiesen: „Ich habe öfters meine Lehrerin angesprochen, aber sie wollte das alles gar nicht hören." Neben dieser „Bestrafung durch Nichtbeachtung" berichten ehemalige Schulverweigerer ferner von Lehrkräften, die auf ihre Versuche, wieder in der Schule Fuß zu fassen, mit Spott und Häme reagiert hätten. Spöttische Bemerkungen wie „hast du dich verlaufen?" oder „was willst du denn noch hier?" sind jedoch nicht dazu angetan, das Selbstwertgefühl von eher unsicheren Schülern zu stärken, die mit ihrer (temporären) Abwesenheit von der Schule ja signalisieren, dass sie nicht zurechtkommen und Hilfe brauchen, und deren gelegentliches Wiederauftauchen als Versuch und Wunsch zu werten ist, in das soziale Bezugssystem Schule zurückzukehren. Wenn die soziale Desintegration der Jugendlichen jedoch durch aggressives und verletzendes Lehrerverhalten ein Stadium erreicht, in dem es für den Schüler nicht mehr erstrebenswert scheint, am Unterricht teilzunehmen, verlieren die Kontroll- und Sanktionsmechanismen des Schulsystems gänzlich ihre Wirkung.

In den Intensivinterviews kam immer wieder zum Ausdruck, dass die Schüler insgesamt enttäuscht waren über das Verhalten der Lehrkräfte, das eben häufig aus Nichtbeachten bestand. Während man auf der einen Seite ganz froh war, wenn man eine gewisse Zeit in Ruhe gelassen wurde, erwartete man aber doch auf der anderen Seite, dass vonseiten der Schule etwas unternommen wird, was einem weiter hilft. Schüler selbst entschuldigen aber auch die Tatsache, dass Lehrkräfte sich nicht um sie gekümmert hätten: „... es waren schließlich auch viele Schüler da drin in der Klasse, die konnten gar nicht zu jedem hingehen. Deswegen musste ich manchmal mit solchen Sachen alleine zurechtkommen". Insgesamt aber klingt doch eine recht große Enttäuschung durch: „Was ich so den lieben langen Tag gemacht habe, das interessierte die von der Schule doch gar nicht." Diese und ähnliche Äußerungen zeigen, dass Schulverweigerer keineswegs wollen, dass man sich nicht mehr um sie kümmert. Dies empfinden sie vielmehr als Liebesentzug und Desinteresse an ihrer Person. Im Gegenteil, sie wollen „vermisst" werden und erwarten geradezu Hilfestellung, weil sie ja allein nicht mit ihren Problemen fertig werden – allerdings nicht in Form der schulüblichen Sanktionen.

Als positiv unterstützende Maßnahme für die Schulverweigerer wurde – neben den Gesprächen mit ihnen und den Eltern – das Angebot der Schule zur Nachhilfe genannt (15 %).

Auf die Frage, ob in der Zeit des Schulschwänzens Kontakte zur Schule bestanden haben, wurden an Kontaktpersonen in erster Linie einzelne Mitschüler genannt: 84 % der Nennungen entfielen auf diese Antwortkategorie. Unterschiede zwischen weiblichen und männlichen Schulverweigerern zeigen sich hier nicht. In der Gruppe derjenigen, die im Alter von 12 bis 14 Jahren zu schwänzen begonnen hatten, waren Kontakte zu Mitschülern am häufigsten; diese nahmen mit steigendem Alter der Schülerinnen und Schüler ab. Kontakte zum Klassenlehrer bzw. zu einzelnen oder mehreren Lehrkräften wurden an zweiter (30 %) bzw. an dritter (24 %) Stelle genannt. Umgekehrt bedeutet dieses Ergebnis, dass zwei von drei Schülern während ihrer schulischen Fehlzeiten keinen Kontakt zu irgendwelchen Lehrkräften in ihrer Schule hatten. Keine größere Rolle spielten für die Schulverweigerer Kontakte zur Schulleitung, zum Beratungslehrer, zum Schulpsychologen und zum Schulsozialarbeiter. Insbesondere bei den letzten beiden Instanzen ist aber zu bedenken, dass sie nicht unbedingt in allen Schulen präsent sind: Gut jeder zweite Schüler (55 %) gibt an, es habe an seiner Schule weder einen Schulpsychologen noch einen Schulsozialarbeiter gegeben; lediglich in 4 % aller Fälle verfügten die Schulen über beide Institutionen. Ein Viertel der befragten Jugendlichen hatten einen Schulsozialarbeiter an ihrer Schule; jeder Sechste berichtete von der Existenz eines Schulpsychologen.

Schulsozialarbeiter und Schulpsychologen können den Schülerinnen und Schülern wertvolle Hilfen leisten bei der Bewältigung ihrer Probleme, die sich in schulverweigerndem Verhalten manifestieren.

Schulsozialarbeit als eine Form der schulbezogenen Jugendhilfe kommt dabei eine ganz besondere Bedeutung zu. Die Jugendhilfe soll, so schreibt es das Kinder- und Jugendhilfegesetz (KJHG) in der Generalklausel des § 1 Abs. 3 vor, einen Beitrag zur Schaffung positiver Lebensbedingungen leisten. Schulsozialarbeit wird zwar im Rahmen der Jugendhilfe geleistet, findet aber in der Schule vor Ort statt. Durch die regelmäßige Zusammenarbeit von Lehrkräften und Sozialarbeitern oder Sozialpädagogen im Schulalltag soll ein erweitertes pädagogisches Handlungsrepertoire entwickelt werden. Die Schulsozialarbeiter sind für die Schüler Ansprechpartner, die eben nicht wie die Lehrkräfte sind und auch nicht zur Schulverwaltung gehören. Gleichzeitig sind sie Bindeglieder zwischen Schule und Erziehungsberechtigten und können in Konfliktfällen vermitteln. Schulsozialarbeiter helfen den Lehrkräften im Umgang mit schwierigen Schülern und sind wichtige Gesprächspartner für die Gestaltung von Schule insgesamt. Gerade in der heutigen Zeit tun sich viele Lehrkräfte schwer, adäquat auf die vielfältigen Verhaltensauffälligkeiten ihrer Schüler zu reagieren. Als Maßnahme der Jugendhilfe ist Schulsozialarbeit also gleichzeitig auch ein Angebot der Schule in der Schule, was durchaus zu Konflikten führen kann und führt. In der Bundesrepublik hat sich Schulsozialarbeit noch längst nicht flächendeckend etabliert, obwohl sie als Dienstleistung der Jugendhilfe zunehmend nachgefragt wird (vgl. dazu u. a. Rademacker 1999). Auch eine Reihe von Studien bezüglich Schulsozialarbeit belegt deutlich den positiven Effekt und die Verbesserung des Schulklimas (u. a. Elsner 1997; Landesprogramm „Jugendarbeit an Thüringer Schulen" 1998, Abschlußbericht, Bd. 1). Dennoch sind in vielen Bundesländern keine Schulsozialarbeiter und Schulsozialarbeiterinnen an den Schulen vorgesehen, ein Umstand, der von den Experten inner- und außerhalb von Schulen kritisiert und bedauert wird.

Trotz ihrer wichtigen Mittlerrolle kann aber auch Schulsozialarbeit nicht alle Kinder und Jugendlichen erreichen, die sich der Schule entziehen. Insbesondere für die Gruppe der aktiven, vom Unterricht abwesenden Schulverweigerer greifen sowohl schulinterne Angebote als auch Angebote im Rahmen der Schulsozialarbeit nur bedingt. Weil Kinder und Jugendliche zur Bewältigung des heutigen Schulalltags immer häufiger Beratung und Unterstützung benötigen, ist die Zusammenarbeit der Schulsozialarbeit u. a. mit schulpsychologischen Diensten bzw. Schulpsychologen von großer Bedeutung. Schulpsychologen sind Berater von Schülern, Eltern, Lehrern und Schulleitern bei Problemen, die innerhalb oder im Zusammenhang mit der Schule auftreten. Oft wissen betroffene Schüler und Eltern jedoch wenig über den schulpsychologischen Dienst bzw. über die Arbeit eines

Schulpsychologen und reagieren eher abweisend, wenn den Schülerinnen und Schülern geraten wird, doch wegen ihrer persönlichen oder schulischen Probleme einen Schulpsychologen aufzusuchen. Der Schulpsychologe berät u.a. einzelne Schüler und deren Eltern und versucht, beispielsweise im Falle von Schulverweigerung, den Schüler zur baldigen Rückkehr in die Schule zu bewegen. Eine Bearbeitung der zugrunde liegende Probleme für das schulverweigernde Verhalten kann in den meisten Fällen jedoch nicht oder nur unzureichend geleistet werden, da Schulpsychologen häufig für mehrere Schulen zuständig sind und Hunderte von Schülerinnen und Schülern zu betreuen haben.

In den wenigen Fällen, in denen einzelne der befragten Schüler mit Schulpsychologen zu tun hatten, sind die Erfahrungen überwiegend nicht sehr positiv, wie das folgende Beispiel stellvertretend zeigt. Ein Schüler, dessen Probleme in erster Linie darin bestanden hatten, dass er aufgrund von Klassenwiederholung in eine für ihn völlig neue Umgebung (jüngere Mitschüler, neue Lehrkräfte) kam, in der er sich nicht zurechtfand, wurde zum Schulpsychologen geschickt. Was dort passierte, schildert der Schüler folgendermaßen: „Ich musste zu irgend so ner Psychologin, die musste mich checken, die war aber ganz komisch, die hat nur Tests mit mir gemacht, ob ich in der Schule mitkomme und so. Und sonst hat sie eigentlich nichts gemacht. Sie haben auch nichts festgestellt – warum ich nicht in die Schule gehe und so ... Sie hat mich auch gar nicht gefragt, das war irgendwie ganz komisch, die wollte nur wissen, ob ich mit meinen Schulleistungen hinterher komme und so ...“.

3.4.2 Reaktionen der Mitschüler

Das Verhalten der Lehrkräfte und der Schulleitung bei Schulverweigerung ist die eine Seite der schulischen Reaktionen, nämlich die offizielle. Die andere – oft nicht weniger wichtige – bildet die Klasse oder die Mitschüler. Ihre Art, mit schulschwänzenden Kollegen oder aktiven Schulverweigerern umzugehen, ist durchaus wichtig für das weitere Verhalten der Betroffenen.

Die überwiegende Mehrheit der Mitschüler verhält sich indifferent gegenüber ihren schulschwänzenden Kolleginnen und Kollegen. Zwei Drittel (65 %) der befragten Schulverweigerer geben an, ihre Mitschüler hätten zu ihrem Verhalten „gar nichts gesagt“. 12 % fanden „es cool“ und weitere 23 % waren dagegen, dass ihre Mitschüler die Schule schwänzen.

Die Reaktionen der Mitschüler auf das Schwänzen der Jugendlichen unterscheiden sich geschlechtsspezifisch: Mädchen äußern sich weit weniger oft als Jungen positiv zum Schwänzen ihrer Mitschüler, sie sind andererseits wesentlich häufiger als ihre männlichen Kollegen dagegen, wenn Mitschüler dem Unterricht fernbleiben. Die Bekundungen der Mitschüler sind auch eindeutig altersabhängig: Je jünger der Schulverweigerer ist, desto positiver äußern sich seine ebenfalls jüngeren Mitschüler. In diesem Alter wird die Abweichung von der Norm der Erwachsenengesellschaft noch als Bravourstück verstanden, das nach dem Werteverständnis dieser Gruppe in erster Linie auf Anerkennung stößt. Eine differenzierte Auseinandersetzung mit Schulverweigerung findet hier verständlicherweise noch nicht statt. Ab dem 14. Lebensjahr etwa nehmen die unterstützenden Reaktionen dagegen rapide ab.

Die obigen Ergebnisse scheinen plausibel. Ein demonstratives, nach außen gerichtetes Verhalten wird eher den männlichen Jugendlichen zugeschrieben, die dafür von ihren männlichen Freunden auch entsprechend bewundert werden. Mädchen scheinen nach wie vor angepasster zu sein, auch wenn ihre Zahl unter den aktiven Schulverweigerern zuzunehmen scheint (vgl. Kap. 2.2.2.1.1). Dass die Reaktionen der Mitschüler wesentlich von ihrem Alter abhängen, ist ebenfalls einleuchtend: Jüngere Schülerinnen und Schüler bewundern häufig Mitschüler, die sich so etwas trauen. Schulschwänzen wird von ihnen als Mutprobe empfunden. Je älter ein Schüler wird, desto weniger ist Schulverweigerung für ihn nur ein Spiel und desto mehr ist ihm wahrscheinlich bewusst, welche Konsequenzen Schulverweigerung für seine schwänzenden Mitschüler haben kann.

Die Intensivinterviews ergaben, dass das indifferente Verhalten der Mitschüler mit der Dauer der Schulverweigerung steigt: Je länger ein Schüler fehlt, desto weniger berührt dies offensichtlich seine Kollegen. Erkennbar wird ein Trend zur Vereinsamung, wie er auch in dem folgenden Zitat einer Schülerin zum Ausdruck kommt: „Anfangs haben die noch gefragt, warum kommst du nicht und so, aber später war ich denen ganz egal."

Das Verhalten der Mitschüler kann Schulverweigerung sogar verstärken: Insbesondere negative Äußerungen haben so manchen davon abgehalten, wieder regelmäßig zur Schule zu gehen. Ein Mädchen beschreibt das so: „Ja, und von der Schule wollte ich dann auch weg, weil meine Mitschüler, die hatten dann so'n Hass auf mich, weil ich immer Schule geschwänzt habe, die gehen ja regelmäßig hin und so, und ich tanzte da immer aus der Reihe."

Die Reaktionen der Mitschüler können von den Lehrkräften maßgeblich beeinflusst werden (vgl. Kap. 3.1.2). Ein positives Beispiel hierfür erfuhr ein Schüler, als er nach einer längeren Fehlzeit wieder in die Schule kam und dort zunächst von seinen Mitschülern „dumm angemacht" wurde, wie er sich ausdrückte. Dies wurde von der Lehrkraft bemerkt, die es zum Anlass nahm, in der folgenden Stunde mit der Klasse über das (negative) Verhalten der Mehrheit und die Gründe hierfür zu sprechen, ohne allerdings den betreffenden Schüler zu diskreditieren. Die Unterrichtsstunde hatte zur Folge, dass der Schulverweigerer fortan wieder regelmäßiger zur Schule ging und auch von seinen Mitschülern nicht mehr gehänselt wurde. Häufiger jedoch sind Reaktionen der Lehrkräfte, die unter Leistungs- und anderem Druck nicht immer konstruktiv sind: Auf das widerspenstige Verhalten des Schülers reagieren sie abfällig und verhindern so, dass der Schüler den Weg zurückfinden kann. Ein solches Verhalten von Lehrkräften ist meist im Zusammenhang mit verhaltensauffälligen oder störenden Schülern zu beobachten, deren Verhalten die Lehrkräfte und den Unterricht stark belastet. Insofern sind es nicht nur die Lehrkräfte, die den Schülern den Schulalltag schwer machen können, sondern auch umgekehrt. Einige Lehrer tendieren deshalb zu allen Zeiten zu der Auffassung, „so schlimm wie heute war es noch nie", was entsprechende Reaktionen auslöst. Allerdings hat ein inakzeptables Verhalten von Lehrern in der Regel weitaus schwer wiegendere Folgen für den Schüler als umgekehrt ein inakzeptables Verhalten von Schülern für den Lehrer.

3.4.3 Zusammenfassung

Die Reaktionen der Umwelt und hier insbesondere die der Schule und der Mitschüler können den Verlauf von Schulverweigerung positiv oder negativ beeinflussen. Wie Lehrkräfte und Mitschüler auf ihr abweichendes Schulbesuchsverhalten reagieren, ist den meisten Schulverweigerern keineswegs egal – im Gegenteil. Akzeptanz, Ablehnung oder Indifferenz können dazu beitragen, Schulverweigerung abzubrechen oder zu verfestigen. In den Interviews überwogen die negativen Beispiele jedoch bei weitem. Lehrkräfte sollten sich stärker bewusst sein, dass sie mit ihrem Verhalten die Reaktionen des Schulverweigerers sowie die der Mitschüler in der Klasse beeinflussen. Reagiert eine Lehrkraft sarkastisch oder negativ auf das Auftauchen des Schulverweigerers, wird dieses Verhalten höchstwahrscheinlich von der Klasse übernommen werden. Sind die Reaktionen der Lehrkräfte jedoch behutsam und aufbauend, so steigt auch die Akzeptanz durch die Mitschüler.

Ein Teil der Schüler klagt über das Desinteresse von Lehrkräften an ihren Problemen und berichtet, dass vonseiten der Schule nach ihrer Meinung nicht auf ihr schulverweigerndes Verhalten reagiert wurde. Die Erwartungshaltung der Jugendlichen scheint auf den ersten Blick ziemlich widersprüchlich. Einerseits bleiben sie der Schule fern, weil sie mit ihr – zumindest zeitweise – nichts mehr zu tun haben wollen, andererseits erwarten sie aber, dass die schulische Erwachsenenwelt sich um sie kümmert. Gerade für Jugendliche, die sich noch nicht völlig von der Schule abgewendet haben, ist es wichtig zu erfahren, dass vonseiten der Schule noch Interesse an ihnen besteht. Das gelegentliche Auftauchen im Unterricht ist ein Indiz dafür, dass der Schüler für die Schule noch nicht verloren ist, allerdings sind hier verstärkt Bemühungen vonseiten der Schule und der Lehrkräfte notwendig, damit der Schüler sein schulverweigerndes Verhalten beendet.

In den Reaktionen der Schule, die pädagogische und disziplinarische Maßnahmen betreffen, spiegelt sich ein Erziehungsstil wider, der Mädchen und Jungen unterschiedlich behandelt: Dem schulverweigernden Verhalten von Jungen glaubt man wohl eher mit Strafen beikommen zu können, während man bei Mädchen mit Gesprächen mehr zu erreichen meint.

Abschließend ist festzuhalten, dass sich Schulverweigerungstendenzen überaus deutlich unter einem restriktiven Erziehungsverhalten der Lehrkräfte zeigen und unter solchen Maßnahmen gegenüber auffällig gewordenen Schülerinnen und Schülern, die als sozial etikettierend empfunden werden. Es muss an dieser Stelle nochmals darauf hingewiesen werden, dass Schule und Lehrkräfte es vielfach selbst in der Hand haben, Schulverweigerungstendenzen ihrer Schüler einzudämmen. Ihre Macht und ihre Einflussmöglichkeiten sind in dieser Hinsicht wesentlich größer als gemeinhin angenommen wird.

3.5 Elternhaus und Schulverweigerung

Bei der Erziehung ihrer Kinder stehen die Eltern bzw. die Erziehungsberechtigten heute vor großen Herausforderungen. Sie sind häufig mit besonderen Problemen konfrontiert, z. B. Zeiten der Erwerbslosigkeit, prekäre Arbeitsverhältnisse, Scheidung, Alkoholismus, Reizüberflutung durch Medien, materielles Anspruchsdenken der Kinder und Jugendlichen durch Reklame und Gruppenzwang. Schule, insbesondere die Grundschule, verlässt sich darauf, dass die Familie in den ersten Schuljahren massiv unterstützend eingreift. Wenn die häuslichen Verhältnisse eine solche Unterstützung verhindern, können schulisches Scheitern und in der Folge Schulverweigerung die Konsequenzen sein. Schulschwänzen und Schulverweigerung sind in den letzten Jahren zu einem Problem geworden, dem Eltern oft hilflos gegenüber stehen. Häufig bekommen sie die Anfänge der Entwicklung von Schulverweigerung gar nicht mit; ist der Prozess einmal in vollem Gange, sind Korrekturen schwierig. Das Interventionsrepertoire der Eltern ist unterschiedlich ausgeprägt und reicht von eher intellektuellen Auseinandersetzungen mit dem Problem, über bestimmte Verbote bis hin zu körperlichen Strafen.

3.5.1 Ergebnisse aus der Expertenbefragung

Inwieweit fühlen Eltern von Schulverweigerern sich betroffen oder gar (mit-)verantwortlich? Ängste und Unsicherheiten kennzeichnen das Verhalten der Eltern in Bezug auf Schulverweigerungstendenzen ihrer Kinder. Sie haben (dies gilt sowohl für die neuen als auch für die alten Bundesländer) nicht gelernt, mit diesem schulischen Verweigerungsverhalten umzugehen. Hinzu kommt, dass sie die Schuld für das Verhalten der Kinder beim Kind, aber auch bei sich selbst sehen, da sie die Verantwortung für den geregelten Schulbesuch ihrer Kinder tragen, und Schulverweigerung zu disziplinarischen Maßnahmen (zwangsweise Zuführung des Kindes, Bußgeld für die Eltern) führen kann. Die Experten beobachten immer wieder, dass Eltern überreagieren, wenn sie dahinter kommen, dass ihre Kinder die Schule schwänzen: „Sie machen entweder die Augen zu und wollen nichts wissen, oder die Kinder werden drakonisch bestraft." Beides sei ein Ausdruck von Rat- und Hilflosigkeit. Eine Auseinandersetzung mit den Gründen für dieses abweichende Verhalten ihrer Kinder findet in den meisten Fällen aus Angst vor möglichen Einsichten und Konsequenzen nicht statt.

Häufig scheinen Eltern keine Ahnung davon zu haben, dass ihre Kinder nicht zur Schule gehen. Dies bedeutet aber nicht zwangsläufig, dass es ihnen gleichgültig ist, wo ihre Kinder sind und was sie machen. Insbesondere dann, wenn die Eltern berufstätig sind und morgens das Haus verlassen und die Schulen das Fernbleiben der Kinder den Eltern nicht sofort melden (z.B. wenn gültige bzw. plausible Entschuldigungen oder gar ärztliche Atteste vorliegen), kommt es häufig vor, dass Schülerinnen und Schüler über Wochen oder Monate hinweg der Schule fernbleiben können, ohne aufzufallen. Dieses Ergebnis ist deprimierend, zeigt es doch, dass Schülerinnen und Schüler mit ihren Problemen unter Umständen eine lange Zeit von der Erwachsenenwelt nicht wahrgenommen und infolgedessen alleine gelassen werden. Die Schule hat daran ihren Anteil: Wie ist es möglich, dass Eltern oder Erziehungsberechtigte in vielen Fällen nicht über das Schulschwänzen ihrer Kinder informiert wurden? Insbesondere dann, wenn Jugendliche über längere Zeit dem Unterricht fernbleiben, sollten Lehrkräfte die „Entschuldigungen“ dieser Schüler etwas genauer prüfen. Die Kontaktaufnahme zu den Eltern sollte in solchen Fällen zwingend sein, um gemeinsam mit diesen nach Lösungen suchen zu können.

Aber auch dort, wo aufmerksame Lehrkräfte oder Schulleitungen Schulverweigerung als solche erkennen, verläuft der Kontakt zu den Eltern oder Erziehungsberechtigten nicht immer zum Wohle des Kindes: Viele Eltern haben in ihrer eigenen Schulzeit die Erfahrung gemacht, dass die Schule bzw. Lehrkräfte sich immer nur dann an Eltern gewandt haben, wenn es Schwierigkeiten mit dem Kind gab. Ähnlich negativ sind in der Regel die Kontakterfahrungen mit Lehrern für Eltern mit schwierigen Schülern heute. Sie werden überwiegend nur im Kontext von Negativleistungen und Fehlverhalten angeschrieben oder angerufen. Dies führt dazu, dass auch die Eltern von Schulverweigerern immer etwas Negatives von Schule erwarten, denn in den wenigsten Fällen nimmt die Schule mit den Eltern Kontakt auf, weil es Positives zu berichten gibt. Nicht selten entwickeln Eltern dann ein (falsch verstandenes) Schutzbedürfnis, das heißt, sie stellen sich schützend vor ihre Kinder, anstatt gemeinsam mit dem Lehrer oder einer anderen Fachkraft der Schule zu überlegen, was getan werden kann, um dem Kind zu helfen. Dies wiederum belastet das Verhältnis zwischen Eltern und Lehrkräften, was sich zwangsläufig wiederum negativ auf und für den Schüler auswirkt.

Im Vorfeld von Schulverweigerung reagieren die meisten Eltern auf schlechte Noten ihrer Kinder überwiegend so, wie ihre eigenen Eltern früher auf ihre schlechten Noten reagiert haben, nämlich mit Sorge, Strenge und – meist aus Hilflosigkeit – negativen Sanktionen (z. B. Hausarrest, Kürzung oder Streichung des Taschengeldes, Fernsehverbot, Strafarbeiten, Liebesentzug). Sie versuchen so eine Verbesserung der schulischen Leistungen ihrer Kinder zu erzwingen, weil sie schlechte Noten in erster Linie auf deren mangelnde Anstrengungen zurückführen, die – so glauben sie – mit einem Willensakt der Kinder jederzeit in gute Noten umgewandelt werden können. Dass die Ursachen für schlechte Noten meist sehr viel komplexer sind, sehen sie nicht oder wollen sie nicht sehen, weil dies intellektuelle und/oder emotionale Probleme mit sich bringen würde.

Schülerinnen und Schüler befinden sich als Heranwachsende in einer Lebensphase, in der sie verstärkt auf die Hilfestellung von

Erwachsenen angewiesen sind. Aber während man sich – so die Experten – in den alten Bundesländern inzwischen an unsichere Lebens-, Ausbildungs- und Arbeitsperspektiven „gewöhnt" habe oder diese zumindest nichts Neues sind, wirke sich diese unsichere Situation in den neuen Bundesländern wesentlich gravierender aus: Insbesondere die Eltern, aber auch Schule als Institution sowie Lehrkräfte haben seit der Wende als Erziehungsautoritäten gelitten. Zum einen deshalb, weil sie selbst Orientierungsschwierigkeiten unter den veränderten Bedingungen hatten und haben und deshalb auch nur bedingt in der Lage sind, kompetent zu beraten, und zum anderen, weil sie, die sie als Erwachsene im DDR-System funktioniert haben, in den Augen vieler Jugendlicher nicht (mehr) glaubwürdig sind. Diese Situation schaffe Unsicherheit auf beiden Seiten: auf der Seite der Erwachsenen, für die die politische Wende und ihre Folgen einen deutlichen Einschnitt in ihr Leben und ihre Lebensplanung bedeutet, und auf der Seite der Jugendlichen, die sich einer Fülle von Bildungsmöglichkeiten und -maßnahmen gegenüber sehen, die sie nicht durchschauen; dabei können sie vielfach nicht auf entsprechende kompetente Beratung durch Erwachsene zurückgreifen. Denn wie das gesamte gesellschaftliche Leben veränderte sich mit der Wende auch der Bildungsprozess in Ostdeutschland. Unter den Bedingungen des DDR-Bildungssystems stand für die Jugendlichen und ihre Eltern schon relativ früh fest, welcher Bildungsweg angestrebt werden sollte. Dieser Weg war auch in der DDR wesentlich vom Bildungsgrad und dem Niveau der beruflichen Qualifikation der Eltern mitbestimmt (Höckner 1996)[104]. Mit dem Beitritt zur Bundesrepublik im Jahre 1990 und den damit einhergehenden Veränderungen haben sich aber die Bildungsmöglichkeiten in den neuen Bundesländern stark verzweigt.

Mit dem gesellschaftlichen und ökonomischen Strukturwandel lösten sich also die geregelten Bahnen, in denen (Schul-)Ausbildung und berufliche Entwicklung zu DDR-Zeiten verliefen, weitgehend auf. Hinzu kommt, dass Schulverweigerung an sich in der DDR insoweit keine oder nur eine geringe Rolle spielte, als die Sanktionen der Schule bzw. des Staates in erster Linie die Eltern trafen, wenn ihre Kinder sich abweichend verhielten. Der gesellschaftliche Zwang, sich konform zu verhalten, war zu DDR-Zeiten wesentlich größer als

---

104 Vgl. Höckner, Marianne: Einfluß der Eltern und personale Leistungsvoraussetzungen der Jugendlichen als Determinanten für berufliche Bildungswege, in: Schober, Karin; Gaworek, Maria (Hrsg.): Berufswahl: Sozialisations- und Selektionsprozesse an der ersten Schwelle, BeitrAB 202, Nürnberg 1996, S. 51.

jetzt. Wenn ein Schüler die Schule schwänzte, wurde das zum Problem der ganzen Familie. In der Firma oder im Betrieb wurde Druck auf die Eltern ausgeübt und diese wiederum übten Druck auf ihre Kinder aus. In der Regel genügte dies, um die Schülerin oder den Schüler zu disziplinieren. Die Funktion von Schule ist mit der Wende eine andere geworden. Während zu DDR-Zeiten die Schule in erster Linie einen Erziehungsauftrag hatte und erst an zweiter Stelle einen Bildungsauftrag, ist die Situation heute genau umgekehrt.

Viele Eltern in den neuen Bundesländern sind nach Meinung der Experten unter den heutigen Bedingungen im Hinblick auf die Erziehung ihrer Kinder verunsichert. Der Grund hierfür sei das Leben in der ehemaligen DDR gewesen, wo Unselbstständigkeit sozusagen vom Staat gefördert wurde. Diese Unselbstständigkeit habe sich zum Teil bis heute erhalten, denn durch den Beitritt zur Bundesrepublik fand eine generelle Umwälzung von Strukturen, Normen und Werten statt, die zu einer großen Verunsicherung geführt habe. Mit dem gesellschaftlichen Umbruch einher ging auch eine negative Entwicklung auf dem Arbeitsmarkt in Ostdeutschland: Dieser war seit 1990 gekennzeichnet durch einen dramatischen Abbau von Arbeitsplätzen mit einer steigenden Anzahl von registrierten Arbeitslosen. Die Erfahrung von Arbeitslosigkeit war für ehemalige DDR-Bürger ein völlig neues Erlebnis, das ebenfalls große Ängste und Unsicherheiten auslöste. Nachdem die Arbeitslosigkeit auf relativ hohem Niveau bis heute anhält, haben sich diese Unsicherheiten im Laufe der Jahre auch nicht wirklich gelegt. Die Angst vor der Zukunft ist in den neuen Bundesländern wesentlich präsenter als in Westdeutschland.

Der Schwerpunkt der Bemühungen vieler Erwachsener (Eltern und Lehrkräfte, hüben wie drüben) liegt, so die Experten, auf der formalen Rückkehr des Schülers in die Regelschule und weniger auf der Lösung der Probleme, die zu seiner Verweigerungshaltung geführt haben. Ist das Ziel der Eltern also der bloße Schulbesuch ihrer Kinder, dann reicht entsprechend die physische Anwesenheit des Schülers in der Schule aus. In der Praxis begegnen die Experten häufig einer solchen Einstellung. Vordergründig scheint es für die Eltern manchmal einfacher zu sein, die Tochter oder den Sohn zum Schulbesuch zu zwingen, als sich mit dem Kind über die Gründe seines Verhaltens auseinander zu setzen. Eine solche intellektuelle Auseinandersetzung würde aber die Bereitschaft (und die Fähigkeit) erfordern, eventuell das zu verändern, was das Kind daran hindert, in die Schule zu gehen. Die Ursachen von Schulverweigerung zu hinterfragen, bedeutet demnach auch, möglicherweise das eigene Erwachsenenverhalten oder das anderer Erwachsener (z. B. das von Lehrkräften) infrage zu stellen und in der Folge zu verändern oder auf Veränderung zu drängen. Die meisten scheuen diesen Konflikt, sie haben Angst davor, (eigene) Unzulänglichkeiten aufzudecken, weil dies unter Umständen zu Verunsicherung führt. Stattdessen versuchen Eltern, den Schulbesuch ihres Kindes mithilfe ihrer Erziehungsgewalt zu forcieren. Eine forcierte Rückkehr ohne Bearbeitung der ursächlichen Probleme aber führt irgendwann unweigerlich wieder zur Abkehr von der Schule, die dann möglicherweise den endgültigen Ausstieg aus dem Bildungssystem bedeutet. Es kann also nicht in erster Linie um die Beseitigung eines Symptoms (nämlich Schulverweigerung) gehen, sondern auch und gerade um die Veränderung jener Verhältnisse und Strukturen, die zu dem abweichenden Verhalten des Schülers geführt haben.

3.5.2 Ergebnisse aus der Befragung von Schulverweigerern

Nach Aussagen der Schulverweigerer waren 70 % ihrer Eltern explizit dagegen, dass sie – die Kinder – die Schule schwänzten. Dieses Ergebnis impliziert auch, dass die Eltern über das Schulschwänzen ihrer Kinder Bescheid wussten. Demgegenüber glaubt gut ein Viertel (26 %) der Befragten, dass ihre Eltern die meiste Zeit von ihrem Schulschwänzen gar nichts gewusst hätten und insofern – jedenfalls in ihrem Bewusstsein – auch nicht hätten dagegen sein können. Lediglich in 4 % aller Fälle glaubten die Schüler, dass ihre Eltern mehr oder weniger Bescheid wussten, und ihr negatives Schulbesuchsverhalten ihren Eltern „im Großen und Ganzen egal“ gewesen sei.

Wenn gut jeder vierte Schulschwänzer annimmt, die Eltern hätten keine Ahnung davon gehabt, dass er öfter geschwänzt hat und irgendwann gar nicht mehr zur Schule gegangen ist, dann ist das ein Hinweis darauf, dass die Schule diese Eltern nicht über das Schwänzen ihres Kindes informiert hat[105]. Pädagogisches Handeln sollte jedoch beinhalten, dass die Schule aktiv wird und mit den Eltern Kontakt aufnimmt, wenn deutlich wird, dass ein Schüler zu scheitern droht, weil er die Schule nicht mehr besucht, und zwar unabhängig davon, ob der Schüler bereits volljährig ist oder nicht. Die von uns befragten Jugendlichen waren zum Zeitpunkt ihrer aktiven Schulverweigerung überwiegend noch nicht volljährig, sodass in jedem

[105] Auch wenn man davon ausgehen kann, dass in Einzelfällen durchaus eine Kontaktaufnahme vonseiten der Schule erfolgt ist, die Eltern aber gegenüber ihrem Kind nicht reagierten und dieses deshalb annehmen konnte, dass seine Eltern ahnungslos waren, so verbleibt trotzdem ein großer Teil, der von der Schule offenbar tatsächlich nicht informiert wurde.

Falle eine Kontaktaufnahme der Schule mit den Eltern zwingend notwendig gewesen wäre. Wenn die Schule schon nicht über ein pädagogisches Handlungsrepertoire verfügt, mit dessen Hilfe Schulverweigerung verhindert oder der Umgang mit Schulverweigerern konstruktiv gestaltet werden kann, so sind Lehrkräfte doch zumindest verpflichtet, die Eltern zu informieren und gemeinsam mit ihnen nach Erklärungen und Lösungsmöglichkeiten zu suchen.

Von den Jugendlichen, deren Eltern vom Schulschwänzen ihrer Kinder wussten und gegen ihr Schwänzen waren, wollten wir wissen, was ihre Eltern unternommen hätten, um sie zur Rückkehr in die Schule zu bewegen. Die berichtete Maßnahmenpalette der Eltern reicht von argumentativen Vorgehensweisen über Disziplinierungsmaßnahmen bis hin zu körperlichen Züchtigungen.

Abb. 17 Reaktionen der Eltern

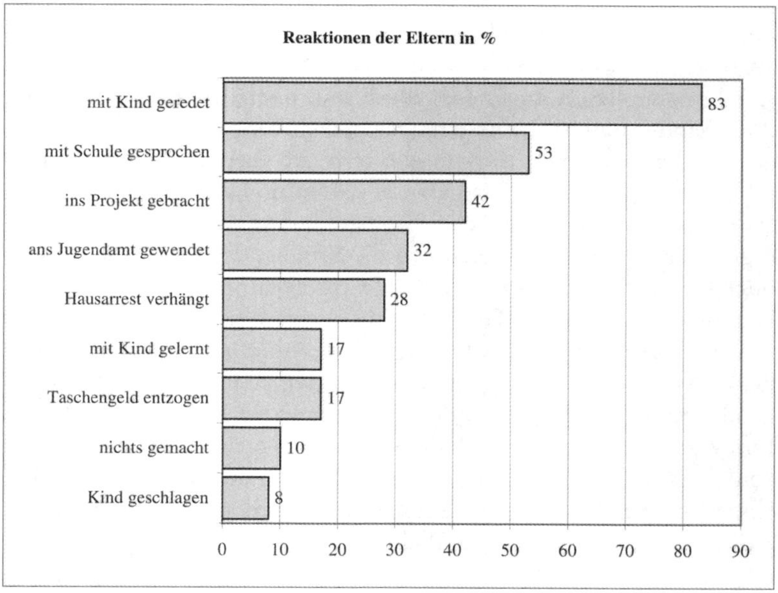

Die große Mehrheit der Eltern hat jedoch versucht, durch positives Einwirken an verschiedenen Stellen ihren Kindern zu helfen: So gaben 83 % der Jugendlichen an, ihre Eltern hätten durch Gespräche mit ihnen versucht, eine Lösung zu finden; in 53 % der Fälle hätten die Eltern sich an die Schule gewandt, erwartungsgemäß taten dies eher Eltern, die beide deutschsprachig sind bzw. aus Deutschland stammen, als Eltern, von denen mindestens ein Teil nicht aus Deutschland kommt (60 zu 37 %); 42 % der Eltern sorgten dafür, dass ihr Kind in eine entsprechende schulische oder außerschulische Maßnahme oder ein Projekt für schulverweigernde Jugendliche aufgenommen wurde (auch hier eher „deutsche“ Eltern als Elternteile, deren Herkunft – und Sprachhintergrund – nicht deutsch ist: 51 zu 24 %) und 17 % versuchten, schulische Defizite durch Lernen mit ihrem Kind auszugleichen bzw. organisierten für den Jugendlichen Nachhilfeunterricht. Ein weiteres Ergebnis, das „Hilfe von außen holen“ umfasst, aber quer liegt zu den obigen Maßnahmen, sind Gespräche der Eltern mit Vertreterinnen und Vertretern des Jugendamts. Hier sind es vor allem die Eltern aus den neuen Bundesländern, die sich von offizieller Stelle Hilfe erhofften (55 gegenüber 33 %).

Neben diesen eher problemorientierten Vorgehensweisen gibt es aber auch Reaktionen der Eltern auf das Schulschwänzen ihrer Kinder, die eindeutig restriktiv sind, z.B. Hausarrest (28 %) oder Taschengeldkürzungen bzw. -entzug (17 %), die aber pädagogisch umstritten sind und eher die Hilflosigkeit der Eltern dokumentieren, als dass sie tatsächlich geeignet wären, Schulverweigerer zur Rückkehr in die Schule zu bewegen. Interessant ist bei diesen Ergebnissen ferner, dass die Strafe „Hausarrest“ weit häufiger in den alten Bundesländern verhängt wird als in den neuen (33 zu 19 %), und die Strafe „Taschengeldreduktion oder -entzug“ nach den Umfragen eher bei den männlichen Schulverweigerern angewendet wird als bei ihren Kolleginnen.

Vergleichsweise selten (aber natürlich in jedem Fall noch zu häufig) werden Kinder und Jugendliche wegen Schulschwänzens geschlagen: 8 % der Befragten geben an, dass ihre Eltern mit körperlichen Züchtigungen reagiert hätten. Diese Form der Auseinandersetzung mit dem Problem Schulverweigerung wählten nichtdeutsche Elternteile im Übrigen häufiger als deutsche und Eltern in den alten Bundesländern häufiger als Eltern im Osten der Republik, wobei diese Differenzierungen wegen der geringen Fallzahlen in diesen Teilgruppen nur wenig Aussagekraft haben und deshalb auch zufällig sein können.

In 10 % der Fälle haben die Eltern nach Angaben der Jugendlichen nichts unternommen, um sie vom Schulschwänzen abzubringen, obwohl sie es missbilligten. In diesem Ergebnis kommt neben Resignation auch Hilflosigkeit zum Ausdruck: Manche Eltern oder Elternteile wissen einfach nicht (mehr), wie sie dem Problem beikommen sollen, und reagieren deshalb überhaupt nicht. Das wird von ihren Kindern teilweise auch als Desinteresse an ihrer Person (miss-)verstanden, wie das folgende Zitat zeigt: „Meinem Vater war das alles egal. Er sagte, ich soll machen, was ich will, das ginge ihn nichts an, das wäre meine Sache. Das fand ich schon gut von ihm, manchmal, aber erzählen konnte ich ihm nichts, weil er halt auch nichts hören wollte ..." Jugendliche Schulverweigerer wollen zwar einerseits von ihren Eltern in Ruhe gelassen werden („ich kann das nicht haben, wenn die sich dauernd einmischen"), andererseits aber erwarten sie von ihnen – bewusst oder unbewusst – Hilfe bei der Bewältigung ihrer Probleme. Vor allem wenn schlechte Schulleistungen zu Schulversagen und Schulverweigerung geführt haben, weisen die Ursachen hierfür häufig (auch) auf familiäre Probleme hin. Schulverweigerung kann also auch ein Indikator für häusliche Schwierigkeiten sein. Wenn diese häuslichen Schwierigkeiten (zum Beispiel Trennung, Alkoholismus, Arbeitslosigkeit) oder familiäre Bedingungen wie zum Beispiel die Berufstätigkeit beider Elternteile eine Unterstützung der jugendlichen Schulverweigerer erschweren oder unmöglich machen, dann ist das endgültige schulische Versagen vorprogrammiert. Da sich Lehrer und Lehrerinnen in der Regel nicht als Sozialarbeiter verstehen und durch die Lehrpläne zeitlich stark belastet sind, werden familiäre Probleme durch die Schule immer seltener angegangen.

3.5.3 Zusammenfassung

Schulerfolg und Schulversagen beeinflussen das Selbstwertgefühl von Kindern und Jugendlichen und prägen die Art und Weise, wie sie Konflikte bewältigen. Wenn es ihnen nicht gelingt, sich durch schulische Leistungen oder sozial anerkannte außerschulische Aktivitäten (z.B. Sport) Anerkennung zu verschaffen, werden sie andere Wege suchen, die unter Umständen den Prozess der Schulverweigerung begünstigen. In solchen Fällen sind die Eltern verstärkt gefordert. Zeit und Zuwendung sind notwendig, um sich mit dem jugendlichen Schulverweigerer auseinander zu setzen und Lösungen zu finden, die dem Jugendlichen die Rückkehr in den schulischen Verband ermöglichen.

Eltern sind besser als der „Ruf", den sie vor allem bei den befragten Experten haben. Die Ergebnisse aus der Befragung von Schulverweigerern zeigen zumindest, dass es den meisten Eltern keineswegs egal ist, wenn ihre Kinder die Schule schwänzen, vorausgesetzt sie werden von der Schule hierüber informiert. Um ihre Kinder vom Schulschwänzen abzuhalten, wenden sie ein breit gefächertes Spektrum an Reaktionen an, das überwiegend aus Maßnahmen besteht, die auf eine Verständigung mit dem Jugendlichen bzw. auf eine argumentative Lösung des Problems setzen. Fast alle Eltern versuchen, sich (zunächst) verbal mit dem Jugendlichen auseinander zu setzen, um hinter die Ursachen für sein abweichendes Verhalten zu kommen und eine Lösung zu erreichen. Positiv ist ferner, dass sie sich zu einem großen Teil mit der Schule in Verbindung setzen, um gemeinsam mit Lehrkräften und eventuell Schulsozialarbeitern oder Schulpsychologen nach Lösungen zu suchen. Bestehen (objektiv und/oder subjektiv) keine Möglichkeiten mehr für eine Rückkehr in die Regelschule, versuchen viele Eltern, alternative Beschulungsmöglichkeiten für ihr Kind zu finden, um es so doch noch zu einem Schulabschluss zu führen.

Eltern, die beide aus Deutschland stammen, tun sich offensichtlich leichter, Hilfe von außen zu suchen, als Eltern nichtdeutscher Herkunft. Sprachschwierigkeiten und Unkenntnis der (alternativen) Möglichkeiten verhindern oft ein Vorgehen, das auf Problemlösung und Verhandlung mit der Schule und auf Verständigung zielt. Dieses Unvermögen führt bei Eltern oder Elternteilen nichtdeutscher Herkunft auch häufiger zu Handgreiflichkeiten gegenüber Kindern – ein hilfloser Versuch, den Schüler oder die Schülerin zu disziplinieren.

Prügelstrafen spielen insgesamt leider immer noch eine Rolle als Instrument der Disziplinierung, wenn auch – jedenfalls in unseren Untersuchungen – in relativ geringem Umfang. Es ist jedoch anzunehmen, dass der tatsächliche Anteil an körperlicher Züchtigung höher liegt als die berichteten 8 %: Es war sicher für einige Jugendliche schwierig oder unmöglich anzugeben, dass sie von ihren Eltern (wegen Schulschwänzens) geschlagen worden waren. In den Intensivinterviews gaben einige Jugendliche erst auf mehrfaches Nachfragen zu, von ihren Eltern für ihr Schwänzen gezüchtigt worden zu sein (in aller Regel handelte es sich um Ohrfeigen, aber auch um Prügel mit dem Hosengürtel oder einem Stock); ohne das Insistieren der Interviewerinnen wäre dieser Sachverhalt im Interview nicht ans Tageslicht gekommen. Körperliche Bestrafungen sind Ausdruck von Unfähigkeit, mit einem bestimmten Phänomen adäquat umzugehen. Der Versuch, durch Härte ein bestimmtes Verhalten zu erreichen, führt in aller Regel nicht zum gewünschten Erfolg.

Disziplinierungsmaßnahmen, die zumeist ausschließlich aus Geboten sowie Verboten bestehen, wie zum Beispiel Hausarrest oder Taschengeldentzug, sind zwar nach wie vor verbreitete, aber gleichzeitig auch untaugliche Mittel zur Bekämpfung von Schulverweigerung, vor allem dann, wenn die Schulverweigerung schon relativ weit fortgeschritten ist. Dieses restriktive Vorgehen wird auch von den Jugendlichen selbst nicht als sehr hilfreich empfunden, wie ein jetzt 17-Jähriger erzählt: „Die haben mich zwar eingesperrt, aber ich bin übers Fenster wieder ausgestiegen. In die Schule bin ich dann natürlich nicht …“ Es handelt sich hier um Bestrafungen, die nicht dazu angetan sind, Einsichten zu vermitteln und die auch keine Auseinandersetzung mit den Ursachen für das schulverweigernde Verhalten erlauben. Stattdessen äußerten einige Jugendliche, die zu Hause körperlich bestraft worden sind, im Interview das Bedürfnis, mit ihren Eltern über ihre Probleme sprechen zu können, um gemeinsam mit ihnen eine Lösung zu finden. Zu einem Gespräch sei es in diesen Fällen jedoch nie gekommen, weil – so ein Betroffener – „… der (Vater – Anmerk. der Verf.) nichts wissen wollte, weil so ein Lehrer doch gar nichts falsch machen kann … das musste ja an mir liegen, und dann hat er wieder zugeschlagen – einfach so …"

Der Versuch der Eltern, durch autoritäre und strafende Reaktionen Schulverweigerung bei ihren Kindern abstellen zu wollen, schlägt nach den Berichten der betroffenen Schülerinnen und Schüler in das Gegenteil um und trägt insgesamt zur Verschärfung der Situation bei. Eltern mit Erziehungsproblemen verweisen in diesem Zusammenhang auch oft auf den Erziehungsauftrag der Schule und versuchen so, die Verantwortung für die Erziehung ihrer Kinder in die Schule zu verlagern, was „… aber nicht dazu führen darf, dass sie die Erziehung ausschließlich – und manchmal auch leichtfertig – nur der Schule überantworten. So dürfen wir die Dienstleistungsgesellschaft nicht missverstehen. Erziehung und Bildung beginnen zu Hause. Da braucht man Zeit, da ist Zuwendung gefragt. Wir sind sie unseren Kindern schuldig[106]."

Dagegen üben familiärer Zusammenhalt und soziale Unterstützung, die man von seiner Familie erhält, nachweisbar einen positiven Einfluss auf schulverweigernde Kinder und Jugendliche aus. Die Unsicherheitsgefühle aufseiten vieler Schüler in Bezug auf ihr Schulbesuchsverhalten weisen dabei auf die Dringlichkeit hin, Kontakte und Kooperationen zwischen Schule und Eltern einzuleiten bzw. diese zu verstärken. Insbesondere die qualitative Analyse der Intensivinterviews bestätigt, dass die Schulverweigerer pädagogische Maßnahmen zum Abbau von Schulverweigerung brauchen und diese auch von den Erwachsenen aus Elternhaus und Schule erwarten. Eltern, die ihrem Erziehungsauftrag nicht nachkommen (können), brauchen dann ihrerseits Unterstützung und Entlastung, beispielsweise durch die Schaffung von Ganztagsangeboten für schulpflichtige Kinder, wo die Schülerinnen und Schüler die Möglichkeit erhalten, mit Gleichaltrigen Erfahrungen des sozialen Lernens außerhalb von Unterricht zu machen.

---

[106] Johannes Rau in Materialien des Forum Bildung 2, S. 23.

4 Strategien gegen Schulverweigerung

Obwohl die Regelschulen Schulmüdigkeit und Schulverweigerung seit mehreren Jahren als ein Problem erkannt haben, das nicht vereinzelt auftritt und auch nicht von selbst wieder verschwindet, sind sie aufgrund ihrer Strukturen und ihrer Aufgabenvielfalt nur bedingt in der Lage, Schülerinnen und Schülern zu helfen, die sich aus den unterschiedlichsten Gründen den schulischen Anforderungen aktiv oder passiv entziehen. Solange aber die Regelschulen nicht fähig sind, Schulabbruch und Schulversagen im schulpflichtigen Alter zu verhindern, solange sind die betroffenen Schülerinnen und Schüler auf ein Hilfesystem angewiesen, das vielfach außerhalb der Regelschulen liegt und von der Kinder- und Jugendhilfe getragen wird. Das Spektrum von Lernangeboten und Hilfestellungen ist dort breit gefächert und geht meist weit über das hinaus, was die Regelschulen leisten (können). Wir weisen darauf hin, dass in diesem Kapitel insbesondere die Ansätze und Methoden beschrieben werden, die im Rahmen der Jugendhilfe entwickelt und erprobt wurden.

4.1 Ziele von Maßnahmen und Projekten für Schulabbrecher und Schulverweigerer

Erste Angebote für Schulschwänzer entstanden bereits Anfang der 1990er-Jahre (z. B. in NRW 1994 im Rahmen eines Modellversuchs). In den letzten Jahren hat sich eine Vielfalt von Projekten und Arbeitsansätzen meist auf lokaler Ebene entwickelt. Neben Programmen und Förderrichtlinien auf Landesebene, mit deren Hilfe eine Reihe von Initiativen unterstützt werden, gab es bis Ende 2001 auf Bundesebene das Modellprogramm „Arbeitsweltbezogene Jugendsozialarbeit", in dem eine Reihe von zeitlich begrenzten Modellprojekten finanziell gefördert wurden, die Lernangebote für Schulverweigerer systematisch (fort-)entwickelten und erprobten. In diesen, vom Deutschen Jugendinstitut wissenschaftlich begleiteten Projekten wurde erprobt, wie jugendliche Schulverweigerer durch die Verknüpfung von schul-, sozial-, berufs- und arbeitspädagogischen Methoden motiviert werden können, sich notwendige allgemein bildende und vorberufliche Fähigkeiten und Kenntnisse anzueignen. Ziel war es, die Jugendlichen schulisch und sozial (wieder) zu integrieren. Schulische Integration bedeutete in diesem Zusammenhang, die Jugendlichen mithilfe spezifischer Angebote und Lernformen wieder an das (schulische) Lernen heranzuführen. Soziale Integration als zweites, aber durchaus gleichrangiges Ziel beinhaltete die psychische Stabilisierung des Schülers verbunden mit der Ausbildung seiner sozialen Kompetenzen. Wesentlicher Bestandteil der Projektarbeit war deshalb die Entwicklung von sozialen Lernprozessen, mit deren Hilfe die Jugendlichen in die Lage versetzt werden sollten, ihr soziales und berufliches Leben selbstständig und eigenverantwortlich zu gestalten und zu meistern.

Inzwischen gibt es bundesweit zahlreiche Lernangebote für Schülerinnen und Schüler, wenn diese aus vielfältigen Gründen mit der Regelschule nicht mehr zurechtkommen. Die meisten solcher Projekte oder Maßnahmen, die ein konkretes Angebot für Schulverweigerer oder Schulabbrecher bereit halten, sehen vor, für einen begrenzten Zeitraum schulische Aufgaben zu übernehmen und diese durch sozialpädagogische Begleitung zu ergänzen. Ziel ist es auch hier, die Jugendlichen sozial zu stabilisieren, sie zu motivieren und wieder an das systematische Lernen heranzuführen, um so ihre Chancen, sozial und beruflich Fuß zu fassen, zu erhöhen. Im Vordergrund steht also in nahezu allen Projekten die soziale *und* schulische bzw. berufliche Integration der Schulverweigerer, wobei das formale Bildungsziel häufig ein qualifizierter Schulabschluss ist. Dort, wo Projekte eng mit oder in Schulen arbeiten, geht es zusätzlich um eine Veränderung der Lehr- und Lernmethoden der Regelschule.

4.2 Ansätze und Methoden

4.2.1 Zielgruppen

Die Auseinandersetzung mit den Anforderungen in der Schule hängt entscheidend von den individuellen Voraussetzungen und Möglichkeiten der Jugendlichen ab, diese Anforderungen zu bewältigen und zu verarbeiten. Eine dieser Voraussetzungen für eine erfolgreiche Teilnahme am Unterricht ist das soziale Umfeld: Je stabiler die sozialen Netzwerke eines/r Jugendlichen sind, desto größer sind auch die Handlungsmöglichkeiten. Umgekehrt gilt: „Die Gefahr des Versagens in der Schule ist dann am größten, wenn die Übereinstimmung zwischen den subjektiven Handlungskompetenzen und den schulischen Anforderungen klein ist. Vor allem Kinder aus sozial benachteiligten Familien werden mit sozialen und kognitiven Erwartungen konfrontiert, denen sie vor dem Hintergrund ihrer familialen Möglichkeiten kaum gerecht werden können“ (Hurrelmann u. a. 1985).

Insbesondere Kinder mit Leistungsschwächen oder anderen für Außenstehende sichtbaren oder erfahrbaren Beeinträchtigungen erleben häufig, dass sie verspottet und ausgelacht werden – auch und gerade von ihren Mitschülern. Soziale Ausgrenzung ist die Folge. Die Schule hat also eine herausragende Stellung im Jugendalter: Die soziale Umwelt der Jugendlichen wird in hohem Maß durch die Schule und ihre Anforderungen sowie durch die Mitschüler geprägt. Sind Jugendliche nicht in der Lage, den verschiedenen Erwartungen gerecht zu werden und verlassen sie die Schule, verlieren sie nicht nur den Sozialraum Schule, sondern auch eine wichtige soziale Bezugsgruppe, nämlich ihre Mitschüler, und damit wiederum einen Großteil ihrer außerschulischen Beziehungsmöglichkeiten. Der Ausschluss aus altersgemäßen soziokulturellen Zusammenhängen aber führt zu (weiteren) sozialen Ausgrenzungen, die sich unter Umständen im jungen Erwachsenenalter fortsetzen (und sich vor allem negativ auf Ausbildungs- und Beschäftigungschancen auswirken).

In den meisten Maßnahmen und Projekten bestehen die Teilnehmer in der Regel aus solchen Schülerinnen und Schülern, die über die Schulen oder die entsprechenden Ämter den Projekten als „schwierige" Schüler oder „Schulverweigerer" gemeldet wurden, was bedeutet, dass die Projektteilnehmer meist heterogen (im Hinblick auf Alter, Geschlecht, Schultyp, Nationalität) zusammengesetzt sind. Hauptkriterium für die Aufnahme sind in vielen Projekten Fehlzeiten in der Regelschule, die einen bestimmten Umfang erreicht haben müssen. Damit wird auch deutlich, dass es in erster Linie die aktiven Schulverweigerer sind, die die Klientel der Projekte und Angebote für Schulverweigerer und Schulabbrecher bilden.

Eine methodische Besonderheit in der bunten Projektlandschaft ist die Spezialisierung auf spezifische Zielgruppen. Denn im Gegensatz zur Regelschule, die jede Schülerin und jeden Schüler aufnehmen muss, haben die Projekte die Möglichkeit, sich auf bestimmte Jugendliche zu konzentrieren, die einer spezifischen Form der Betreuung bedürfen. Neben Projekten und Maßnahmen mit eher heterogen zusammengesetzten Teilnehmergruppen (und diese bilden die große Mehrheit unter den Angeboten) gibt es deshalb auch solche, die sich auf bestimmte Zielgruppen spezialisiert haben, denen mit den üblichen Angeboten nicht geholfen werden kann. Nachfolgend werden einige dieser Angebote exemplarisch vorgestellt.

(a) Analphabeten

Zielgruppe solcher Projekte und Modellversuche sind deutsche und ausländische Jugendliche ohne qualifizierten Hauptschulabschluss und Ausbildungsplatz, für die Maßnahmen entwickelt wurden zum Abbau des funktionalen Analphabetismus. Ursachen für den erschwerten Zugang zum Lernen und damit für die Benachteiligung in der Schule werden in der mangelhaften Alphabetisiertheit insbesondere von Jugendlichen aus Familien mit Migrationshintergrund gesehen (Stichwort „Analphabeten in zwei Sprachen"). Gleichzeitig scheint für eine wachsende Zahl von Jugendlichen Analphabetismus das zentrale Hindernis für das Gelingen der beruflichen Integration zu sein. Das Problem des funktionalen Analphabetismus ist nicht neu, es hat jedoch mit der breiten Einführung neuer Kommunikationstechnologien in der Ausbildungs- und Arbeitswelt an Schärfe gewonnen. Ziel von speziellen Angeboten in diesem Bereich ist es zum einen, junge Analphabeten aufzuspüren und sie dazu zu bringen, Hilfen in Anspruch zu nehmen, was ein sensibles Vorgehen erfordert, da viele dieser Jugendlichen aus Scham ihre Defizite in diesem Bereich verschweigen. Zum anderen geht es konkret darum, Jugendliche ohne Schulabschluss in den Grundkompetenzen des Lesens, Schreibens und Rechnens zu fördern, um damit eine Brücke zum regulären Hauptschulabschluss, beispielsweise auf dem Zweiten Bildungsweg zu schlagen.

(b) Aussiedler/Ausländer

Einige Projekte kümmern sich speziell um Jugendliche mit Migrationshintergrund. Zielgruppe der Projekte in diesem Bereich sind nach Deutschland gezogene Kinder und Jugendliche, die aufgrund ihrer speziellen Situation den Anforderungen in deutschen Schulen und Ausbildungsbetrieben (noch) nicht gewachsen sind. Die größten Hürden bilden die Sprachprobleme – und hier insbesondere der Schriftsprachbereich –, aber auch mangelhafte Kenntnisse der deutschen Kultur und des deutschen Ausbildungssystems. Viele der älteren Jugendlichen haben in ihrem Herkunftsland keinen Schulabschluss gemacht.

Die jeweiligen Konzepte dienen der Vorbereitung auf den externen Hauptschulabschluss, der Verbesserung der Ausbildungs- und Arbeitsmarktchancen, der Erhöhung der Akzeptanz dieser Personengruppen im Gemeinwesen, der Steigerung des Selbstwertgefühls und der Integration in das politische, gesellschaftliche und soziale Leben in Deutschland.

In manchen Projekten wurde die Erfahrung gemacht, dass ausländische Jugendliche seit einigen Jahren trotz bestehender Schulpflicht von einigen Lehrern und Schulen (insbesondere den Berufsschulen) nicht mehr beschult werden: Die Lehrkräfte lehnen die Verantwortung ab u. a. mit Verweis auf Sicherheitsbestimmungen, die von den Jugendlichen, die häufig Deutsch weder lesen noch schreiben können, nicht eingehalten werden. Mit stillschweigender Duldung der Behörden wird so die Schulpflicht umgangen. In Reaktion darauf wurden für diese Zielgruppe eigenständige Angebote entwickelt.

In anderen Fällen haben sich Lehrkräfte aus Schulen an die Projekte gewendet mit der Bitte, ihnen bei der Integration von Jugendlichen mit Migrationshintergrund behilflich zu sein. Diese würden aufgrund komplexer Problemlagen die Schule immer häufiger schwänzen, wobei aber gerade sie wie in fast allen Bereichen von Bildung, Ausbildung oder Arbeit nochmals besonderen Benachteiligungen unterworfen sind. Ohne Schulabschluss haben sie später auch kaum Chancen, als Ungelernte auf dem Arbeitsmarkt integriert zu werden.

(c) Mädchen

Die meisten Projekte, die sich mit Schulverweigerung befassen, richten sich sowohl an weibliche als auch an männliche Jugendliche, wobei die tatsächliche Verteilung in den Projekten meist ein deutliches Übergewicht an männlichen Schülern aufweist. Daneben gibt es Projekte, die sich ausschließlich an Mädchen (oder auch an Jungen wenden). Denn nach den Erfahrungen vieler Lehrkräfte und Projektmitarbeiterinnen und -mitarbeiter ist Schulverweigerung keineswegs vor allem „Männersache“: Mädchen sind in ihrer Verweigerungshaltung teilweise sogar hartnäckiger als Jungen. Mädchenprojekte bedeuten nicht grundsätzlich die Abkehr von Koedukation, aber angesichts der massiven Probleme, die diese Schülerinnen oft haben (Beziehungsprobleme in und außerhalb von Familie, Gewalterfahrungen, schulische Leistungsschwächen, Ängste, negatives Selbstbild), sollen sie eine gewisse Zeit ohne ihre männlichen Kollegen unterrichtet werden, um sie allgemein zu stabilisieren. Durch einen mädchenpädagogischen Ansatz und individuelle Förderung wird versucht, den Mädchen die Lebenswelt- und Sozialraumorientierung zu erleichtern. Ziel dieser Projekte ist die (neuerliche) Heranführung der Schülerinnen an kontinuierliche Lernprozesse und damit verbunden eine positive Beeinflussung in Richtung Einstieg in die Arbeitswelt. Konkret bedeutet dies die (externe) Vorbereitung auf den Hauptschulabschluss und gegebenenfalls die Reintegration in die Regelschule.

Dort, wo ein Schulabschluss nicht realistisch erscheint, versucht man, über niedrigschwellige Angebote an einem außerschulischen Ort mit einem werkpädagogischen Ansatz ein (weiteres) soziales

Abgleiten der Mädchen zu verhindern. Mithilfe dieser Angebote soll den Mädchen der Zugang zu verschiedenen Berufsfeldern erschlossen werden. Danach wird eine Vermittlung in eine qualifizierende Maßnahme der Arbeitsverwaltung oder ähnlicher Anbieter angestrebt.

(d) „Straßenkinder" bzw. Jugendliche in Erziehungshilfen

Diese Zielgruppe ist in sich wieder sehr heterogen und besteht sowohl aus Schülerinnen und Schülern, die noch der Schulpflicht unterliegen, als auch aus solchen Jugendlichen, für die keine Schulpflicht mehr besteht bzw. die ausgeschult sind, die aber dennoch einen Schulabschluss machen wollen. Der Leitgedanke bei der Entwicklung von Lernangeboten für diese Zielgruppe ist, dass die betroffenen Jugendlichen nicht mehr von der Schule erreicht werden können. Entsprechende Angebote müssen also flexibel gehalten werden, wenn man die Jugendlichen erreichen und für eine gewisse Zeit halten will. In diesem Zusammenhang wurden Angebote konzipiert, die den Lernprozess mit dem Ziel eines Schulabschlusses unterstützen sollen, ohne dass der Schüler in ein wie immer geartetes schulisches „Korsett" gezwängt wird. Beispiel hierfür sind Projekte oder Maßnahmen, die über Fernunterricht jungen Menschen die Vorbereitung auf einen Schulabschluss ermöglichen, ohne dabei mit Vorgaben in deren Lebensbedingungen einzugreifen.

Ein anderes Beispiel sind kombinierte Angebote aus den Bereichen Schule, Ausbildung und Freizeit, die mithilfe intensivpädagogischer Einzelbetreuung versuchen, extrem verhaltensauffällige Jugendliche, die zum Teil lange Heimkarrieren hinter sich haben und bei denen die klassischen Standardangebote (z.B. geschlossene Unterbringung) nicht mehr greifen, auf die externe Hauptschulprüfung vorzubereiten. Den Jugendlichen wird der Aufenthalt durch ein breit gefächertes und äußerst attraktives Freizeit- und Erlebnisangebot schmackhaft gemacht, das zeitlich unmittelbar an das Aufnahmeverfahren anschließt: von einfachen Vergnügungen wie Kinobesuche oder Radtouren über Wochenendausflüge bis hin zu mehrwöchigen Aufenthalten im Ausland. Das erlebnispädagogische Programm mit Auslandsaufenthalten und Trainingscamps dient der Neuorientierung, der Verabschiedung alter Verhaltensmuster und der Entwicklung und Stabilisierung von Selbstvertrauen und Selbstwertgefühl.

Ferner gibt es Maßnahmen, die mit einem zeitlich und organisatorisch flexiblen Sozialisations- und Lernangebot vor Ort arbeiten, das Jugendliche, die den Schulbesuch andauernd verweigern, auf die Fremdenprüfung zum Erwerb des einfachen bzw. erweiterten

Hauptschulabschlusses vorbereitet und ihren Übergang in eine Berufsausbildung im Blick hat. Die Jugendlichen in solchen Projekten sind häufig durch die Inanspruchnahme von Hilfen zur Erziehung bzw. durch Kontakte zur Jugendgerichtshilfe bereits zu Adressaten von Leistungen des Jugendamtes geworden und haben zum Teil Heim- und Straßenkarrieren hinter sich. Ihre Motivation ist Voraussetzung für die Teilnahme und wird als Ausgangspunkt für ein Sozialisationsangebot genutzt, das ihre soziale Stabilisierung zum Ziel hat. Methodisch wird dies in einer Verbindung von Unterricht, fachpraktischen Projekten und Freizeitangeboten umgesetzt.

Die Strategien dieser Angebote sind erfolgreich für jene Jugendlichen, die an den selbst gesetzten Zielen festhalten (können). Die entsprechenden Projekte erreichen mit beachtlichem Erfolg die Gruppe der „harten" Schulverweigerer, die der Schule zu einem frühen Zeitpunkt den Rücken gekehrt haben.

4.2.2 Ansätze zu Prävention und Reintegration

Ausgehend von der Erkenntnis, dass die Gründe für Schulverweigerung nicht allein in der Schule selbst liegen, sondern meist ein komplexer Ursachenzusammenhang gegeben ist, muss auch das Herangehen an die betroffenen Schülerinnen und Schüler umfassend sein. Viele Projekte (inner- und außerhalb von Schule) praktizieren deshalb eine Herangehensweise, die jugendliche Lebenslagen in ihrer Komplexität berücksichtigt. Die Jugendlichen werden nicht nur während der eigentlichen Schulzeit im Projekt betreut, sondern häufig auch am Nachmittag und zum Teil in den Schulferien. Ferner ist die Arbeit mit den Eltern meist fester Bestandteil solcher Angebote, wenngleich nicht immer ganz einfach; einige Modelle betreiben aufsuchende Elternarbeit (Hausbesuche). Die Konzepte haben das Ziel, die Chancen von Schulverweigerern auf eine soziale und berufliche Integration in die Gesellschaft zu erhöhen.

Für die Beschreibung der Praxismodelle, deren Ansätze, Erfahrungen und Arbeitsbedingungen ist eine Unterteilung in schulische und außerschulische Lernorte sinnvoll. Diese eher allgemeine Unterteilung schließt jedoch nicht aus, dass die meisten Projekte oder Maßnahmen auf eine mehr oder weniger verbindliche Kooperation von Schule und Jugendhilfe setzen. Dennoch sollen nachfolgend die Unterschiede beider Lernortformen kurz diskutiert werden, auch wenn diese in der Praxis meist nicht so strikt voneinander getrennt vorkommen.

4.2.2.1 Angebote am Lernort Schule

Es ist Konsens, dass im Zusammenhang mit Schulverweigerung der Zugang zu den Schülerinnen und Schülern idealerweise zu einem Zeitpunkt gesucht werden sollte, an dem insbesondere im schulischen Umfeld noch adäquat reagiert werden kann. Entsprechende Angebote sollen möglichst frühzeitig erfolgen, damit sich bestimmte Verhaltensweisen und Probleme erst gar nicht manifestieren. Deshalb müssen bereits während der Vollzeitschulpflicht Hilfen und Maßnahmen angeboten werden, die geeignet sind, Schulmüdigkeit entgegenzuwirken und Schulabbrüche zu verhindern.

Die meisten Projekte arbeiten mit schulpflichtigen Kindern und Jugendlichen (es geht um die Erfüllung der allgemeinen Schulpflicht oder der Berufsschulpflicht). Der größte Teil solcher Angebote bietet schulischen Unterricht außerhalb des Lernortes Schule meist in Räumlichkeiten des Projekts oder des Projektträgers. Andere versuchen, in Zusammenarbeit mit Lehrkräften (und falls vorhanden Schulsozialarbeiterinnen und Sozialarbeitern) durch (sekundär-)präventive Arbeit in der Schule, ein (späteres) Herausfallen von schulmüden Jugendlichen aus dem Lerngeschehen bereits im Ansatz zu verhindern. Diese Projekte arbeiten mit ergänzenden Angeboten in der Schule selbst, wobei ihre Konzepte auf die Öffnung der Schule nach innen und außen zielen. Gemeinsam ist diesen Projekten oder Angeboten innerhalb der Schulen, dass sie in der Regel mit jüngeren Schülerinnen und Schülern arbeiten (können), deren Schulverweigerung noch nicht oder noch nicht so stark ausgeprägt ist.

Voraussetzung für das Gelingen von Projekten oder Angeboten innerhalb der Schule ist einerseits die Erkenntnis aufseiten der Schulleitung und der Lehrkräfte, dass Angebote in der Schule notwendig sind, die über das bestehende Lernangebot hinausgehen, und andererseits die Bereitschaft auf beiden Seiten, sich gegenseitig nicht nur zu respektieren, sondern zu kooperieren und sich zu ergänzen. Dieses Ziel verlangt von Schulleitung und Lehrkräften einen Einsatz, der weit über ihren originären Arbeitsauftrag hinausgeht: Gerade in der Zusammenarbeit mit meist sozialpädagogisch geschulten Kräften zeigen sich Grenzen der Erziehung und Wissensvermittlung durch die Schule. Das Lehrpersonal muss sich mit neuen Erkenntnissen und Methoden auseinander setzen, womit immer auch das eigene Handeln infrage gestellt wird. Aber auch an die Projektmitarbeiterinnen und Projektmitarbeiter, die nicht aus der Schule kommen, sind hohe Anforderungen gestellt: Sie müssen sich mit schulischen Gegebenheiten befassen (Lehrpläne, Zeitbudgets, Lehr- und Lernbedingungen), die mit ihren sozialpädagogischen Methoden und Vorgehensweisen meist nicht im Einklang stehen. Wenn ihre Angebote aber erfolgreich sein sollen, müssen sie sich auf schulische Bedingungen und Strukturen einlassen. Die Zusammenarbeit kann also nur dann erfolgreich sein, wenn man erkannt hat, dass man Schulmüdigkeit nur gemeinsam mit den jeweiligen Mitteln wirksam begegnen kann.

4.2.2.2 Außerschulische Lernangebote

Auch wenn die Schule das Problem Schulverweigerung immer stärker wahrnimmt und beginnt, nach geeigneten Handlungsstrategien und Gegenmaßnahmen zu suchen, sind ihr doch auch Grenzen gesetzt. Schule richtet sich zunächst einmal an alle Kinder und Jugendlichen, sodass es (u.a. auch aufgrund von Lehrplänen oder Verwaltungsvorschriften) ihr alleine nur schwer gelingt, intensive Hilfen für lern- und/oder verhaltensauffällige Schülerinnen und Schüler zur Verfügung zu stellen.

Anders als jene Maßnahmen, die ergänzend zum Lernangebot in der Schule angeboten werden und die eher jüngere Schülerinnen und Schüler als Zielgruppe haben, setzt die Kinder- und Jugendhilfe gerade bei älteren Schülern mit einer bereits fortgeschrittenen Verweigerungshaltung gegenüber Schule mit außerschulischen Angeboten an. Der so wichtige sozialpädagogische Bereich oder gar die therapeutische Hilfestellung kann von der Kinder- und Jugendhilfe in einem viel größeren Umfang geleistet werden als von der Schule selbst. Zielgruppe dieser Projekte sind Schülerinnen und Schüler, die seit einer längeren Zeit, das heißt über mehrere Monate hinweg, die Schule aktiv verweigern, wodurch die Erfüllung der Schulpflicht bzw. der Schulabschluss selbst gefährdet ist.

4.2.2.3 Sozialpädagogische Hilfen

Zu einer Vorgehensweise, die die Lebenslagen von Jugendlichen umfassend berücksichtigt, gehört als wesentliches Element die Unterstützung und Betreuung der Schülerinnen und Schüler durch Erzieher/Sozialpädagogen. Sozialpädagogische Angebote finden sich sowohl in schulischen als auch in außerschulischen Maßnahmen. Das Spektrum dieser Angebote ist vielschichtig und umfasst beispielsweise

- Analyse der besonderen Situation der einzelnen Jugendlichen und ihrer individuellen Entwicklungsbedingungen,

- individuelle Einzelberatung und Gruppenarbeit zu alltäglichen Problemen und Konflikten,
- alternative Beratungs- und Motivierungsangebote,
- Beratung zur weiteren schulischen und beruflichen Entwicklung,
- präventive Arbeit bei delinquenz- und suchtgefährdeten Jugendlichen,
- Gespräche mit Eltern, Freunden und Betreuern der Jugendlichen,
- Angebote im Bereich Freizeit- und Erlebnispädagogik,
- Kontakte zur Schule, zum Jugendamt, zum betreuten Wohnen, zum Arbeitsamt.

Die sozialpädagogischen Angebote und Hilfeleistungen versuchen, die Jugendlichen in ihrem gesamten sozialen Umfeld zu sehen und mögliche Probleme in der Schule mithilfe sozialpädagogischer Methoden anzugehen und zu lösen. Projekte, die in der Schule arbeiten, haben das Ziel, durch die regelmäßige Zusammenarbeit von Lehrkräften und Schulleitung, Sozialarbeitern oder Sozialpädagogen im Schulalltag ein erweitertes pädagogisches Handlungsrepertoire zu entwickeln.

4.2.2.4 Verbindung von Schule und Arbeitswelt

Nahezu alle Angebote für Schulverweigerer versuchen, den theoretischen Bildungsteil, der den traditionellen schulischen Unterrichtsstoff umfasst, um einen praktischen Teil, der im weitesten Sinne auf die Arbeitswelt vorbereitet und Arbeitserfahrung vermitteln soll, zu ergänzen. Dies geschieht zum Teil durch eine Kombination von Maßnahmen der Berufsvorbereitung mit qualifiziertem Förderunterricht zur Vorbereitung auf den (Haupt-)Schulabschluss. Im Einzelnen handelt es sich um folgende arbeitsweltbezogene Angebote:
- Vorberufliche Bildung,
- Berufsvorbereitung,
- Beschäftigung,
- Vermittlung in Ausbildung oder Arbeit,
- Erwerb von Teilqualifikationen (z.B. informationstechnische Grundbildung),
- Beratung zu Bildung, Ausbildung und Arbeit.

In vielen Projekten und Maßnahmen sind Berufswahl, Berufswahlentscheidungen und die Möglichkeiten der Ausbildungsplatzsuche zentrale Unterrichtsthemen. Mit diesen Konzepten greifen die Projekte eine (alte) Forderung auf, wonach die allgemein bildenden

Schulen (auch) einen Bezug zur Arbeitswelt haben sollen, was bedeutet, dass Schulen ihren Schülern neben dem Wissen auch Qualifikationen vermitteln sollen, die auf dem Arbeitsmarkt verwertbar sind. Gemeint sind in diesem Zusammenhang sowohl berufsübergreifende Qualifikationen (Stichwort „Schlüsselqualifikationen“) als auch Beratung und Vorbereitung auf Ausbildung und Arbeit.

Neben dem schulischen Unterricht bzw. der Möglichkeit, die gesetzliche Schulpflicht zu erfüllen und/oder einen Schulabschluss zu erwerben, wird deshalb in den meisten Projekten zusätzlich praktische (Projekt-)Arbeit angeboten. Die Schülerinnen und Schüler haben die Möglichkeit, in verschiedenen Arbeitsbereichen Kenntnisse zu erwerben (u.a. Holz, Metall, Bau, Garten/Gärtnerei, Hauswirtschaft, Kfz). Aber auch Büro- und Kommunikationstechniken sind inzwischen in vielen Projekten fester Bestandteil. Nahezu alle Projekte bieten eine konkrete Vorbereitung auf den Übergang von der Schule in den Beruf: Es werden Ausbildungsgänge diskutiert, Vorstellungsgespräche simuliert und Bewerbungsunterlagen erstellt. Insbesondere für Schulverweigerer, die noch der Berufsschulpflicht unterliegen, dient die praktische Arbeit auch dazu, ihr Selbstwertgefühl zu stärken. Der praktische Teil ist ferner für solche Schülerinnen und Schüler von Bedeutung, die den schulischen Unterricht in den Projekten oder Maßnahmen mit dem in der Regelschule assoziieren und (deshalb) ablehnen. Nach ihren misslichen Erfahrungen in der Regelschule ist für sie ein formaler Schulabschluss (noch) kein realistisches Ziel; über die fachpraktische Ausrichtung des Unterrichts können aber dennoch Kenntnisse vermittelt werden, die Voraussetzung für eine soziale und gesellschaftliche Integration dieser Jugendlichen sind.

4.2.2.5 Schulpflichterfüllung und Schulabschluss

Der Übergang von der Schule in eine Berufsausbildung ist für viele Jugendliche heute nicht mehr nahtlos möglich; der Normalfall bei Jugendlichen mit schlechten Bildungsvoraussetzungen sind Übergangsverläufe, die durch viele Brüche gekennzeichnet sind. Selbst ein gutes schulisches Abschlusszeugnis garantiert keine sichere Lehrstelle – schon gar nicht im Traumberuf. Dennoch regeln sich über die Art und Güte des Schulabschlusses die Chancen, einen Ausbildungsplatz (im dualen System) zu bekommen. Hierbei ist der qualifizierte Hauptschulabschluss das erwartete Minimum seitens der ausbildenden Betriebe und Einrichtungen. Doch sogar dieser Hauptschulabschluss ist für viele Schulverweigerer aufgrund ihrer Erfahrungen in der Regelschule unerreichbar. Insofern richten sich sowohl die präventiven Aktivitäten als auch die außerschulischen Bemühungen, bereits massiv (passiv oder aktiv) schulverweigernde Jugendliche wieder in die Schule zu integrieren, auf das Ziel eines erfolgreichen Hauptschulabschlusses (in manchen Fällen auch Realschulabschlusses). Für die meisten Projekte, die mit schulmüden bzw. schulverweigernden Jugendlichen arbeiten, steht dieses Ziel jedoch erst am Ende einer Kette von Bemühungen, die die Mädchen und Jungen wieder an die Anforderungen des Lernens und an die der außerschulischen Lebenswelt heranführen sollen; in vielen Fällen ist das Mindestziel zunächst die Erfüllung der Schulpflicht.

4.2.2.6 Qualifikationsprofile der Projektmitarbeiterinnen und -mitarbeiter

Die Arbeit in den Projekten ist sehr vielseitig. Neben dem schulischen Unterricht, der von ausgebildeten Lehrkräften durchgeführt wird, gibt es häufig einen fachpraktischen Teil, der meist verschiedene Berufsfelder abdeckt (zum Beispiel Holz, Metall, Bau, Farben/Lacke, Landschaftsgestaltung, Hauswirtschaft/Kochen, EDV usw.). Neben Fachlehrerinnen und Fachlehrern für den schulischen Unterricht werden für diese Arbeitsgebiete Fachanleiterinnen und Fachanleiter benötigt, die in der Lage sind, die Jugendlichen zu motivieren und mit ihnen zu arbeiten. Facharbeiterinnen und Facharbeiter aus den Bereichen Schlosserei, Maler- und Lackiererhandwerk, Tischlerei sowie Köche und Köchinnen, Maurer, Hauswirtschafterinnen, Gärtnerinnen und Gärtner, Computerfachleute u. a. gehören deshalb ebenfalls zu den Projektmitarbeitern. In nahezu allen Projekten werden die Jugendlichen darüber hinaus sozialpädagogisch begleitet, um ihnen Möglichkeiten der Lebensbewältigung aufzuzeigen. Dafür stehen in der Regel ausgebildete Erzieher und Sozialpädagogen zur Verfügung, von denen ein Teil über eine therapeutische Zusatzausbildung verfügt.

Die verschiedenen Ansätze und Methoden der Projektarbeit stellen hohe Anforderungen an die Mitarbeiterinnen und Mitarbeiter. Deshalb verfügen diese häufig über Doppelqualifikationen. Insbesondere unter den Anleiterinnen und Anleitern, die für den fachpraktischen Unterrichtsteil zuständig sind, gibt es einige, die in zwei Berufen ausgebildet wurden. Hier finden sich Kombinationen wie Sozialarbeiter und Tischler, Erzieher und Steinmetz, Erzieherin und Hauswirtschafterin – alles Qualifikationen, die in der Arbeit im Projekt gebraucht und verwertet werden können und die man auch als Indiz für eine gewisse Affinität zu den Zielgruppen der Projekte sehen kann. Ähnliches gilt für das Betreuungspersonal und die schulischen Lehrkräfte: Doppelqualifikationen wie Erzieher und Sozialpädagoge, Sozialpädagogin und Theologin, Dolmetscher und Lehrer, Buchhalterin und Lehrerin, Psychologe und Lehrer u. Ä. sind nicht selten.

Zusätzlich werden Honorarkräfte für besondere Aufgaben eingesetzt, z. B. für die Vermittlung von Qualifizierungsbausteinen (z. B. PC-Führerschein, Internetschulungen, Lernen eines Musikinstruments). Oder es handelt sich um Aufgabenbereiche, die nicht unmittelbar mit dem Unterricht selbst zu tun haben, z. B. die Organisation von Sport- und anderen Freizeitangeboten, die Förderung der Kontakte zu Betrieben oder die Arbeit mit den Eltern der Jugendlichen.

Insbesondere bei der Suche nach Lehrkräften für den schulischen Unterricht ergeben sich für die Projekte manchmal Schwierigkeiten in mehrfacher Hinsicht: Aufgrund der meist zeitlich befristeten finanziellen Förderung der Projekte können Lehrkräfte nicht unbefristet eingestellt werden, es sei denn, sie erhalten eine unbefristete Anstellung durch Projektträger, die auch nach Projektende Beschäftigungsmöglichkeiten für diese Fachkräfte haben. Nicht selten sind es deshalb Berufsanfänger, die sich auf die Ausschreibungen der Projekte bewerben und die eine Wartezeit bis zu einer festen Anstellung in der Regelschule überbrücken wollen/müssen. Sie sind zwar in der Regel hoch motiviert, verfügen aber noch nicht über die nötige Berufserfahrung. Sofern erfahrene Lehrkräfte angeworben werden können, muss damit gerechnet werden, dass sie bei einem entsprechenden Angebot durch eine Regelschule (Festanstellung, Übernahme in das Beamtenverhältnis) vorzeitig das Projekt oder die Maßnahme verlassen.

Das Problem der zeitlichen Befristung der Arbeitsverträge gilt selbstverständlich nicht nur für die Anwerbung von Lehrkräften, sondern für alle Beschäftigten in Projekten, deren Finanzierung von einem oder mehreren Geldgebern abhängt. So ist auch die Rekrutierung von fachpraktischen Anleiterinnen und Anleitern nicht einfach, weil es gerade in der Industrie und im Handwerk einen Bedarf an solchen Fachkräften gibt, die dort auf attraktivere Arbeitsbedingungen treffen als in den Projekten für Schulverweigerer und Schulabbrecher. In manchen Fällen sind Fachanleiterinnen und Fachanleiter über AB-Maßnahmen des Arbeitsamtes in das Projekt gekommen, wobei die zeitliche Befristung solcher Maßnahmen wiederum die personelle Kontinuität über einen längeren Zeitraum erschwert. Konstante und verlässliche Beziehungen, die gerade in der Arbeit mit (schwierigen) Jugendlichen so wichtig sind, sind unter solchen Voraussetzungen nur bedingt möglich.

Ein ähnliches Problem kann sich ergeben, wenn Lehrkräfte für den Unterricht im Projekt für eine bestimmte Zeit von ihren Stammschulen freigestellt werden. Dies ist z.B. dann der Fall, wenn das entsprechende Bundesland für das Projekt Lehrkräfte bewilligt, die aus dem Personal der Regelschulen anzuwerben sind. Die Praxis zeigt, dass sie in der Regel nicht länger als ein Schuljahr im Projekt bleiben, sodass man es im Schuljahr darauf mit anderen Lehrkräften zu tun hat, die die Jugendlichen, den Projektansatz und den Projektalltag nicht kennen. Darüber hinaus besteht bei einer „Zwangsrekrutierung" die Gefahr der mangelnden Motivation. Noch problematischer ist es, wenn eine Lehrkraft in einem Schuljahr sowohl an ihrer Stammschule als auch im Projekt unterrichtet. Eine solche Doppelfunktion kann zulasten der Schülerinnen und Schüler gehen.

In den meisten Projekten sind ferner Verwaltungskräfte tätig, die zusammen mit der Projektleitung für den technischen Ablauf in den Projekten sorgen. Die Projektleiterin oder der Projektleiter hat häufig die Qualifikation eines Fachlehrers und vertritt bei Engpässen manchmal fehlende Lehrkräfte. Angesichts der verschiedenen Rollen (einerseits Geschäftsführerin oder Geschäftsführer, andererseits Springerin bzw. Springer bei ansonsten drohendem Unterrichtsausfall), die zu erfüllen sind, ist die Gefahr der Überforderung besonders groß.

Es ist ein Prinzip der Projektarbeit, dass die Beschäftigten zwar jeweils ihre definierten Aufgabengebiete haben, dass es aber untereinander einen regelmäßigen Austausch über den Fortgang der Arbeit mit den Jugendlichen gibt. In diesem Zusammenhang geht es auch darum, die eigene Arbeit zu reflektieren, sich mit den Ansätzen der Projektarbeit auseinander zu setzen und diese, wenn notwendig, zu modifizieren. Dies alles setzt Arbeit im Team voraus, die in der Regel viel Zeit kostet und von den Beschäftigten, die lediglich stundenweise im Projekt arbeiten, nur schwer geleistet werden kann. Dennoch finden in den meisten Projekten regelmäßige Teamsitzungen statt, was einmal mehr auf das hohe Engagement der Mitarbeiterinnen und Mitarbeiter in den Projekten hinweist.

4.2.2.7 Kooperationen

Das Kinder- und Jugendhilfegesetz (KJHG) hat die Verpflichtung zur Kooperation festgeschrieben (SGB VIII, §§ 13 Abs. 4, 81) – die

Träger der öffentlichen Jugendhilfe sollen insbesondere mit Schulen und Schulverwaltungen zusammenarbeiten. Dieser Verpflichtung liegt die Annahme zugrunde, dass Schule und Jugendhilfe nicht getrennt voneinander die Probleme in den Regelschulen bearbeiten und lösen können. Wachsende Zahlen von Schulverweigerern und Schulabbrechern erfordern Präventionsstrukturen, die nur gemeinsam entwickelt und umgesetzt werden können.

Die Angebote zeigen, dass sich im Laufe der Zeit eine Vielzahl von Kooperationen gebildet hat. (Potenzielle) Kooperationspartner der Projekte sind beispielsweise der Allgemeine Soziale Dienst (ASD), Schulen, Schulbehörden, die Arbeitsverwaltung (Berufsberatung), Einrichtungen und Stellen der beruflichen Aus- und Weiterbildung, das Jugend- und Sozialamt, in der Arbeit mit ausländischen Jugendlichen oder Aussiedlern auch das Ausländeramt sowie Justiz-, Polizei- und andere Ordnungsbehörden oder Erziehungs- und Drogenberatungsstellen. Darüber hinaus gibt es insbesondere in den Projekten mit einem eher erwerbsarbeitsorientierten Ansatz häufig Verbindungen zu (Ausbildungs-)Betrieben im lokalen oder regionalen Umfeld. Die meisten Projekte streben ferner eine enge Zusammenarbeit mit den Eltern oder Erziehungsberechtigten ihrer Schülerinnen und Schüler an, die jedoch in der Praxis aus einer Vielzahl von Gründen nicht immer zufrieden stellend verläuft.

Kooperation erfordert aber einen hohen personellen und zeitlichen Aufwand. Im Allgemeinen gibt es eine mehr oder weniger enge Zusammenarbeit mit Schulen (u. a. Hauptschulen, Schulen für Erziehungshilfe, Sonderschulen, Berufsschulen). Die Projekte sind bestrebt, einen Transfer der Erkenntnisse ihrer Arbeit für die tägliche Arbeit an Regelschulen zu ermöglichen. Meist bestehen intensive Kontakte zu einzelnen Lehrkräften und Vertretern der Schulbehörden. Soweit Kooperation regelmäßig stattfindet, ist sie meist auf das Engagement Einzelner zurückzuführen, die über persönliche Beziehungen versuchen, tragfähige und längerfristige Kooperationsbezüge aufzubauen. Häufig bleibt aber die Zusammenarbeit mit anderen Institutionen und Einrichtungen eher sporadisch und unverbindlich; eine institutionalisierte Kooperation ist eher die Ausnahme, die Regel sind eher lose, individuelle Bezüge zu anderen Einrichtungen und Diensten.

Gelingende Kooperation ist aber nicht nur eine Frage des Aufwandes. Sie bedeutet auch, dass die kooperierenden Institutionen sich öffnen und bereit sind, sich auf feste Strukturen und verbindliche Regeln der Zusammenarbeit einzulassen mit dem Ziel, Transparenz über die Aktivitäten und Handlungsmöglichkeiten der verschiedenen beteiligten Institutionen herzustellen.

4.3 Erfahrungen

Es zeigt sich durchgängig, dass die große Mehrheit der Jugendlichen in den Projekten und Lernangeboten nach ersten Anlaufschwierigkeiten gut mitarbeitet und sich selbst – mithilfe der Erzieher – schulische und/oder berufliche Ziele (individueller Förderplan/Bildungshilfeplan) setzt, auch wenn deutlich ist, dass nicht alle Abgänger den Übergang in die Arbeitswelt erfolgreich schaffen werden. Die Pädagogen berichten von Erfolgserlebnissen – zum Teil in Bereichen, in denen die Jugendlichen früher ausschließlich negative Erfahrungen hatten – und von einer gesteigerten Konfliktfähigkeit. Insgesamt scheinen die Jugendlichen ihre Probleme und Schwierigkeiten im Verlauf der Maßnahme immer besser angehen zu können. Nur wenige Jugendliche haben von sich aus ihre Schulzeit im Projekt oder in der Maßnahme abgebrochen.

Als direkte Folge der Altersstruktur der Schulverweigerer musste ein von vielen Projekten angestrebtes Ziel, nämlich Schulverweigerer nach einer bestimmten Zeit in der Maßnahme in ihre Herkunftsschule oder eine andere allgemein bildende Schule zu reintegrieren, relativiert werden. Wenn überhaupt, kann dies offenbar nur bei jüngeren Schülerinnen und Schülern gelingen, die noch einige Jahre Schulpflicht vor sich haben und deren schulische Fehlzeiten die Rückkehr in die Regelschule nicht völlig aussichtslos erscheinen lassen. Die Praxis hat gezeigt, dass ältere Schulverweigerer in der Regel nicht mehr in die normale Schule (Herkunftsschule oder auch in eine andere Regelschule) zurück wollen. Aber auch dort, wo vereinzelt Schulverweigerer in ihre Schulen zurückgegangen sind, überwiegen die negativen Erfahrungen. Alte Klassenverbände kommen für den Schüler aufgrund von Schuljahrwiederholungen nicht (mehr) infrage; in den neuen Klassen ist der Altersunterschied meist sehr groß, Freundschaften müssen neu geschlossen werden. Für viele ist der Ballast zu schwer, den sie aus der alten Schule mit sich tragen, zu hoch sind die Hemmschwellen, wieder dorthin zurückzukehren. Ein schulischer Neuanfang müsste für diese Schüler ohne Scham und Angst vor den Reaktionen der ehemaligen Lehrkräfte und Mitschüler erfolgen. Der Trend für diese Gruppe von Schülern geht also eindeutig in Richtung einer Alternativbeschulung. Gerade für die älteren Schulverweigerer sind die außerschulischen Projekte eine echte Alternative und oft die einzige Chance auf einen Schulabschluss, die diese Jugendlichen noch haben.

Die Erfahrungen zeigen, dass viele Schulverweigerer von den Projekten bereits nach kurzer Eingewöhnungszeit schulischen Unterricht erwarten, damit der Projektaufenthalt sich auch lohnt. Auffallend ist ferner, dass von den Schülerinnen und Schülern das Projekt nach außen hin als „Schule“ dargestellt wird, was einmal mehr ihren Wunsch nach Normalität unterstreicht. Die Art der Wissensvermittlung unterscheidet sich in den Projekten jedoch erheblich von der in den Regelschulen: Aufgrund massiver Problemlagen bei der Zielgruppe Schulverweigerer ist in den meisten Maßnahmen Klassenunterricht nicht oder nicht sofort möglich; stattdessen hat sich in vielen Projekten die Unterrichtsmethode „Einzelunterricht“ oder „Unterricht in Kleingruppen“ bewährt, die vor allem in den ersten Monaten der Projektzugehörigkeit praktiziert wird. Sie ermöglicht ein Eingehen auf die individuellen Problemlagen, Bedürfnisse und Leistungsebenen der Schüler. Es ist evident, dass diese Form des Unterrichts von der Regelschule in ihrer jetzigen Struktur nicht geleistet werden kann. Die Schulverweigerer sehen dennoch „ihr“ Projekt sehr wohl auch als Schule: Es strukturiert ihren Alltag und gibt ihnen Halt und Stabilität, indem es einen gesicherten und verlässlichen Rahmen schafft.

Eines der wichtigen Ergebnisse ist sicherlich, dass die Regelschulen nach anfänglichem Misstrauen die außerschulischen Hilfsangebote der Projekte gerne in Anspruch nehmen. Hier besteht allerdings zum einen die Gefahr, dass vonseiten der Schulen schwierige Schüler vorschnell in Einrichtungen der Jugendhilfe abgeschoben werden. Die Schulen geben die Verantwortung ab, was bedeutet, dass die notwendige Auseinandersetzung mit dem Problem Schulverweigerung, die auch das Nachdenken über Veränderungen innerhalb der Schule beinhalten müsste, nicht stattfindet und sich innerhalb des Systems Schule nicht viel verändert. Zum anderen besteht das Risiko, dass durch den Anspruch der Projekte, in den schulischen und fachpraktischen Unterricht die soziale Lebenswelt der Jugendlichen einzubeziehen, die notwendige (v. a. emotionale) Abgrenzung für die Projektmitarbeiterinnen und -mitarbeiter nicht oder nur ungenügend erfolgt, was eine Überforderung der Pädagogen zur Folge haben kann und die Arbeit der Projekte langfristig gefährden könnte.

Ein weiterer Nachteil bei vielen Projekten ist die mangelnde bzw. nicht vorhandene Nachsorge ihrer Teilnehmerinnen und Teilnehmer. Nach einer im Durchschnitt meist einjährigen Projektdauer, in der der einzelne Schüler eine Art Rundumbetreuung erfuhr, steht er nach Beendigung der Projektzeit relativ ungeschützt und meist alleine vor den Herausforderungen der sozialen und der Arbeitswelt. Diesen „Realitätsschock“ erleiden zwar auch Schüler der Regelschulen, aber nicht in dem Maß wie Schüler in alternativen Beschulungsangeboten.

Die hier vorgestellten Ansätze und Methoden für den Umgang mit Schulverweigerern sind überwiegend von der Jugendhilfe initiiert, die damit auf veränderte gesellschaftliche Rahmenbedingungen reagiert. In einer sich immer schneller wandelnden (Arbeits-)Welt muss Schule sich aber ebenfalls mitentwickeln. Viele Werte und Normen, die über lange Zeit Bestand hatten, haben sich in den letzten Jahren grundlegend verändert. Im Gegensatz zu früher verlangt insbesondere das Arbeitsleben von den Jugendlichen ein hohes Maß an Mobilität und Flexibilität. Wertvorstellungen, die Beständigkeit voraussetzen (wie beispielsweise Familie oder Partnerbeziehungen), sind mit diesen neuen Anforderungen schlecht vereinbar. Diese Diskrepanz wirkt sich auch auf die eigenen Zukunftsvorstellungen, die Erwartungen und Ziele aus. Der normalbiografische Verlauf von Schule in Ausbildung und von Ausbildung in einen (sicheren) Beruf, den man dann auch bis zur Aufgabe der Erwerbstätigkeit durch Eintritt in das Rentenalter ausübt, ist heute eher die Ausnahme, Zeiten der Erwerbslosigkeit sind ebenso einzukalkulieren wie ein hoher und permanenter Fortbildungsbedarf in den meisten Berufsfeldern.

Die Erfahrungen aus den Schulverweigerer-Projekten und die Erkenntnisse, die auch die Regelschule vielerorts bereits im Umgang mit schulmüden und schulverweigernden Jugendlichen gemacht hat, sollten verstärkt ausgetauscht werden, damit beide Institutionen im Interesse unserer Kinder voneinander profitieren können.

5 Fazit und Empfehlungen

Die Einzelergebnisse unserer verschiedenen Untersuchungen werden überlagert von einer Erkenntnis: Allen Schulverweigerern gemeinsam ist der Wunsch, ihr Leben in den Griff zu bekommen. Auch Schulverweigerer suchen im Grunde die Normalität. Auch sie wollen anerkannt werden, „dazu gehören“ und über einen Schulabschluss sowie eine spätere Berufsausbildung im Arbeitsleben Fuß fassen. Auch sie wollen mehrheitlich später eine Familie gründen und ihren Teil zu einer positiven Entwicklung unserer Gesellschaft beitragen. Die allermeisten von ihnen sind nicht prinzipiell gegen Schule, aber sie sind aus einer Vielzahl von Gründen mit diesem System nicht zurechtgekommen. Die Aussagen der Schulverweigerer zeigen, dass sie durchaus versuchen und versucht haben, den Ansprüchen der Erwachsenenwelt (der Lehrkräfte, der Eltern) gerecht zu werden. Diese Welt wird von ihnen ja nicht grundsätzlich infrage gestellt. Auffallend ist aber zum einen, dass sie offenbar nicht oder nicht ausreichend in der Lage waren, ihre eigenen Bedürfnisse und Wünsche, aber auch ihre Ängste mitzuteilen – soweit diese ihnen überhaupt bewusst waren, und zum anderen, dass die Erwachsenenwelt und hier insbesondere die Schule nicht in der Lage waren, adäquat zu reagieren.

Eine zweite wichtige Erkenntnis ist, dass Schulverweigerer sich meist nicht bewusst sind, welche Konsequenzen ihr Verhalten für sie (aktuell und später) haben kann. Schulschwänzen ist zumindest am Anfang als spielerisches Aufbäumen gegen das Normen- und Wertesystem der Erwachsenenwelt zu verstehen, ohne dass dieses grundsätzlich infrage gestellt wird. Oft sind es erst die Reaktionen der Erwachsenen, die ein weiteres Abgleiten und eine Verhärtung in den Verhaltensweisen begünstigen, was aber von den Jugendlichen so nicht intendiert war. Dies bedeutet nicht, dass Schulverweigerer für ihr Verhalten keine Verantwortung übernehmen müssen, aber *rigide Reaktionen der Erwachsenen lösen die Probleme in der Regel nicht und führen nicht dazu, dass ein Schüler wieder dauerhaft zurück in die Schule findet.*

Wie wir wissen, kann Schulverweigerung verschiedene Formen annehmen: Die deutlichste Form ist sicherlich die physische Abwesenheit des Schülers von der Schule. Die Abkehr von der Schule vollzieht sich häufig aber auch – oft als Vorstufe – innerhalb der Schule: Neben dem inneren Rückzug (insbesondere keine Beteiligung mehr im Unterricht) sind es vor allem Verhaltensauffälligkeiten

(Aggressionen, Unterrichtsstörungen), mit denen der Schüler auf für ihn schwierige Situationen aufmerksam macht oder gar aufmerksam machen will. In diesem Zusammenhang muss aber immer auch berücksichtigt werden, und das wurde von vielen Expertinnen und Experten betont, dass nicht jedes auffällige Verhalten ein Zeichen für Schulverweigerungstendenzen ist: Ein bestimmtes Maß an Auffälligkeiten und Abweichungen von gesellschaftlichen Normen ist gerade für die Jugendphase völlig normal und in Ordnung. Sie gehören zum Spektrum jugendspezifischer Verhaltensweisen und gehen meist irgendwann auch wieder vorbei. Bedenklich wird es aber, wenn abweichendes Verhalten sich verfestigt. *Bei der Auseinandersetzung um Schulverweigerung sollte deshalb sehr sorgfältig geprüft werden, ob es sich jeweils um jugendspezifisches Verhalten handelt, das nicht nur tolerierbar, sondern im Sinne einer gesunden psychischen Entwicklung auch angebracht und erwünscht ist, oder um Tendenzen, die in der Konsequenz den Jugendlichen schulisch und sozial ausgrenzen werden. Schüler dürfen nicht deshalb als „auffällig“ oder „schwierig“ empfunden und etikettiert werden, weil Lehrkräfte, Eltern oder andere Erwachsene sie bzw. ihre Probleme nicht verstehen oder adäquate Lösungen nicht vorhanden sind.*

Fundierte Diagnosen sind deshalb notwendig. Wenn solche Diagnosen zu stellen sind, dann sind dabei sicher unterschiedlichste fachliche Kompetenzen gefragt: Kompetenzen von psychologischen, sozialpädagogischen und Beratungsfachkräften, aber insbesondere auch von Lehrerinnen und Lehrern. Sie sind diejenigen, die im schulischen Alltag Probleme erkennen und Lösungswege entwickeln müssen. *Das Stellen von Diagnosen über die Risiken schulischen Scheiterns und die Entwicklung von Problemlösungsstrategien sind eine zentrale fachliche Anforderung an Lehrkräfte. Diese Anforderung als fachlicher Standard muss allerdings erst entwickelt und umgesetzt werden.* Solche Diagnosen bilden schließlich die Voraussetzung für einen differenzierten und effektiven Umgang mit Schulverweigerung, denn die Reaktionen insbesondere der Schule auf Schulverweigerung können – und dies kann gar nicht oft genug gesagt werden – weit reichende Folgen für den weiteren Lebensweg der betroffenen Schülerinnen und Schüler haben.

Die Ergebnisse zeigen, dass vor allem Schulverweigerungstendenzen innerhalb der Schule („passive“ Schulverweigerung) zu wenig ernst genommen werden – sowohl aufseiten von Schule und Eltern als auch von Beratungsinstitutionen im Umfeld von Schule und Familie. *Wir brauchen Verfahren, die Formen der passiven Verweigerung frühzeitig zu erkennen und zu bearbeiten angesichts der Konsequenzen, die insbesondere benachteiligte Jugendliche unter sol-*

chen Bedingungen mit hoher Wahrscheinlichkeit erleiden werden: Besonders dann, wenn die Anforderungen an Bildung und Bildungsabschlüsse steigen, fallen genau diejenigen noch weiter zurück, die nicht daran partizipieren (können). Im Kontext einer immer noch schwierigen Arbeitsmarktsituation haben jene Schüler, die mit Beendigung der allgemeinen Schulpflicht die Schule ohne Abschluss verlassen, nur geringe Chancen, einen Ausbildungsplatz zu finden. Ihre Berufs- und Arbeitsperspektiven bleiben langfristig deutlich schlechter als diejenigen von Jugendlichen mit einem Schulabschluss.

Dass man Schulverweigerung nicht mit schulischen oder polizeilichen Disziplinierungsmaßnahmen nachhaltig beikommen kann, scheint inzwischen – jedenfalls theoretisch – weitgehend akzeptiert zu sein, zumal solche Maßnahmen auch weit reichende negative Folgen für den betroffenen Schüler haben können. Die Fachleute machten deutlich, dass beispielsweise der Verweis von der Schule häufig den Beginn bzw. die Zementierung einer sozialen Ausgrenzung darstellt, die für das Individuum weit über die eigentliche Schulzeit hinaus bestimmend sein kann. Leider wissen wir viel zu wenig über die Konsequenzen solcher Disziplinierungsversuche. Der Einblick in die nachschulischen Lebensverläufe ehemaliger Schülerinnen und Schüler könnte jedoch Aufschluss darüber geben, was aus solchen Schülern geworden ist, die wegen Schwänzens von der Schule verwiesen wurden. Es scheint immer noch vorzukommen, dass Schulen ihre Fürsorgepflicht mit dem „Rausschmiss“ schwieriger Schüler beenden und dieser Rausschmiss für viele Schüler wiederum das Ende ihrer schulischen Karriere schlechthin und den Beginn vieler weiterer krisenhafter Entwicklungen bedeutet. Welche Folgen solche Schulverweise konkret für den weiteren schulischen, aber auch beruflichen und sozialen Werdegang der betroffenen Schüler haben, ist noch weitgehend unbekannt. Das Wissen hierüber könnte dazu beitragen, dass Schulen mit dem disziplinarischen Mittel des Schulverweises verantwortungsvoller im Sinne von zurückhaltender umgehen, weil sie die möglichen negativen Konsequenzen für die betroffenen Schüler besser abschätzen können.

Eine wichtige Erkenntnis sowohl aus den referierten Studien als auch aus den DJI-Untersuchungen ist darüber hinaus, dass Schulpflichtverletzungen in vielen Fällen verhindert werden können, wenn Eltern und Lehrkräfte „hinschauen“. *Es hat sich gezeigt, dass durch regelmäßige Kontrollen des Schulbesuchsverhaltens durch Eltern und Lehrerinnen und Lehrer Ansätze zu Schulverweigerung frühzeitiger erkannt werden können, wodurch auch eine schnellere Intervention möglich wird.*

Unsere Untersuchungen haben ferner gezeigt, dass der Begriff „Schulverweigerer" nur bedingt geeignet ist, Jugendliche mit häufigen Schulversäumnissen zu beschreiben. Im Gegensatz beispielsweise zu „Wehrdienstverweigerern", die den Dienst mit der Waffe grundsätzlich ablehnen und sich ihm explizit verweigern, sind exzessive Schulschwänzer, wenn überhaupt, nur zu einem geringen Teil wirkliche Verweigerer im Sinne der Ablehnung einer ganzen gesellschaftlichen Institution. Ihr faktisches Schulbesuchsverhalten ist zwar vordergründig die Weigerung, schulischen Anforderungen nachzukommen, aber dieses Verhalten basiert in den wenigsten Fällen auf einer Kritik am System Schule. Insofern wirken sich die Probleme des Jugendlichen zwar in erster Linie auf das beobachtbare Schulbesuchsverhalten aus, sie gehen aber möglicherweise weit über diesen gesellschaftlichen Bereich hinaus.

Die Erfahrungen und Einschätzungen der Expertinnen und Experten haben deutlich gemacht, dass trotz schwieriger schulischer Rahmenbedingungen für Schüler und Lehrer das Bestreben besteht, Schülerinnen und Schülern, die aus unterschiedlichen Gründen mit der Schule nicht mehr zurechtkommen, zu helfen und dies teilweise durchaus auch mit Erfolg geschieht. *Von entscheidender Bedeutung für eine erfolgreiche Intervention ist eine erhöhte Aufmerksamkeit für frühe Schulverweigerungstendenzen und die schnelle Reaktion des Umfeldes der Jugendlichen auf die ersten Fehlzeiten. Je früher die Erwachsenenwelt (Eltern, Lehrkräfte) erkennt, dass ein Schüler dabei ist, sich von der Schule abzuwenden, desto eher können Hilfsmaßnahmen greifen.* Wird Schulschwänzen dagegen ignoriert oder gar geduldet, kann sich das Fernbleiben vom Unterricht als praktikables Verhaltensmuster für kurzfristige Problemlösungen verfestigen.

Die Lösung des Problems „Schulverweigerung" kann also nur gemeinsam mit dem Schulsystem erfolgen. Solange aber das System Schule sich nicht strukturell verändert, werden Angebote der Jugendhilfe, die in und außerhalb der Schule agieren, notwendig und sinnvoll bleiben. Insbesondere für hartnäckige Schulverweigerer sollte (auch weiterhin) die Möglichkeit bestehen, auch außerhalb der Regelschule einen qualifizierten Schulabschluss zu erlangen. Gleichzeitig (und da bleibt noch einiges zu tun) muss aber verstärkt vorbeugend gearbeitet werden. *Insbesondere bei kurzfristigem Schulschwänzen, also bei jenen Schülerinnen und Schülern, die sich noch nicht gänzlich dem System Schule entzogen haben, spielt das rechtzeitige Erkennen potenzieller Schulverweigerung und das präventive Eingreifen eine wichtige Rolle. In diesem Zusammenhang ist hauptsächlich die Schule selbst gefordert, solche Jugendlichen zu identifizieren und ihnen Unterstützung zu bieten, anstatt die Betroffenen allzu voreilig in außerschulische Maßnahmen abzuschieben.* Dabei ist wichtig, dass das gesellschaftliche Problem Schulverweigerung nicht auf ein individuelles Problem (nämlich das des Schulverweigerers) reduziert wird, denn dies würde eine schulische Auseinandersetzung mit Schulverweigerung bzw. Schulabbruch und ihren Ursachen überflüssig machen. Ferner muss der Tendenz entgegengewirkt werden, dass die Schulen zunehmend in die Rolle eines Dienstleistungsanbieters für Leistungswillige gedrängt werden und auf unbequeme oder schwierige Schüler mit Ausgrenzung reagieren.

Durch alternative Lernorte und Lernformen, neue Mitschüler, Lehrkräfte und Soziapädagogen werden insbesondere die massiven Schulverweigerer angesprochen. Für sie sind solche Konzepte sinnvoll und sollten nach Möglichkeit auch ohne den konzeptionellen Anspruch der Reintegration in die Regelschule gestaltet sein. Diese Projekte sind überwiegend in der Zuständigkeit der Jugendhilfe und beinhalten eine (zeitweilige) Verlagerung des Lernens an einen Ort außerhalb von Schule. *Durch das veränderte Lernumfeld, durch andere Lernformen, durch individuelle Hilfepläne und durch mehr Praxisbezug werden bei „harten" Verweigerern Lernmotivation und Leistungsbereitschaft erhöht. Solche Angebote der Jugendhilfe können aber nur von zeitlich begrenzter Dauer sein und dürfen nicht zu Ersatzschulen, also zu Regeleinrichtungen neben den Regelschulen werden. Dies würde dazu führen, Schule und Lehrkräfte in unzulässiger Weise von Problemen, Konflikten und Schwierigkeiten zu entlasten, denn diese Entlastung würden den Anteil unterschlagen, den die Schule und damit auch die Lehrkräfte an der Erzeugung der Probleme haben*[107].

Praxismodelle für Schulverweigerer und Schulabbrecher versuchen mit ihren jeweiligen Arbeitsansätzen und Lernangeboten, Jugendlichen zu helfen, die an den Anforderungen der Institution Schule gescheitert sind und vom System Regelschule ausgegrenzt wurden. Mit dem Verlassen der Regelschule aber büßen die Jugendlichen nicht

---

[107] Ehmann und Rademacker weisen zu Recht darauf hin, „... dass mit dieser Form der Erfüllung der Schulpflicht – auch wenn damit möglicherweise das relativ beste für diese Jugendlichen getan werden sollte, was angesichts ihrer nunmehr meist ruinierten Beziehung zur Schule für sie getan werden kann – ausgerechnet die Jugendhilfe eine der ausgrenzendsten Formen der ‚Beschulung' betreibt, die wir in Deutschland kennen ... Für die Schule ergibt sich erstmals die Möglichkeit, für die ‚stillschweigende Ausschulung' ..., die sie zulässt, dadurch eine Legitimationsmöglichkeit zu finden, dass die Jugendhilfe sich hier ein neues Betätigungsfeld erschließt". Christoph Ehmann, Hermann Rademacker: Schulschwänzen und Sozialer Ausschluss. Zwischenbericht vom 13.6.2001.

nur die Chance auf einen Schulabschluss ein, sondern auch einen wichtigen sozialen Ort: Bis dahin existierende soziale Kontakte aufgrund der Zugehörigkeit zu einer Schule und einer Klasse gehen in der Folge weitgehend verloren. In einem System von Bildung, Erziehung und Betreuung wollen die Projekte deshalb den Schulverweigerern soziale Unterstützung geben und ihnen gleichzeitig motivierende Lernangebote machen. Diese Modelle und Projekte sind mit ihren außerschulischen Lernangeboten Alternativen, die auf ein drängendes soziales Phänomen reagieren. Insofern sind sie auch wichtig und notwendig. *Mit den Lösungsansätzen der Jugendhilfe sollen Handlungsperspektiven eröffnet werden, die es dem einzelnen ermöglichen, sein soziales und schulisches Leben besser in den Griff zu bekommen. Sie verstehen Schulverweigerung bzw. den Abbruch der Regelschule grundsätzlich nicht als individuelles Versagen des jeweiligen Jugendlichen, sondern als ein gesellschaftliches Problem, das nur im Zusammenwirken der Systeme von Jugendhilfe und Schule gelöst werden kann, wobei diese Systeme sich mit ihren originären Zuständigkeiten wechselseitig ernst nehmen müssen. Die Erfahrungen der Projekte mit diesen Lösungsansätzen müssen also in die Regelschulen rückgekoppelt werden.*

Gerade in den letzten Jahren gibt es vermehrt Ansätze, Schulverweigererprojekte in Kooperation mit der Regelschule anzulegen, dabei ist das durchgängige Ziel der pädagogischen Arbeit Integration. Hierbei können Regelschulen von solchen Projekten lernen, die besondere Angebote für jene Jugendlichen bereithalten, die in den Regelschulen Schwierigkeiten hatten und längere Zeit die Schule schwänzten. *Insbesondere die sozialpädagogische Betreuung und die Anteile betrieblicher Praktika oder Werkstattunterricht in den Projekten haben sich bewährt. Dies könnte von den Regelschulen übernommen und umgesetzt werden.*

Kinder und Jugendliche haben ein Recht auf Bildung, d.h. sie haben Anspruch auf Schule. Schülern, die von der Schule ausgeschlossen sind, fehlen die Voraussetzungen für eine gesellschaftliche Teilhabe. Es ist unstrittig, dass die Schule heute neben einem fundierten Sach- und Fachwissen auch fachübergreifende Qualifikationen („neue Schlüsselqualifikationen") vermitteln muss. Hierfür ist ein neues Schulverständnis erforderlich, das die außerschulische Lebenswelt der Kinder und Jugendlichen mit schulischer Wissensvermittlung verknüpft. *Wichtig ist, dass man die Jugendlichen in ihren sozialen und lebensgeschichtlichen Bezügen betrachtet: Welche Erfahrungen machen sie in ihrer Familie, wo und wie leben sie, welche Menschen sind in ihrer jetzigen Lebensphase wichtig für sie, womit beschäftigen sie sich, was machen sie in ihrer Freizeit, haben Sie Gesprächspartner unter den Erwachsenen, haben sie Freunde?*

Ein solches Schulverständnis setzt voraus, dass die Schule mit den sozialen Systemen des Stadtteils kooperiert, aus dem der Jugendliche kommt. *Schule muss sich kompetente außerschulische Kooperationspartner sowohl aus anderen Institutionen (z. B. Weiterbildungseinrichtungen, Arbeitsamt) als auch aus den Stadtteilen suchen.* In diese Richtung geht der Appell von Johannes Rau, wenn er fragt: „… Wäre es nicht gut, wenn Schulen versuchen könnten, ein möglichst eigenes, erkennbares Profil zu entwickeln? Dazu brauchen sie Selbständigkeit und Freiheit. Beratung und Hilfe sind für Schulen künftig genauso wichtig wie die klassische Schulaufsicht. Wenn sich die Schulen dann auch für mehr Kooperation vor Ort öffnen, etwa mit der Wirtschaft, mit Einrichtungen der Jugendarbeit und Jugendhilfe oder anderen außerschulischen Institutionen, wird auch dadurch Qualität gewonnen werden[108]."

Notwendig sind integrierte Handlungskonzepte von Schule, Schulamt, Jugendamt, ASD, schulpsychologischem Dienst u. Ä. Jede dieser Organisationseinheiten hat ihren eigenen Aufgabenbereich und verfügt über je spezifische Erfahrungen. Jede Organisationseinheit beeinflusst ferner den sozialen Lebensraum von Schülerinnen und Schülern. Deshalb müssen integrierte Handlungskonzepte an der Lebenswelt dieser Kinder und Jugendlichen ansetzen.

Eine gute Kooperation von Jugendhilfe und Schule ist ebenfalls ein wirksames Mittel gegen Schulverweigerung. Es gibt in vielen Kreisen und Städten bereits Netzwerke, in denen örtliche Einrichtungen der Jugendhilfe und -arbeit konstruktiv zusammenarbeiten. Schulen brauchen außerschulische Kooperationspartner, wobei die Kooperationsbeziehungen verbindliche Rahmenbedingungen brauchen.

Die Strukturen aufseiten der Schule sind sicherlich weniger flexibel als die der Jugendhilfe, dennoch ist eine Zusammenarbeit zwischen Schulen und Einrichtungen der Jugendhilfe machbar und wird auch bereits vielerorts praktiziert. Dies bedeutet nicht, dass konzeptionelle Unterschiede in den Aufgaben und Zielen von Schule und Jugendhilfe (Stichworte: Pflicht versus Freiwilligkeit) negiert und ausgeblendet werden. Aber diese Unterschiede müssen nicht zwangsläufig die Unvereinbarkeit von Schule und Jugendhilfe bedeuten. Im Gegenteil: Beide zusammen, nämlich die Schulpädagogik und die sozialpädagogischen Ansätze und Methoden, wie sie von der Kinder- und Jugendhilfe angewendet werden, wären ein unschlagbares Team.

---

[108] Johannes Rau, in Materialien des Forum Bildung 2, S. 23 f.

„Schule und Kinder- und Jugendhilfe müssen lernen, sich als Institutionen in einem Netz von Sozialisationsfeldern zu verstehen, mit klaren Zuständigkeitsgrenzen aber ebenso klaren Verbindungen und dem Willen zur Kooperation zugunsten der Kinder" (10. Kinder- und Jugendbericht 1998, S. 211).

Der wichtigste Partner für die Schulen aber sollten die Eltern der Jugendlichen sein, sie müssen auf jeden Fall in das Netz der Zusammenarbeit miteinbezogen werden. *Wenn es gelingt, die Eltern oder die Erziehungsberechtigten für die Probleme und Bedürfnisse ihrer Kinder zu sensibilisieren, bekommt der (Schul-)Alltag für die Kinder eine andere Qualität. Die Erfahrungen in der Zusammenarbeit mit Eltern von Schulverweigerern haben gezeigt, dass diese Eltern zwar mehrheitlich ratlos sind hinsichtlich adäquater Reaktionen auf das schulverweigernde Verhalten ihrer Kinder, dass sie jedoch für Ratschläge und Hilfestellungen durchaus offen und dankbar sind.* Selten haben die Experten die Erfahrung gemacht, dass Eltern den Kontakt und die Zusammenarbeit verweigerten.

Ein wichtiges Prinzip bei der Elternarbeit ist jedoch, dass keine Schuldzuweisungen im Hinblick auf das Verhalten der Kinder erfolgen. Vielmehr muss an den Stärken des Elternhauses angeknüpft werden, um eine Brücke zwischen dem Schüler und seinem Elternhaus zu schlagen. Wichtig ist, die erzieherischen Bedingungen zu benennen, die möglicherweise das schulverweigernde Verhalten des Jugendlichen begünstigt haben, ohne jedoch einseitig Schuld zu verteilen.

Die Schule hat unter anderem die Aufgabe, Schülerinnen und Schüler mit den kulturellen Werten und Normen ihrer Gesellschaft vertraut zu machen. Das Normen- und Wertesystem einer Gesellschaft ist das Produkt aus historisch entstandenen Erfahrungen, die weiter tradiert werden. Entsprechend sind abweichendes Verhalten Normverletzungen, die von der Gesellschaft in mehr oder weniger rigider Form geahndet werden. In einer sich immer schneller wandelnden (Arbeits-)Welt muss Schule sich ebenfalls mitentwickeln. Denn Werte und Normen, die über lange Zeit Bestand hatten, haben sich in den letzten Jahren grundlegend verändert. *Veränderungen in der Berufswelt sowie die bekannte Übergangsproblematik von Schulabgängern der Sekundarstufe I mit und ohne Hauptschulabschluss erfordern neue pädagogische Konzepte insbesondere der Hauptschulen. Durch eine Verzahnung der Anforderungen von Schule einerseits und Ausbildungs- und Arbeitswelt andererseits soll die Anschlussfähigkeit der Bildungsgänge verbessert werden.*

Von der Veränderung der Bedingungen bleibt also auch die Schule als wichtige Sozialisationsinstanz nicht verschont. Auch sie muss sich den veränderten Bedingungen und – daraus folgend – neuen Anforderungen stellen und versuchen, die Schülerinnen und Schüler auf das Leben nach der Schule vorzubereiten. Dabei geht es jedoch nicht nur um neue Formen der Vermittlung von Lerninhalten in der schulischen Ausbildung (wie z.B. die oben beschriebene Verzahnung von Schule und Arbeitswelt), sondern ebenso um neue Inhalte selbst (z.B. Informations- und Kommunikationstechnologien). Damit Schule und Schüler all diese neuen Anforderungen auch tatsächlich bewältigen können, sollten auch sozialpädagogische Ansätze und Methoden bei der Arbeit mit den Jugendlichen nicht fehlen.

In den zwölf Empfehlungen des Forums Bildung wird im Zusammenhang mit Schulverweigerung gefordert, dass diejenigen, die keinen Abschluss haben, eine neue Qualifizierungschance erhalten sollen, weil die Beschäftigungsmöglichkeiten für un- und angelernte Kräfte weiter drastisch zurückgehen. Zur Vermeidung von Schulverweigerung und zur Verhinderung von Schulabbrüchen empfiehlt das Forum Bildung „… die Entwicklung von neuen Konzepten … und den Ausbau der Schulsozialarbeit“[109].

Schülerinnen und Schüler sollen freiwillig und gerne in die Schule gehen. Dies sollte das Ziel sein, wofür alle Anstrengungen unternommen werden müssen. Der Ausbau der Schulsozialarbeit ist dazu eine Möglichkeit. Ihre Aufgabe besteht darin, im Schnittbereich von Schule und Jugendhilfe ein Netz von Leistungsangeboten insbesondere für solche Jugendlichen bereit zu stellen, deren schulische, berufliche und soziale Integration gefährdet ist und die in erhöhtem Maß auf Unterstützung angewiesen sind (vgl. § 13 Abs. 1 SGB VIII). Die Schulsozialarbeit kann bei Kindern und Jugendlichen im Alter von 6 bis 16 Jahren in der Schule vor allem im präventiven Bereich bei Lebensweltproblemen helfen und so das Lernen unterstützen. Ein wichtiges Handlungsfeld in der Zusammenarbeit von Schule und Schulsozialarbeit ist schließlich auch das Problem der Schulverweigerung.

Jede einzelne Schule ist angehalten, sich mit dem Problem des Schulschwänzens und der Schulverweigerung zu befassen und ein abgestuftes Handlungskonzept zu entwickeln. Wichtig ist, dass bei unentschuldigtem Fehlen und besonders beim Verdacht auf Schulschwänzen eine mündliche oder schriftliche Mitteilung an die Eltern oder Erziehungsberechtigten erfolgt. Diese Mitteilungen sind in hartnäckigen Fällen um Hausbesuche durch die Lehrkräfte zu ergänzen. Das Gespräch als Mittel zur Problembearbeitung ist optimale Voraussetzung für eine Verbesserung des Schulbesuchsverhalten. Dage-

---

[109] Pressemitteilung vom 10.1.2002 zum Abschlusskongress des Forum Bildung.

gen sind Schulzwang und Geldbußen in der Regel keine geeigneten Mittel, die langfristigen Erfolg sichern, weil sie nicht an die Ursachen der Schulverweigerung herangehen.

Das Fazit kann nur lauten, dass Schule Schüler als Individuen ernst nehmen und deren berechtigten Interessen und Bedürfnisse akzeptieren muss. Schule muss versuchen, die verschiedenen Lebenswelten ihrer Schülerinnen und Schüler stärker zu berücksichtigen und lebensnahen Unterricht zu erteilen. Klaus Böger, Senator für Schule, Jugend und Sport in Berlin ist zuzustimmen, wenn er sagt, dass sich „... die Vielfalt unserer Gesellschaft in den schulischen Angeboten widerspiegeln (muss)“[110]. Dabei kann die Funktion von Schule nicht nur darin bestehen, die Schüler auf ein späteres Arbeitsleben vorzubereiten. Gerade in Bezug auf die Arbeitswelt muss Schule heutzutage auch auf mögliche und wahrscheinliche Diskontinuitäten im Erwerbsverlauf hin erziehen und Zeiten von Erwerbslosigkeit als Teil der Erwerbsbiografie mit im Blick haben. Aber obwohl ein Schulabschluss heute längst nicht mehr automatisch qualifizierte Ausbildungsmöglichkeiten und nachfolgende Arbeitsplätze garantiert, ist er dennoch notwendige Voraussetzung für jeglichen beruflichen Werdegang. Ohne Schulabschluss ist es nahezu unmöglich, eine qualifizierte Ausbildung in einem anerkannten (Ausbildungs-)Beruf zu erhalten. Durch Schulversagen als Folge von Schulverweigerung und im weiteren Verlauf durch einen möglichen Schulabbruch laufen gerade Schulverweigerer Gefahr, an den Rand der Gesellschaft gedrängt und dauerhaft vom Ausbildungs- und Beschäftigungsmarkt ausgeschlossen zu werden.

Schule muss also zu einem Lebensraum entwickelt werden, in dem Kinder und Jugendliche sich angenommen fühlen und der neben der schulischen Wissensvermittlung auch bei der Bewältigung von Alltagsproblemen Beratung und Hilfe anbietet. Präventive Konzepte und Strategien gegen Schulverweigerung können nur dann erfolgreich sein, wenn die Schule in der Lage ist, den Bedürfnissen und der sozialen Lebenssituation der Schülerinnen und Schüler Rechnung zu tragen. Es darf nicht sein, dass Schülerinnen und Schüler mit Lernschwächen und sozialen Auffälligkeiten von den Schulen abgeschoben werden. Vielmehr müssen die Schulen Kompetenzen erwerben, die die Chancen dieser Kinder und Jugendlichen im Bildungswettbewerb sichern und ihre soziale Integration fördern helfen.

---

[110] Klaus Böger: Den Wandel der Schule gestalten. Rede auf dem Kongress des Forum Bildung am 14. und 15.7.2000 in Berlin, S. 12.

Bundespräsident Johannes Rau spricht uns allen – Eltern und Lehrkräften – aus dem Herzen, wenn er sagt: „... Es geht um jeden einzelnen Menschen, um seine Chancen und um die Entwicklung seiner Persönlichkeit, es geht um die Gesellschaft, die nicht auseinander fallen darf in Bildungsbesitzer und Bildungsverlierer, und es geht darum, die großartigen Möglichkeiten zu nutzen, die uns die Gegenwart bereitstellt".[111]

---

[111] Johannes Rau in Materialien des Forum Bildung 2, S. 24.

Literatur

Andrieu, J.: Bericht des Conseil Economique et Social, L'Espace éducatif européen. In: Die Bekämpfung des Schulversagens: Eine Herausforderung an ein vereintes Europa. Brüssel 1992

Bundesministerium für Familie, Senioren, Frauen und Jugend (Hrsg.): Zehnter Kinder- und Jugendbericht. Bonn 1998

Chouquet, M., Ledoux, S.: Adolescents Enquéte Nationale. Paris 1994

Deutsches PISA-Konsortium (Hrsg.): PISA 2000. Basiskompetenzen von Schülerinnen und Schülern im internationalen Vergleich. Leske + Budrich. Opladen 2001

Ehmann Christoph, Rademacker Hermann: Schulschwänzen und sozialer Ausschluß. Unveröffentlichter Zwischenbericht vom 13. Juni 2001

Elsner, Grit: Bericht der wissenschaftlichen Begleitung des Landesprogramms Schuljugendarbeit in Sachsen. DJI-Arbeitspapier Nr. 1–147/1998

Förster, H./Kuhnke, R./Mittag, H./Reißig, B.: Das Freiwillige Soziale Trainingsjahr – Ergebnisse der Ausgangsanalysen. DJI-Arbeitspapier. München 2001

Galloway, David: Schools and persistent absentees. Oxford. Pergamon Press 1985

Ganter-Bührer, Gerda: Wenn Kinder nein zur Schule sagen. Zürich. Verlag Pro Juventute 1991

Hildeschmidt, A.: Verbreitung und Bedingungen unregelmäßigen Schulbesuchs. In A. Hildeschmidt, H. Meister, A. Sander, E. Schorr (Hrsg.): Unregelmäßiger Schulbesuch: Verbreitung, Bedingungen, Interventionsmöglichkeiten. Weinheim 1979

Höckner, Marianne: Einfluß der Eltern und personale Leistungsvoraussetzungen der Jugendlichen als Determinanten für berufliche Bildungswege. In: Schober, Karin, Gaworek, Maria (Hrsg.): Berufswahl: Sozialisations- und Selektionsprozesse an der ersten Schwelle, BeitrAB 202. Nürnberg 1996

Holler-Nowitzki, Birgit: Psychosomatische Beschwerden im Jugendalter. Schulische Belastungen, Zukunftsangst und Streßreaktionen. Weinheim/München 1994

Hurrelmann, K./Rosewitz, Bernd/Wolf, Hartmut K.: Lebensphase Jugend. Eine Einführung in die sozialwissenschaftliche Jugendforschung. Weinheim/München. Juventa Verlag 1985

Kaiser, Heinrich: Schulversäumnisse und Schulangst. Eine empirische Analyse der Einflussfaktoren. Aus Serie: Europäische Hochschulschriften, Reihe 6, Psychologie 108, Frankfurt/Main. Lang Verlag 1983

Krüger, R., Claaß, H., Speck, V.: Wer schwänzt warum die Schule? Unteruchungen zu einer pädagogischen Herausforderung. Die Schleswig-Holsteinische Schule. 1972

Lieberherr, Catherine: Hilfe, ich bin ein Schulversager! Leistungsdruck in der Schule: Hintergründe und mögliche Auswege. Berlin 1998

Materialien des Forum Bildung 2. Bonn 2000

Mögling, Tatjana: Aussiedlerjugendliche: Migration und Hilfen zur beruflichen Integration. DJI-Arbeitspapier 2/1999, S. 12 ff., S. 24 ff.

Müller, Susanne: Schulschwänzen als Problemlösungsstrategie. Eine kritische Analyse der Problematik Schulschwänzen unter besonderer Berücksichtigung einer pädagogischen Zugänglichkeit. Dissertation. Berlin Freie Universität 1991, III, 402; XXII

Niedersächsischer Kultusminister: Maßnahmen zur Begegnung von Schulpflichtverletzungen. Schulverwaltungsblatt 9/1986, Amtlicher Teil. Hannover 1986, S. 236f.

Olk, Thomas/Bathke, Gustav-Wilhelm/Speck, Karsten: 2. Zwischenbericht zur wissenschaftlichen Begleitforschung „Schulsozialarbeit in Sachsen-Anhalt". Zusammenarbeit von Schule – Jugendhilfe – Schulsozialarbeit in Schulen Sachsen-Anhalts. Halle 2000

Rademacker, Hermann: Schulsozialarbeit im Kommen. In: Schule&Sozialarbeit 1999, Schriftenreihe der GEW, S. 10–22

Reißig, Birgit: Schulverweigerung – ein Phänomen macht Karriere. Ergebnisse einer bundesweiten Erhebung bei Schulverweigerern. DJI-Arbeitspapier 5/2001

Ricking, Heinrich: Schulische Handlungsstrategien bei Schulabsentismus, in: Schulleistung und Schulentwicklung September 1999, S. 2

Ricking, Heinrich/Neukäter Heinz: Schulabsentismus als Forschungsgegenstand, in: Heilpädagogische Forschung 23/1997 2

Rolff, Bos, Klemm, Pfeiffer, Schulz-Zander (Hrsg.): Jahrbuch der Schulentwicklung, Band 11. Juventa Verlag. Weinheim und München 2000

Schreiber-Kittl, Maria/Schröpfer, Haike: Bibliographie Schulverweigerung. München/Leipzig: Deutsches Jugendinstitut. Werkstattbericht. Arbeitspapier 2/2000

Schreiber-Kittl, Maria: Alles Versager? Schulverweigerung im Urteil von Experten. München/Leipzig: Deutsches Jugendinstitut. Forschungsbericht. Arbeitspapier 1/2001

Schreiber-Kittl, Maria (Hrsg.): Lernangebote für Schulabbrecher und Schulverweigerer. Praxismodelle Band 7. Materialien aus dem Forschungsschwerpunkt Übergänge in Arbeit. München/Leipzig: Deutsches Jugendinstitut e.V. 2001

Schreiner, Manfred: Die Grenzen der Belastbarkeit. Umgang mit Schulverweigerern (Schulschwänzern) in Nürnberg, in: SP BL:ATT Nr. 1, Juli 2000. Schul- und Unterrichtsabsentismus

Schulze, Gisela/Wittrock, Manfred: Abschlussbericht zum Landesforschungsprojekt Schulaversives Verhalten, Band 1. Universität Rostock 2001

Seithe, Mechthild: Abschlussbericht der wissenschaftlichen Begleitung des Landesprogramms „Jugendarbeit an Thüringer Schulen", Band 1+2, Teil A–D. Erfurt 1998

Statistisches Bundesamt, Fachserie 11, Reihe 1, 1999/2000 und 2000/01

Sturzbecher, Dietmar/Dietrich, Peter: Studie „Schulverweigerung von Jugendlichen im Land Brandenburg", Abschlussbericht zur Feldstudie „Schulverweigerung von Jugendlichen im Land Brandenburg", hektografiertes Manuskript. Potsdam 1993

Thimm, Karlheinz: Schulverdrossenheit und Schulverweigerung. Wissenschaft und Technik Verlag. Berlin 1998

Thimm, Karlheinz: Schulverweigerung. Zur Begründung eines neuen Verhältnisses von Sozialpädagogik und Schule. Votum Verlag. Münster 2000

Tillmann, K.-J., Holler-Nowitzki, B., Holtappels, H. G., Meier, U., Popp, U.: Schülergewalt als Schulproblem. Verursachende Bedingungen, Erscheinungsformen und pädagogische Handlungsperspektiven. München 1999

Tillmann, Klaus-Jürgen: Schulentwicklung und Lehrerarbeit. Nicht auf bessere Zeiten warten. Bergmann+Helbig Verlag. Hamburg 1995

Warzecha, Birgit (Hrsg.): Institutionelle und soziale Desintegrationsprozesse bei schulpflichtigen Heranwachsenden. Eine Herausforderung an Netzwerke der Kooperation. Lit Verlag. Münster 2000

Wetzels, Peter/Mecklenburg, Eberhard/Wilmers, Nicola/Enzmann, Dirk/Pfeiffer, Christian: Gewalterfahrungen, Schulschwänzen und delinquentes Verhalten Jugendlicher in Rostock. Abschlußbericht über die Ergebnisse einer repräsentativen Befragung von Schülerinnen und Schülern der 9. Jahrgangsstufe. Mai 2000